Lieferung 2b[1]

§§ 56—57

S. 317—408

bearbeitet von:

Prof. Dr. jur. HANS MÖLLER

Dieser Teil schließt an Lieferung 2 an.
Seite 317 ist für die spätere buchbinderische Verarbeitung
hier wiederholt.

vertrage nicht in allen Fällen ein strenger Beweis des Schadens, namentlich der Größe desselben, verlangt werden kann, daß vielmehr die gewöhnlichen Grundsätze über Beweisführung hier erhebliche Ausnahmen leiden müssen." Ähnlich HAG Nürnberg 28. V. 1869 SeuffArch Bd 27 S. 276—278 Nr. 171; kritisch zu diesen Entscheidungen Bruck S. 506 Anm. 8 und Koch a. a. O. S. 26 Anm. 1. Für die Maßgeblichkeit der freien richterlichen Überzeugung sind aber nicht allein die Schwierigkeiten der tatsächlichen Feststellungen maßgebend; eine solche Entscheidung von Fall zu Fall unter billiger Abwägung der beiderseitigen Interessen muß auch deshalb möglich sein, weil die Bewertungsmaßstäbe oft lückenhaft und zweifelhaft sind und im Streitfall ein weiter Spielraum offen bleibt (Hagen I S. 575).

Das Gericht hat zu entscheiden. Ist es von einem Wahrscheinlichkeitsbeweis nicht voll überzeugt, so kann es nach geltendem Recht keine „vermittelnde Entscheidung" fällen, wie dies von Leo HansRZ 1923 Sp. 41—50, Zeiller LZ 1933 Sp. 1353—1366 befürwortet worden ist (zustimmend aber Ehrenzweig S. 164, ablehnend Roelli-Jaeger II Anm. 9 zu Art. 62, S. 342).

[37] 4. Sachverständigenverfahren.

Oft sehen Schadensvsverträge Sachverständigenverfahren vor, in denen der Schaden und seine Höhe festgestellt werden sollen (§ 64 I 1, vgl. auch § 184 I 1 für die Unfallheilkostenv).

Näheres hierzu bei Asmus ZVersWiss 1962 S. 217—218, 234—236 und Anm. zu § 64.

[38] 5. Beweissicherung.

Für das Beweissicherungsverfahren (§§ 485—494 ZPO) gelten im Bereiche des Vsvertragsrechts keine Besonderheiten (Begr. I S. 44, Ehrenzweig S. 159, Kisch WuRdVers 1932 Nr. 1 S. 39).

Das Antragsrecht des Vmers wird durch seine vsrechtliche Auskunftspflicht nicht berührt (Bruck S. 332), und das rechtliche Interesse an der Beweissicherung entfällt im Hinblick auf einen späteren Prozeß nicht durch die vertragliche Vereinbarung eines Sachverständigenverfahrens (Schnurre JRPV 1932 S. 289—290, zustimmend Prölss-Martin[18] Anm. 1 zu § 64, S. 321).

[39] VIII. Abwicklung des Schadens.

Die Liquidation eingetretener Schäden (auch durch Schadenfeststellungsvertrag oder Vergleich) wird zu § 65 näher erörtert, das Sachverständigenverfahren zu § 64, die Frage der Ermittlungs- und Feststellungskosten zu § 66.

[40] IX. Unabdingbarkeit des § 55.

§ 55 ist in § 68a nicht als relativ zwingende Vorschrift aufgeführt.

Aber in § 55 kommt — wie in § 1 I 1 — für die Schadensv das vsrechtliche Bereicherungsverbot zum Ausdruck, das sich überall durchsetzt, auch dort, wo die Beschränkungen der Vertragsfreiheit ansonsten nicht gelten (Einl. Anm. 42).

Der Ver ist „nicht verpflichtet" — und kann nicht verpflichtet werden —, „dem Vmer mehr als den Betrag des Schadens zu ersetzen". Näheres hierzu Anm. 8. Auch bei einer Überv findet die Leistungspflicht des Vers zwingend eine Grenze an der Höhe des Schadens (wie hier Bruck 7. Aufl. Anm. 1 zu § 55, S. 209, Hagen I S. 574, Prölss-Martin[18] Anm. 4 zu § 55, S. 286, unrichtig OLG Augsburg 25. XI. 1930 VA 1930 S. 262 Nr. 2217, OLG Stuttgart 9. VII. 1951 VersR 1951 S. 228—230 [mit ablehnender Anm. Kisch]).

Die geschilderten Abschwächungen und Durchbrechungen des vsrechtlichen Bereicherungsverbots (Anm. 9—13) bestätigen das Grundprinzip, beruhen auf Gesetz und sind vertraglich nicht erweiterbar.

Der Versuch von Gärtner, Das Bereicherungsverbot, Berlin 1970, S. 51—54, 76—84, 135—140, die Zulässigkeit einer Sachv und überhaupt einer Nichtpersonenv zu begründen, für welche das Prinzip der konkreten Bedarfsdeckung und das Bereicherungsverbot nicht gelten sollen, scheitert an den das geltende Recht zwingend beherrschenden Grundsätzen, insonderheit auch § 55 (vgl. auch Anm. 48 zu § 57).

§ 56

Ist die Versicherungssumme niedriger als der Versicherungswert zur Zeit des Eintritts des Versicherungsfalls (Unterversicherung), so haftet der Versicherer für den Schaden nur nach dem Verhältnis der Versicherungssumme zu diesem Werte.

Unterversicherung. Selbstbeteiligung.

Gliederung:

[1] **Entstehung:** § 56 ist unverändert geblieben. — Begr. I S. 62—64.

[2] **Schrifttum:**

Unterversicherung: Anonym Der Betrieb 1954 S. 407, Berndt-Luttmer, Der Ersatzwert in der Feuerv, 2. Aufl., Karlsruhe 1971, S. 76—79, Blanck, Entschädigungsberechnung in der Sachv, 2. Aufl., Karlsruhe 1963, NeumannsZ 1926 S. 777—778, VW 1954 S. 392—393, 510, 1962 S. 937—938, Brockmann ZfV 1952 S. 146—147, Bruck S. 523—528, Buser Annalen 1918 S. 309—310, 317—318, 329—330, Döring in: Aus der Feuervspraxis, Berlin 1922, S. 66—78, NeumannsZ 1926 S. 654—656, Ehrenzweig S. 251—255, NeumannsZ 1926 S. 839—840, Eichler S. 142—145, Freygang, Die Unterv, Hamburg 1957, VW 1966 S. 1108—1110, v. Gierke II S. 187, Gürtler, Betriebswirtschaftliche Probleme des Vswesens, Wiesbaden 1959, S. 14—33, Die Kalkulation der Vsbetriebe, 2. Aufl., Berlin-Frankfurt 1958, Hagen I S. 466—467, Haller, Inflation und Feuerv, Zürich 1970, Henne ZVersWiss 1921 S. 295—301, 1923 S. 276—285, Hinz, Die Über- und Unterv im deutschen Privatvsrecht, Hamburger Diss. 1963, Höhne BetrBer 1956 Beilage zum Heft 34 S. 6—8, Koenig[3] S. 329—332, Münchener Rückversicherungs-Gesellschaft, Einfluß der ‚Inflation' auf die V, München (1971), Oertmann WuRdVers 1918 S. 73—107, Papot, La règle proportionelle dans les assurances terrestres, L'assurance au premier feu, Paris 1934, Patzig NeumannsZ 1926 S. 840—843, Périn, L'assurance au premier feu, Paris 1938, Raiser Anm. 43—56 zu § 3, S. 137—148, Riebesell NeumannsZ 1926 S. 713—714, Ritter-Abraham Anm. 1—8 zu § 8, S. 239—242, Roelli-Jaeger II Anm. 14—28 zu Art. 69, S. 508—517, Roesch Der Vmer 1953 S. 49—50, Rommel Mitteilungen der Vereinigung kantonal-schweizerischer Feuervsanstalten 1947 Nr. 2 S. 68—112, G. Schmidt, Die V auf erstes Risiko in der Sachv, Weißenburg 1953, Schweighäuser Der Vmer 1953 S. 38—39, Sieg BetrBer 1970 S. 856—859, Tsirintanis HansRGZ 1931 A Sp. 545—548, Tuchschmidt, Die Erstrisikov im System der Deckungsarten, Züricher Diss. 1951, Wussow AFB Anm. 57—77 zu § 3, S. 264—283.

Selbstbeteiligung: Brockmann ZfV 1952 S. 201—203, Bruck S. 431—432, Cruziger AssJhrb Bd 32 II S. 31—51, Greulich ZfV 1951 S. 151—152, Grob, Die Selbstbeteiligung des Vten im Schadenfall, Zürich-St. Gallen 1967 m. w. N., Karten VW 1970 S. 362—366, Möller in: Sozialreform und Sozialrecht, Festschrift für Walter Bogs, Berlin 1959, S. 189—213, Wriede in: Finke, Handwörterbuch des Vswesens, Bd 2, Darmstadt 1958, Sp. 1882—1886.

[3] I. Übersicht.

In der Schadensv erhält der Vmer nicht immer seinen vollen Schaden ersetzt, auch dann nicht, wenn der Schaden die Vssumme nicht überschreitet. Schadenshöhe (§ 55) und Vssumme (§ 50) bilden also nicht die einzigen leistungsbegrenzenden Faktoren: Will der Vmer wirklich voll gedeckt sein, so muß die Vssumme in der Aktivenv so hoch bemessen werden, daß sie die Höhe des Vswertes erreicht. Bleibt die Vssumme hinter dem Vswert zurück (Unterv), so erlangt der Vmer nach der Regel des § 56 nur eine proportionale Entschädigung (Proportionalitätsregel). Über das Zusammenspiel der drei leistungsbegrenzenden Faktoren: Vssumme, Schaden, Vswert (deutlicher: Proportionalitätsregel) generell schon Anm. 44 vor §§ 49—80.

Hier — zu § 56 — werden zunächst die Grundlagen der Untervsregelung (Anm. 4—7), der Begriff der Unterv (Anm. 8—40), die Arten der Unterv (Anm. 41 bis 45), die Rechtsfolgen der Unterv (Anm. 46—54) und die Abdingbarkeit des § 56 (Anm. 55) behandelt.

Da die sehr verbreitete Unterv sowohl für den Ver als auch für den Vmer zahlreiche Nachteile mit sich bringt, kommt der „Bekämpfung der Unterv" erhebliche Bedeutung zu (Anm. 56—64), sei es als Verhinderung der Verwirklichung des Tatbestandes der Unterv (Anm. 57), sei es als Verhinderung des Eintritts der Rechtsfolgen der Unterv (Anm. 58—64). Unter der letztgenannten Zielsetzung ist besonders die V auf erstes Risiko zu behandeln (Anm. 58—63).

Aus Gründen der Minderung des subjektiven Risikos, aber auch aus Gründen der Rationalisierung und anderen Motiven kann jedoch eine gewisse Selbstbeteiligung des Vmers am Schaden, zu der ja auch die Proportionalitätsregel führt, erwünscht sein. Von den zahlreichen Erscheinungsformen der Selbstbeteiligung soll in Anm. 65—73 die Rede sein.

[4] II. Grundlagen der Unterversicherungsregelung.

1. Prinzip der Vollwertversicherung.

Aus § 56 läßt sich ableiten, daß die Vollwertv „die vom Gesetz vorgesehene Normalform" ist (Ehrenzweig S. 247). Bei einer Vollwertv erreicht (oder überschreitet) die Vssumme den Vswert (also den vollen Wert des vten Interesses). Nur sie gewährleistet, daß der Vmer einen entstehenden Schaden voll ersetzt bekommt (Blanck a. a. O. S. 11, Freygang a. a. O. S. 7, Hinz a. a. O. S. 86, G. Schmidt a. a. O. S. 5—6). Ist die Vssumme niedriger als der Vswert, so liegt eine Unterv vor.

Würde es die Proportionalitätsregel des § 56 nicht geben, so müßte der Ver jeden eingetretenen Schaden bis zur Höhe der Vssumme ersetzen (§§ 50, 55). Da in vielen Bereichen Teilschäden sehr viel häufiger vorkommen als Totalschäden, wäre es für den Vmer zwecks Prämienersparnis ratsam, die Vssumme — nach der sich die Prämie zu richten pflegt (Anm. 30 zu § 50) — möglichst niedrig zu bemessen. Der Ver müßte, um die angemessene Prämie dennoch zu erlangen, in jedem Einzelfall prüfen, wie hoch im Rahmen der zu niedrig bemessenen Vssumme die Wahrscheinlichkeit seiner Inanspruchnahme wäre (Nachweise Anm. 62). Das wäre einigermaßen schwierig und kostspielig.

Deshalb erscheint es zweckmäßiger, vom Vollwertprinzip auszugehen, also dem Vmer eine Bemessung der Vssumme nahezulegen, welche dem Vswert gleichkommt. Hierdurch wird dem Vmer insofern gedient, als er eine Vollentschädigung erlangt. Ferner: „Nur diese Vertragsform gibt im allgemeinen dem Ver eine ausreichende Gewähr dafür, daß er die dem übernommenen Wagnis entsprechende Prämie erhält" (Zonenamt VA 1949 S. 106; vgl. auch BAA VA 1954 S. 78); schwierige individuelle Prämienberechnungsarbeiten werden erspart, das Gesamtprämienvolumen wird erhöht.

Das Ziel solcher Vollwertv wird am besten durch die Proportionalitätsregel erreicht, welche zwar keine Rechtspflicht zur Vollwertv begründet, aber einen psychologischen Druck in Richtung auf die Vereinbarung ausreichend hoher Vssummen ausübt. Koenig[3] S. 330 lobt die Proportionalitätsregel, weil sie die Äquivalenz von Leistung und Gegenleistung wahre und rechtssicher angewendet werden könne. In der Tat gründet sich die Regel primär auf vstechnische Erwägungen, die ergeben, daß die normale „Prämienkalkulation auf der Voraussetzung ausreichender V beruht und davon ausgeht, daß in der Vssumme grundsätzlich auch der volle Wert zum Ausdruck kommt" (Berndt-Luttmer a. a. O. S. 77, auch Ehrenzweig S. 252, Gürtler Kalkulation a. a. O. S. 32—33, Henne ZVersWiss 1921 S. 295—297, Hinz a. a. O. S. 86—87, Koenig[3] S. 330, Raiser Anm. 44 zu § 3, S. 138—139). Der Gedanke einer vstechnischen Richtigstellung einer vertragsmäßigen Leistung findet auch in den §§ 41 I, 41a, 162[1] Ausdruck, hier allerdings auf der Prämienseite (vgl. Anm. 7—16 zu § 41, Anm. 10—18 zu § 41a).

Ausnahmen bestätigen die Regel. Das Prinzip der Vollwertv (mit der Proportionalitätsregel) kann durchbrochen werden durch die ausnahmsweise Vereinbarung einer V auf erstes Risiko, für welche die Proportionalitätsregel nicht gilt und die „gerechte" Prämie schwer zu berechnen ist (Anm. 58—63).

Während nach der üblichen Terminologie einer Vollwertv die Unterv gegenübergestellt wird und die V auf erstes Risiko als Spezialfall der Unterv klassifiziert wird, wollen Ritter-Abraham Anm. 5 zu § 6, S. 216, Anm. 3 zu § 8, S. 239 die Unterscheidung von Voll- und Teilv in den Vordergrund stellen und bei letzterer Unterv und V auf erstes Risiko trennen. Im Zweifel sei eine Teilv eine Unterv. Soweit der Vmer ungedeckt ist, spricht man in der Seev davon, er gelte als „Selbstver" (§ 8[1] ADS, dazu Bruck S. 524, Ritter-Abraham Anm. 4 zu § 8, S. 239—240). Roelli-Jaeger Anm. 23 zu Art. 69, S. 513 meinen (m. E. irreführend), die Proportionalitätsregel führe zu einer „Ratenentschädigung" (besser: Quotenentschädigung).

[5] 2. Intensität des Vsschutzes.

Die Anwendung der Proportionalitätsregel des § 56 führt zu einer Verminderung der Intensität des Vsschutzes. Diese ergibt sich aus dem Verhältnis

$$\frac{\text{Entschädigung}}{\text{Schaden}}$$

Die Intensität ist = 1, wenn Entschädigung und Schaden bei einer Vollwertv identisch sind. Die Intensität würde auf ½ absinken, falls die Entschädigung nur 1000 DM beträgt bei einem Schaden von 2000 DM (Gürtler Kalkulation a. a. O. S. 2). Man spricht auch vom „Schutzwert der V" (Hinz a. a. O. S. 87) oder von der „Dichte des Vsschutzes", der „Vsdichte" (Blanck a. a. O. S. 26, VW 1962 S. 937—938). „Die Dichte des Vsschutzes wird bestimmt durch einen Bruch, dessen Zähler der Vssumme und dessen Nenner dem Vswert entspricht" (Blanck a. a. O. S. 26). Die maximale Intensität ist $^1/_1 = 1$; die Entschädigung kann nicht höher sein als der Schaden (§ 55).

§ 56 läßt sich die Gleichung entnehmen:

$$\frac{\text{Vssumme}}{\text{Vswert}} = \frac{\text{Entschädigung}}{\text{Schaden}} = \text{Intensität}$$

Daraus folgt zugleich für die Höhe der vom Ver zu leistenden Entschädigung:

$$\text{Entschädigung} = \frac{\text{Schaden} \times \text{Vssumme}}{\text{Vswert}} = \text{Schaden} \times \text{Intensität}$$

Bei einem Totalschaden sind Schadenshöhe und Vswert identisch (Anm. 19 zu § 55). Deshalb kann man in der vorbezeichneten Gleichung (in der Mitte) die Begriffe Schaden und Vswert gegeneinander aufheben, also streichen, und es ergibt sich, daß bei einem Totalschaden eine Entschädigung in Höhe der (unzureichenden) Vssumme geleistet wird (, wobei unterstellt sei, daß Reste nicht verblieben sind, dazu Anm. 52). Man braucht also bei Totalschäden die Proportionalitätsregel nicht anzuwenden, die Intensität des Vsschutzes nicht zu ermitteln, sondern kann sich als Ver darauf beschränken, auf § 50, also die leistungsbegrenzende Funktion der Vssumme zu verweisen (Berndt-Luttmer a. a. O. S. 77).

Es zeigt sich hiernach, daß die Proportionalitätsregel nur bei Teilschäden eigenständige Rechtsfolgen entfaltet (Begr. I S. 63; Berndt-Luttmer a. a. O. S. 77; verkannt von RG 28. II. 1930 RGZ Bd 127 S. 306).

Unrichtig ist es, wenn die Begr. I S. 62—63 die Proportionalitätsregel aus dem Wesen der Vssumme ableiten will (dagegen auch Ehrenzweig S. 251—252, NeumannsZ 1926 S. 839—840, ferner Blanck NeumannsZ 1926 S. 777—778 mit überspitzter Kritik an der „verfehlten Rechenregel des § 56"). Freygang VW 1966 S. 1108—1110 befürwortet es, de lege ferenda in § 56 auf das Verhältnis der bezahlten Prämie zu der zur Deckung des vollen Vswertes erforderlichen Prämie abzuheben (was bei solchen Prämien angemessen erscheint, deren Satz nach der Höhe der Vssumme gestaffelt ist).

[6] 3. Anwendungsbereich der Unterversicherungsregel.

§ 56 steht unter den Vorschriften für die gesamte Schadensv. Da aber überdies die Proportionalitätsregel des § 56 zweimal auf den Vswert abhebt und dieser Begriff nur in der Aktivenv Bedeutung hat (Anm. 16—21 zu § 52), kann es auch eine Unterv im rechtstechnischen Sinne nur in der Aktivenv (Interessev) geben.

Dabei kommen alle Arten der Aktivenv in Betracht, also neben Sachven auch Forderungsven, Ven sonstiger Rechte, Gewinnven (hierzu Anm. 35 zu § 53; Blanck a. a. O. S. 39—41).

Bei einer Passivenv gibt es keinen Vswert (Anm. 15 zu § 52) und demzufolge auch keine Unterv (Bruck S. 523, 527, Ehrenberg ZVersWiss 1923 S. 262, Freygang a. a. O. S. 10, Heimbücher VW 1968 S. 1103, Hinz a. a. O. 196; Begr. I S. 135). Nimmt ein potentiell Haftender eine Haftpflichtv mit allzu geringen Vssummen, oder nimmt ein wohlhabender Mann eine Krankheitskostenv mit allzu niedrigen Erstattungssätzen, so sagt ihm vielleicht ein Vsvertreter, er sei „untervert", aber der Ausdruck ist solchenfalls nicht fachgerecht gebraucht, und § 56 kann auch analog keine Anwendung finden (Hinz a. a. O. S. 202—203). Haftpflicht- und Krankheitskostenven mit kleiner Vssumme sind für den Ver allerdings besonders gefährlich, weil hier schon die durchschnittliche Schadenshöhe sehr nahe bei der Vssumme liegen wird.

Falls der Haftpflichtvmer summenmäßig oder gegenständlich beschränkt haftet (oder notwendige Aufwendungen limitiert sind, wie bei der Neuwertv hinsichtlich der Differenz von Neu- und Zeitwert), kennt man den maximalen Mißwert (Unwert): Der Reeder haftet z. B. nach deutschem Recht (§ 486 HGB) höchstens mit Schiff und Fracht. Hierauf beruht es auch, daß insbesondere mit der Kaskov (Sachv) eine Haftpflichtv für Kollisionsfälle und für Havariegrossebeiträge als Adhäsionsv verbunden ist (Anm. 42 vor §§ 49—80). Ist nun das Schiff untervert, so fragt es sich, ob auch mittelbare Kollisionsschäden und Havariegrossebeiträge nach Maßgabe der Proportionalitätsregel selbst im Rahmen der Vssumme nur limitiert ersetzt werden. Zu solcher analogen Anwendung des § 56 vgl. bereits Anm. 15 zu § 52, mit Hinweis auf § 843 HGB. Verbreitet ist jetzt die Teilhaftungsklausel: „Für jeden Schaden einschließlich ... Havariegrosse, mittelbaren Kollisionsschaden haftet der Ver nur im Verhältnis der Vssumme zum Werte des Schiffes" (DTV-Handbuch, Hamburg 1970, SK 188). Vgl. zu alledem auch Hinz a. a. O. S. 198—199, v. Lehsten, Der mittelbare Kollisionsschaden in der See- und Transportv, Hamburger Diss. 1930, S. 30—31, Ritter-Abraham Anm. 4 zu § 8, S. 240, Anm. 18 zu § 78, S. 1007.

Bei der summenmäßig beschränkten Haftung nach § 12 StVG lassen sich die Untervsregeln auch analog nicht anwenden, da bei Verschulden die unbeschränkte Deliktshaftung eintritt, so daß die Schadensmöglichkeit für einen Haftpflichtigen sich nicht maximieren läßt (dazu Hinz a. a. O. S. 196—198).

Bei der Neuwertv handelt es sich in Höhe der Differenz zwischen Neuwert und Zeitwert um eine V gegen ein Passivum, nämlich eine faktisch notwendige Aufwendung (Anm. 28 zu § 52), deren Mißwert im Vorwege bemessen werden kann. Deshalb können auf eine Neuwertv die Untervsregeln angewendet werden (dazu vgl. die Vsbedingungen Anm. 7, ferner Anm. 36).

Falls sich bei der Haftpflichtv erweist, daß die Haftpflichtansprüche die Vssumme übersteigen, leistet der Ver die Entschädigung voll bis zur Vssumme, aber es wäre unbillig, müßte er die Prozeßkosten vollen Umfangs übernehmen. Deshalb bestimmt § 3 III. 1. S. 1 AHB, der Ver habe die Prozeßkosten nur im Verhältnis der Vssumme zur Gesamthöhe der Ansprüche zu tragen; es ergibt sich also im Blick auf die Prozeßkosten eine untervsähnliche Regelung (dazu Bruck-Möller-Johannsen Anm. G 28—29). Ähnlich § 10 Ziff. 6 S. 3 AKB. Zu alledem vgl. auch Blaesner JRPV 1935 S. 281, Ehrenberg ZVersWiss 1923 S. 261—268, Hinz a. a. O. S. 199—202, Kast JRPV 1927 S. 256, 1929 S. 297—298; RG 19. VI. 1934 RGZ Bd 145 S. 21—26, BGH 28. IX. 1961 VersR 1961 S. 976. — Freygang a. a. O. S. 11—12, Prölss-Martin[18] Anm. 1 zu § 56, S. 287 sprechen hier von „unechter" Unterv. — Heimbücher VW 1968 S. 1103 rückt auch die Regelung des § 155 I, § 3 III. 2. AHB (Ermäßigung von Renten, falls der Kapitalwert die Vssumme übersteigt) in die Nähe der Unterv.

Im Bereiche der Summenv gibt es keinen Vswert, und auch der Schadensbegriff ist unanwendbar (Anm. 14 zu § 52), so daß auch hier eine Unterv im rechtstechnischen Sinne des § 56 nicht in Betracht kommt, mag auch die Werbung einem reichen Manne, der nur eine kleine Lebensv genommen hat, entgegenhalten, er sei „untervert". Ebenso Freygang a. a. O. S. 12, Hinz a. a. O. S. 202. Dort wo das Gesetz für befreiende Lebensven eine Mindestdeckung vorschreibt und diese Mindestdeckung nicht erreicht wird, darf man gleichfalls nicht von einer „Unterv" reden.

Mit dem vsrechtlichen Bereicherungsverbot haben die Normen über die Unterv, die Proportionalitätsregel — sowie ihre Wegbedingung bei der V auf erstes Risiko — nichts zu schaffen (Wussow AFB Anm. 4, 57 zu § 3, S. 210, 264). Allenfalls kann man sagen, es solle durch die Regelung vermieden werden, daß der Vmer ungerechtfertigt niedrige Prämien begleicht.

[7] 4. Unterversicherungsregeln in Versicherungsbedingungen.

Im Bestreben, die Unterv zu bekämpfen und den Vmer auf die vielfach unbekannten Rechtsfolgen einer Unterv (Proportionalitätsregel) hinzuweisen, finden sich in den meisten AVB Wiederholungen des § 56, zum Teil ergänzt durch Hinweise auf die Rechtslage bei V mehrerer Positionen oder auf die Möglichkeit der Vereinbarung einer V auf erstes Risiko.

Eine bloße Wiederholung des § 56 beinhaltet z. B. § 5 II VHB 1966.

Auf die besondere Rechtslage bei V mehrerer Positionen weist § 3 IV AFB hin:

> „Ist die Vssumme niedriger als der Ersatzwert (Unterv), so wird nur derjenige Teil des Schadens ersetzt, der sich zum ganzen Schaden verhält wie die Vssumme zum Ersatzwert. Ob Unterv vorliegt, ist für jede Gruppe (Position) des Vsscheins besonders festzustellen; außerhalb des Vsortes . . . befindliche Sachen sind hierbei nur dann zu berücksichtigen, wenn der Ver auch außerhalb des Vsortes für sie haftet. Hausrat und Arbeitsgerät gelten mangels anderer Vereinbarung als in einer Gruppe vert."

Ähnlich oder gleichlautend § 2 II Sonderbedingungen für die Neuwertv von Industrie und Gewerbe, § 2 III Sonderbedingungen für die Neuwertv landwirtschaftlicher Gebäude, § 4 IV AWB, § 4 II Allgemeine Bedingungen für die V gegen Sturmschäden, § 5 III FBUB.

§ 3 IV Abs. 2,3 AEB fügt zu der Regelung des § 3 IV AFB hinzu:

> „Ist eine Gruppe auf „Erstes Risiko" vert, so wird die Entschädigung dafür ermittelt, ohne daß die Bestimmung . . . über die Unterv Anwendung findet. Ist als Vssumme ein Bruchteil der Gesamtwertsumme der zu einer Gruppe (Position) gehörigen Sachen genommen, so tritt bei Feststellung einer Unterv an die Stelle der Vssumme die Gesamtwertsumme".

Vgl. hierzu auch Anm. 58—63 (V auf erstes Risiko), Anm. 64 (Bruchteilsv).

Für die gleitende Neuwertv vgl. § 2 Sonderbedingungen für die gleitende Neuwertv von Wohngebäuden (1968), abgedruckt in Anm. 17. Fast gleichlautend § 2 Sonderbedingungen für die gleitende Neuwertv von Geschäftsgebäuden (1968), ferner § 2 Sonderbedingungen für die gleitende Neuwertv von landwirtschaftlichen Gebäuden (1968).

Die Nichtberücksichtigung geringfügiger Unterven sehen die in Anm. 38 und 60 d) wiedergegebenen Vorschriften vor.

[8] **III. Begriff der Unterversicherung.**

1. Übersicht.

§ 56 ist zu entnehmen, daß bei einer Unterv „die Vssumme niedriger als der Vswert zur Zeit des Eintritts des Vsfalls" ist. Diese — durch den Klammerzusatz: „Unterv" noch verdeutlichte — Legaldefinition weist auf drei Begriffsmerkmale hin: Vssumme (Anm. 10—28), Vswert (Anm. 29—36) und die Relation zwischen beiden (Anm. 37 bis 40). Vorher schon läßt sich die Abgrenzung der Unterv von verwandten Begriffen durchführen (Anm. 9).

[9] **2. Abgrenzung.**

Der Unterv steht die Überv, bei welcher die Vssumme höher ist als der Vswert, konträr gegenüber. Während aber § 51 bei der Überv eine Beseitigung kennt, sieht § 56 keine Beseitigung der Unterv vor, weil dem Vmer gegen seinen Willen keine finanziellen Mehrbelastungen aufgebürdet werden können. Jedoch hat die Vspraxis für Spezialfälle einige Möglichkeiten zur Verhinderung oder Beseitigung der Unterv entwickelt (Anm. 13—28). Als Gegenstück zur betrügerischen Überv fehlt eine Regelung der immerhin denkbaren betrügerischen Unterv (dazu Anm. 45).

Haben mehrere Ver das gleiche Interesse gegen die gleiche Gefahr vert, so liegt eine mehrfache oder Mitv vor, je nachdem ob die mehreren Ver in selbständigen getrennten Vsverträgen oder in einem einheitlichen Vsvertrag (mit Teilschuld) das Risiko übernommen haben. Im letztgenannten Fall der Mitv pflegt man im Blick auf den einzelnen Ver und Teilschuldner nicht zu sagen, er biete nur eine Unterv. Nur wenn die Summe der von den einzelnen Mitvern gezeichneten Vssummen niedriger ist als der Vswert, kann die gesamte Mitv als Unterv bezeichnet werden. Bei einer mehrfachen V muß für jede einzelne V beurteilt werden, ob sie eine Unterv sei. Vgl. zu allem Anm. zu § 58.

Bei einer Bruchteilsv wird nur ein ideeller Bruchteil der vorhandenen Interessen vert, in der Erwartung, daß z. B. bei einem Einbruchsdiebstahl nicht alle vorhandenen Werte vom Schaden betroffen werden. Hier ist also die Gesamtwertsumme größer als die Vssumme, und § 3 IV Abs. 3 AEB läßt bei Feststellung einer Unterv an die Stelle der Vssumme die Gesamtwertsumme treten. Ist hiernach eine Bruchteilsv über ¼ abgeschlossen, so liegt hierin nur dann eine Unterv, wenn die Gesamtwertsumme zu niedrig bemessen ist. Näheres Anm. 64.

Damit die Erstver im Industrievsgeschäft ausreichende Prämien erheben, haben Rückver seit 1968 die Erstver verpflichtet, gewisse „Grundsätze" bei der Tarifierung zu beachten. Als Sanktion sieht die Rückvsklausel vor:

> „Bei Abweichung von dieser Vereinbarung wird im Schadensfalle vom Rückver die Untertarifierung als Unterv behandelt und seine Leistung entsprechend vermindert . . .
> Diese zusätzliche Schadenübernahme darf nicht anderweitig rückgedeckt werden. In Zweifelsfällen darüber, ob die bezogene Prämie den „Grundsätzen" entspricht, entscheidet die Tarifierungskommission zwischen den Parteien verbindlich."

Wenngleich hiernach die Proportionalitätsregel bei unzureichender Prämie herangezogen werden soll, handelt es sich doch nicht um einen echten Fall der Unterv, denn nicht die Vssumme ist unzulänglich, sondern die Prämie.

Den eigenartigen Begriff einer Gefahrunterv hat Ehrenzweig S. 252 Anm. 13, NeumannsZ 1926 S. 840 geprägt und der in § 56 behandelten Wertunterv gegenübergestellt. Es soll sich bei der Gefahrunterv z. B. um den Fall handeln, daß in der Lebensv eine unrichtige Altersangabe gemacht und die Leistung des Vers gemäß § 162[1] korrigiert wird. In beiden Fällen der Unterv sei ausschlaggebend „der Gedanke der vstechnischen Richtigstellung der vertragsmäßigen Vsleistung, der Richtigstellung der Leistung nach dem Verhältnis der wirklich bemessenen und der vstechnisch gebührenden Gegenleistung, d. h. nach dem Verhältnis der (kleineren) ‚Ist'-Prämie zu der (höheren) ‚Soll'-Prämie" (dazu auch Riebesell NeumannsZ 1926 S. 897). Es besteht also eine gewisse Verwandtschaft mit der zitierten Rückvsklausel.

[10] 3. Versicherungssumme.

a) Fehlende Versicherungssumme.

Fehlt es bei einer Aktivenv an einer Vssumme, so entfällt nicht nur die absolute Leistungsbegrenzung gemäß § 50, sondern es kann auch eine Unterv begrifflich nicht vorliegen, weil der Begriff der Unterv ein Relationsbegriff ist, bei welchem es auf das Verhältnis von Vssumme und Vswert ankommt (Freygang a. a. O. S. 10, Hinz a. a. O. S. 120—121, auch Ritter-Abraham Anm. 16 zu § 6, S. 220).

In der modernen Autokaskov wird auf die Vereinbarung einer Vssumme verzichtet (Gericke DAR 1953 S. 64, Prölss-Martin[18] Anm. 1 zu § 13 AKB, S. 826).

Bei manchen Ven mit Naturalersatz gibt es keine Vssumme; aber auch bei Vereinbarung einer Vssumme ist es hier schwierig, die Untervsregeln anzuwenden, es sei denn vermöge einer Zuzahlung des Vmers. Näheres hierzu unten Anm. 47, ferner Anm. 18 zu § 49, auch Freygang a. a. O. S. 22—23, Hinz a. a. O. S. 91—92. Über den Fall, daß der Vmer die vten Gegenstände, z. B. die Zahl der vten Scheiben in der Glasv, nicht vollständig angegeben hat, vgl. Hinz a. a. O. S. 120—121, der hier eine entsprechende Anwendung der Untervsgrundsätze befürwortet.

Bei der öffentlichrechtlichen Gebäudev fehlt es nach Landesrecht gleichfalls nicht selten an einer Vssumme (Anm. 4 zu § 50). Wörner LZ 1918 Sp. 233—238 hat sich de lege ferenda einen Vorschlag zu eigen gemacht, die Institution der Vssumme und damit die Bedeutung der Unterv in der öffentlichrechtlichen V ganz zu beseitigen. Andererseits hat man aus § 12 II 2 preußisches SozietätenG, wonach über den festgesetzten Schätzungswert hinaus eine Anstalt keine V übernehmen darf, geschlossen, daß nach diesem Gesetz umgekehrt eine Unterv bei öffentlichrechtlichen Wettbewerbsvern statthaft sei (Schmidt-Sievers, Das Recht der öffentlichrechtlichen Sachv, Hamburg 1951, S. 66). Eine analoge Anwendung der Untervsregeln kennt § 43 Hamburger FeuerkassenG, falls der Schätzungsschein geringere Durchschnittspreise als die vom August 1914 zugrunde gelegt hat.

[11] b) Fixierte Versicherungssumme.

aa) Summarische Versicherungssumme.

In aller Regel ist die Vssumme ein durch Vereinbarung fest bestimmter Betrag, der ein einziger, einheitlicher ist, falls nur das Interesse an einer Sache (z. B. einem Schiff oder Gebäude) oder an einem Sachinbegriff (z. B. Hausrat) vert ist. Man kann aber auch die Interessen an mehreren Gegenständen mit einer summarischen Vssumme vern, z. B. Gebäude zusammen mit technischer und kaufmännischer Betriebseinrichtung und Rohstoffen. Dadurch wird die Feststellung des Vswertes und damit einer eventuellen Unterv erschwert, weil man nach dem Schadensfall alle Einzelwerte zusammenrechnen muß. Andererseits bringt solche summarische V für den Vmer den Vorteil mit sich, daß ohne weiteres ein Ausgleich erfolgt, wenn beim Vertragsabschluß einer der Gegenstände zu hoch, ein anderer zu niedrig geschätzt wurde. Gerade unter diesem Gesichtspunkt der möglichen Verhütung einer Unterv ist auch die „Feuerblockpolize“ (mit nur einer einzigen Vssumme z. B. für ein großes Industriewerk) propagiert worden. Zu allem Anm. 6 zu § 50, Anm. 12 zu § 54. Nach § 3 IV 3 AFB gelten Hausrat und Arbeitsgerät mangels anderer Vereinbarung als summarisch vert, nach § 4 IV FBUB Geschäftsgewinn und Geschäftskosten, soweit für sie die gleiche Haftzeit gilt. In der industriellen Feuerv werden im Falle summarischer V zuweilen Prämienzuschläge erhoben.

Vgl. zu alledem Berndt-Luttmer a. a. O. S. 82, Blanck a. a. O. S. 64, Döring a. a. O. S. 70—71, Freygang a. a. O. S. 44—46, Hinz a. a. O. S. 10—11, 100—103 (speziell auch für landwirtschaftliche Ven), Raiser Anm. 47—49 zu § 3, S. 140—142, Wussow AFB Anm. 60 zu § 3, S. 267, Anm. 62 zu § 3, S. 268—269.

[12] bb) Positionsweise Versicherungssumme.

Sind in einem Vsvertrage mehrere Interessen vert, so pflegt man separate Gruppen, Positionen, Rubriken mit differenzierten Vssummen zu bilden (über die in der Industriefeuerv üblichen 12 Positionen vgl. Anm. 11, 18 zu § 54 mit Gruppenerläuterung). Hier muß und kann für jede Gruppe besonders festgestellt werden, ob Unterv vorliegt (§ 3 IV 2 AFB); ist nur eine Gruppe vom Schaden betroffen, so erübrigt sich die Mühe, für die übrigen Positionen den Vswert und sein Verhältnis zur Vssumme festzustellen. Andererseits erfolgt grundsätzlich keine Kompensation; die Vssumme für jede Gruppe ist fixiert. Ebenso Berndt-Luttmer a. a. O. S. 80—82, Blanck a. a. O. S. 42—48, Freygang a. a. O. S. 21—22, Hinz a. a. O. S. 7—10, Wussow AFB Anm. 60 zu § 3, S. 267—268.

Über Fälle, in denen es zweifelhaft ist, ob eine besondere Position vert sei, vgl. Berndt a. a. O. S. 80, Blanck a. a. O. S. 51.

[13] c) Bewegliche Versicherungssumme.

Die in Anm. 11—12 behandelten fixierten Vssummen führen sehr oft zu Unterven, nicht nur bei langfristigen Vsverhältnissen, sondern auch angesichts des Trends zur Geldentwertung (mangelnde Stabilität in Richtung des Kaufkraftschwundes) und des häufigen Zugangs bei Inbegriffsven (Neuanschaffungen in der Hausratv, Anwachsen von Warenlagern und Vorräten: Anm. 31 zu § 54).

Es ist schon viel Gedankenarbeit darauf verwendet worden, im Rahmen bestehender Vsverträge die Vssummen gleichfalls zu mobilisieren, damit Unterven vermieden oder beseitigt werden; andererseits will der Vmer auch keine Prämie verschwenden, indem er von vornherein eine Überv mit voller Prämienbelastung nimmt (dazu vgl. Anm. 22). Freygang a. a. O. S. 50 spricht von „gleitenden Vsformen", man kann auch von beweglichen, flexiblen Vssummen reden.

Schon im Ersten Weltkrieg und besonders nach der Inflation wurden zahlreiche Lösungsversuche vorgeschlagen und praktiziert, worüber Arps, Durch unruhige Zeiten, I. Teil: Erster Weltkrieg und Inflation, Karlsruhe 1970, S. 229—292 (und passim), ZVers 1971 S. 421—443 anschaulich berichtet. Das Thema Geldwertschwankungen und V wird laufend in aller Welt diskutiert. Vgl. nur Möller in: Roehrbein, Rechtsfragen aus der Privat- und Sozialversicherung, Berlin 1953, S. 117—125, Haller, Inflation und Feuerversicherung, Zürich 1970, Münchener Rückversicherungs-Gesellschaft, Einfluß der ‚Inflation' auf die V, München (1971).

Hier soll auf die wichtigsten Vereinbarungen, welche dafür bestimmt sind, die Vssumme aus ihrer gewöhnlichen Fixierung (Anm. 11—12) zu lösen, hingewiesen werden:

[14] aa) Summenausgleich.

> „Bei Summenausgleich gehen überschießende Vssummen aus selbständigen Positionen auf die Positionen mit gleichem oder dem nächstniedrigeren Beitragssatz über."

So die Richtlinien für die Bearbeitung von Feuer- und BU-Versicherungen (unter I c). Die übliche Klausel in der Feuerv lautet:

> „Summenausgleich (Kompensation):
> In der Beschränkung auf ein Vsgrundstück gehen innerhalb der Position 1 überschießende Vssummen auf die Prämiengruppen mit gleichen oder niedrigeren Prämiensätzen über, und zwar im Verhältnis der bei den einzelnen Prämiengruppen ungedeckt gebliebenen Summen. Ein gleicher Summenausgleich gilt auch zwischen den Positionen 2, 3, 5 und 7a u. b. Hiervon ist die Position 5 ausgenommen, wenn für sie die Stichtagsklausel vereinbart ist. Bei Positionen mit Wertzuschlagsklausel gilt als überschießende Summe der Betrag, um den die Vssumme 1938 + einfachem Wertzuschlag den Ersatzwert übersteigt. Die Positionen 9b u. c dürfen in den Summenausgleich nicht einbezogen werden."

Darüber, was unter den einzelnen bezifferten Positionen vert ist, vgl. die Gruppenerläuterung Anm. 18 zu § 54. In den Summenausgleich der Pos. 1 werden die Pos. 2, 3, 5 und 7 öfters gegen Zahlung eines Prämienzuschlages von 10% mit einbezogen. Vgl. zum Summenausgleich ferner Anm. 6 zu § 50, Anm. 12 zu § 54; Berndt-Luttmer a. a. O. S. 83, Blanck a. a. O. S. 64—67, VW 1953 S. 328—329, Freygang a. a. O. S. 46—48, Hein VW 1955 S. 292—293, Hinz a. a. O. 142—144, 163—168, Meyer Die Vspraxis 1952 Heft 2 S. 9—10.

[15] bb) Vorsorgeversicherung.

Man kann gleichsam eine Reservevssumme für den Fall der Unterv bereitstellen, indem man von vornherein eine Vorsorgev abschließt, bei positionsweiser V entweder zu bestimmten Positionen oder generell zu allen Positionen (so daß es gilt, die Vorsorgevssumme auf die einzelnen Positionen zu verteilen).

Solche generelle Vorsorgev behandelt Klausel 21 Zusatzbedingungen für Fabriken und gewerbliche Anlagen:

„Vorsorgeversicherung für Wertsteigerung, für Um-, An- und Neubauten sowie Neuanschaffungen.
Die Vorsorgevssumme wird im Schadenfalle auf die Vssummen der Positionen aufgeteilt, für die sie beurkundet ist und bei denen eine Unterv vorliegt. Die Verteilung richtet sich nach der bei den einzelnen Positionen bestehenden Unterv."

Von Fall zu Fall können Vorsorgeven für Neubauten und Neuanschaffungen bei den Pos. 1 und/oder 2 der Feuerv vereinbart werden (Klausel 6.06; Wortlaut: Anm. 27).

Die Vorsorgevssumme ist recht eigentlich zunächst noch keine echte Vssumme, jedenfalls so lange nicht, als sie keiner bestimmten Position zugeordnet ist; sie dient nur der eventuellen Aufstockung anderer Vssummen (Blanck a. a. O. S. 71, Hinz a. a. O. S. 168—169). Zuweilen soll die Vorsorgevssumme nur herangezogen werden, falls die Unterv auf bestimmten Gründen beruht (Hinz a. a. O. S. 169, Raiser Anm. 52 zu § 3, S. 143—144), z. B. dient die wiedergegebene Klausel 21 Zusatzbedingungen nach ihrer Überschrift nicht zur Beseitigung anfänglicher Unterven. Nach alledem kann auch ein geringerer Prämiensatz für die Vorsorgev gerechtfertigt sein. Andererseits kann auch die Vorsorgev nicht in allen Fällen gewährleisten, daß nach ihrer Heranziehung die Unterv in vollem Umfange entfällt; zumal da sie durchweg auf 15 v. H. der Vssummen der in Betracht kommenden Positionen limitiert wird.

Vgl. zur Vorsorgev ferner Asmus ZVersWiss 1964 S. 400—401 Berndt-Luttmer a. a. O. S. 79, 248—257 (mit interessanten Beobachtungen aus der Inflation nach dem Zweiten Weltkrieg sowie Hinweisen auf das Bestreben, wegen Preisstops und aus steuerlichen Gründen die primäre Vssumme klein zu halten), Blanck a. a. O. S. 71—73 (mit Beispiel), Döring a. a. O. S. 71—76, Freygang a. a. O. S. 42, Hinz a. a. O. S. 168—173, Koch VW 1948 S. 275, Oertmann WuRdVers 1918 S. 75—77, Raiser Anm. 52 zu § 3, S. 143—144, Wussow AFB Anm. 67 zu § 3, S. 272—273.

Nicht selten wird die Vorsorgev als Mehrwertv bezeichnet. Aber diesen Namen sollte man jener Zusatzv vorbehalten, die in der See- und Transportv wegen der Fiktion des gleichbleibenden Vswertes notwendig werden kann (Anm. 25 zu § 52, Anm. 7 zu § 53).

Über eine Vorsorgev in der Film-Ausfall-V vgl. Anm. 35 zu § 53.

[16] cc) Indexierte Versicherungssumme.

In allen Zeiten rapiden Geldwertschwundes, also inflationärer Entwicklung, entwerfen Vswirtschaft und Vswissenschaft indexorientierte Anpassungsklauseln. Von Prämienindexklauseln war schon in Anm. 23 zu § 41 m. w. N. die Rede. Hier interessieren Vereinbarungen, welche die Leistung des Vers, und zwar die Vssumme, unter Zugrundelegung eines Index mobilisieren, was sodann auch zur (wirtschaftlich oft schwer durchsetzbaren) Prämienkorrektur führen muß. Dabei kommen hier z. B. Haftpflicht- und Krankheitskostenv nicht in Betracht, weil es sich um Passivenven handelt, die keinen Vswert kennen (Anm. 6).

Für die Sachv haben nach dem Ersten Weltkrieg Berliner HansRZ 1923 Sp. 583—584 („Indexven"), Bruck HansRZ 1922 Sp. 495—502 („gleitende Vssumme"), Durst HansRZ 1920 Sp. 514—516 („Elastizität der Vssumme"), Mitt 1922 S. 103—104 die Indexven propagiert und behandelt; aus der Aufsichtspraxis vgl. VA 1922 S. 78—79 (Klausel für Mobiliarindexv), VA 1923 S. 13, 42, 1925 S. 49. Zu alledem Arps, Durch unruhige Zeiten, I. Teil, Karlsruhe 1970, S. 272—279 („Lob der Indices"). Speziell über die „Baunotv": VA 1921 S. 133—134, auch Arps a. a. O. S. 258, 280.

Für die Zeit nach dem Zweiten Weltkrieg vgl. Anonym VW 1951 S. 139—140, Freygang a. a. O. S. 53, Haller, Inflation und Feuerversicherung, Zürich 1970, S. 22—23,

Hinz a. a. O. S. 173—174, Lauinger ZfV 1951 S. 147—149, Möller in: Roehrbein, Rechtsfragen aus der Privat- und Sozialv, Berlin 1953, S. 117—125, MünchenerRückversicherungs-Gesellschaft, Einfluß der ‚Inflation' auf die V, München (1971), S. 26—31.

Ist eine inflationäre Entwicklung auf das Inland beschränkt, so werden Fremdwährungen die Rolle des Index übernehmen (dazu Berliner HansRZ 1923 Sp. 584—598, ferner RAA: VA 1923 S. 11—13). Mit Naturalersatzvereinbarungen kann man der Institution der Vssumme völlig aus dem Wege gehen (Anm. 10); vgl. z. B. für die Glasv die Naturalersatz- und Prämienklausel: VA 1953 S. 218 (aus der Geschichte: VA 1921 S. 140—141).

[17] dd) Gleitende Neuwertversicherung.

Nicht zur V mit indexierter Vssumme zählt die gleitende Neuwertv, welche gewährt wird für Geschäftsgebäude, landwirtschaftliche Gebäude und Wohngebäude nach Sonderbedingungen (VA 1968 S. 302—304), nicht dagegen für industrielle Gebäude (dazu Helberg VA 1951 S. 58—59, Matzen, Die moderne Neuwertv im Inland und Ausland, Karlsruhe 1970, S. 55).

Die **„Sonderbedingungen für die gleitende Neuwertv von Wohngebäuden (1968)"** (VA 1968 S. 303—304) lauten:

> „Zur Versicherung von Wohngebäuden zum gleitenden Neuwert sind zwecks Anpassung an Baukostenschwankungen folgende Abweichungen von den Allgemeinen Bedingungen für Neuwertversicherung von Wohngebäuden gegen Feuer-, Leitungswasser- und Sturmschäden (VGB) vereinbart:
>
> **§ 1 — Versicherungssumme 1914, Versicherungswert 1914.**
>
> Die vom Versicherungsnehmer als Versicherungssumme des Vertrages zu bestimmende ‚Versicherungssumme 1914' soll in Preisen des Jahres 1914 dem ortsüblichen Neubauwert des Gebäudes in seiner jeweiligen Größe und seinem jeweiligen Ausbau entsprechen (‚Versicherungswert 1914'). Bei der Ermittlung des ‚Versicherungswertes 1914' werden der umbaute Raum, die Bauart, der Ausbau und — wenn dieses mitversichert wird — das Zubehör zugrunde gelegt.
>
> **§ 2 — Entschädigungsberechnung, Unterversicherung.**
>
> (1) Der errechnete Schaden wird nur dann voll ersetzt, wenn die ‚Versicherungssumme 1914' mindestens dem ‚Versicherungswert 1914' entspricht. Ist die ‚Versicherungssumme 1914' niedriger als der ‚Versicherungswert 1914' zur Zeit des Eintritts des Versicherungsfalles (Unterversicherung), so wird nur derjenige Teil des Schadens ersetzt, der sich zum ganzen Schaden verhält, wie die ‚Versicherungssumme 1914' zum ‚Versicherungswert 1914'.
>
> (2) Eine Unterversicherung wird nur insoweit berücksichtigt, als sie 3 v. H. der ‚Versicherungssumme 1914' der betreffenden Position oder Positionen übersteigt.
>
> **§ 3 — Prämienberechnung.**
>
> Die Prämie berechnet sich nach der ‚Versicherungssumme 1914' und der jeweils festgesetzten Prämienrichtzahl, die vom Stand des Jahres 1914 aus der Baupreisentwicklung nach Vertragsabschluß Rechnung trägt. Die Prämienrichtzahl wird aufgrund der nach Vertragsabschluß veröffentlichten Meßzahlen des Statistischen Bundesamtes vom Versicherer festgesetzt. Bei Erstprämien ist die für den zweiten Monat, bei Folgeprämien die für den vierten Monat vor Fälligkeit festgesetzte Prämienrichtzahl maßgebend.
>
> **§ 4 — Sachverständigenverfahren.**
>
> Im Falle eines Sachverständigenverfahrens müssen die Feststellungen der beiden Sachverständigen auch den ‚Versicherungswert 1914' des versicherten Gebäudes zur Zeit des Eintritts des Versicherungsfalles enthalten.

§ 5 — Kündigung.

Versicherungsnehmer und Versicherer können jederzeit unter Einhaltung einer Kündigungsfrist von mindestens drei Monaten den Wegfall der Sonderbedingungen für die gleitende Neuwertversicherung verlangen. Die Versicherung bleibt zu den Allgemeinen Bedingungen der für die Neuwertversicherung von Wohngebäuden gegen Feuer-, Leitungswasser- und Sturmschäden und mit einer sich aus der ‚Versicherungssumme 1914' und der letztgültigen Prämienrichtzahl ergebenden Versicherungssumme in Kraft. Das Recht auf Herabsetzung der Versicherungssumme nach § 51 (1) VVG bleibt unberührt."

§ 2 I Sonderbedingungen läßt ersehen, daß hiernach eine Unterv nur vorliegt, wenn die „Vssumme 1914" niedriger ist als der „Vswert 1914"; trifft das nicht zu, so wird der effektive Schaden voll ersetzt (dazu Näheres bei Matzen a. a. O. S. 112—113). Es wird also die Vssumme nicht mit einem Indexfaktor multipliziert, sondern nur die Prämie berechnet nach der jeweils festgesetzten Prämienrichtzahl, die von einer Indexkommission festgesetzt wurde:

ab 11. I. 1951 auf 300	ab 1. III. 1962 auf 500
ab 1. XI. 1951 auf 350	ab 1. IX. 1963 auf 550
ab 1. IX. 1956 auf 380	ab 1. VIII. 1965 auf 600
ab 1. III. 1958 auf 400	ab 1. IX. 1969 auf 660
ab 1. IX. 1960 auf 440	ab 1. VIII. 1970 auf 750
	ab 1. VIII. 1971 auf 900

Vgl. hierzu auch Beenken-Jaenke VW 1953 S. 562—564, Beenken VW 1959 S. 472—474, 1962 S. 257—258, 1965 S. 823—824.

Weiteres zur gleitenden Neuwertv Anonym VW 1954 S. 84, 1957 S. 309—310, 1961 S. 386, Blanck a. a. O. S. 36—39, VW 1969 S. 172—173, Boldt VW 1959 S. 62, Freygang a. a. O. S. 53—54, Hasselmann VW 1969 S. 323—326, Hinz a. a. O. S. 174—178, Matzen a. a. O. S. 106—109, Prölss-Martin[18] Anm. 2 zu § 55, S. 285—286, Stöcklein VW 1958 S. 564—565, Wussow AFB Anm. 66 zu § 3, S. 271—272.

[18] ee) Stichtagssumme.

Bei wechselnden Vorräten kann in der Feuerv eine Unterv vermieden werden vermöge einer „Stichtagsv für Vorräte", bei welcher neben eine (reichlich zu bemessende) Höchstvssumme eine laufend aufzugebende Stichtagssumme tritt. Die Prämie richtet sich grundsätzlich nur nach den Stichtagsmeldungen.

Die von Fall zu Fall zu vereinbarende Klausel 5.01 nebst Erläuterungen lautet:

5.01 Stichtagsversicherung für Vorräte.

(1) Die Vorräte sind in Höhe ihres jeweiligen Wertes versichert, soweit dieser die Höchstversicherungssumme von ...... DM nicht überschreitet.

(2) Der Versicherungswert, den die versicherten Vorräte am ...... eines jeden Monats haben, ist dem Versicherer jeweils binnen zehn Tagen nach diesem Stichtage aufzugeben (Stichtagssumme). Wird diese Aufgabe für einen Stichtag unterlassen, dann behält für diesen Stichtag die zuletzt gemeldete Stichtagssumme Gültigkeit. Ist der Versicherungsnehmer mit der ersten Stichtagsmeldung im Verzuge, so sind die Vorräte bis zum Eingang der Meldung nur mit der Hälfte der Höchstversicherungssumme versichert.

Bemerkung:
Die Aufgabefrist kann bis zu einem Monat verlängert werden.

(3) Ergibt sich in einem Schadenfalle, daß die letztmals vor dem Schadenfalle gemeldete Stichtagssumme niedriger ist als der wirkliche Versicherungswert an dem Stichtage, für den sie gilt, so wird der Schaden nur in dem Verhältnis vergütet, in dem die angegebene Stichtagssumme zu dem wirklichen Versicherungswert an diesem Stichtag steht.

(4) Der Versicherungsnehmer hat eine infolge eines Schreib-, Rechen- oder Hörfehlers versehentlich falsch erstattete Meldung unverzüglich zu berichtigen. Ist inzwischen ein Schadenfall eingetreten, hat er das Versehen nachzuweisen.

(5) Auf die Prämie ist eine Vorauszahlung für die Hälfte der Höchstversicherungssumme für das ganze Versicherungsjahr im voraus zu leisten. Die endgültige Prämie wird auf Grund der Stichtagsmeldungen mit einem Zwölftel der Jahresprämie für einen Monat berechnet und am Ende des Jahres abgerechnet. Ergibt sich während des Versicherungsjahres, daß die Vorauszahlung auf die Prämie auf Grund der Stichtagsmeldungen verbraucht ist, so kann der Versicherer eine weitere angemessene Vorauszahlung, jedoch nicht mehr als die Hälfte der ursprünglichen Vorauszahlung verlangen.

(6) Abweichend von § 18 (1) AFB bleibt die Haftung des Versicherers nach einem Schadenfall unverändert. Der Versicherungsnehmer hat jedoch für den Entschädigungsbetrag die Prämie für den Rest der Versicherungsperiode nachzuzahlen.

Bemerkung:
Bei Vereinbarung dieser Klausel muß wenigstens ein Stichtag im Monat, und zwar entweder ein bestimmter Kalendertag oder ein bestimmter Wochentag (z. B. der zweite Montag eines Monats) vereinbart werden.

Erläuterungen für die Anwendung der Stichtagsklausel 5.01

1. Die Stichtagsklausel soll nur zugestanden werden bei einer Höchstversicherungssumme von mindestens 300000,— DM oder einer Vorauszahlung von mindestens 300,— DM. Bei V von Speicher- und Speditionsfirmen (s. Klausel 5.02) sowie landwirtschaftlichen Betrieben ist die Stichtagsklausel nicht zu vereinbaren.

2. Ausstellung von Sicherungsscheinen bei Stichtagsversicherungen. Wird bei Stichtagsv die Ausstellung von Versicherungsbescheinigungen oder Sicherungsscheinen beantragt, so empfiehlt es sich, entweder die Umwandlung der gesamten V in eine solche mit fester Vsumme oder doch wenigstens die Abzweigung einer Teilv mit fester Vsumme zu verlangen.

Ist dies aus besonderen Gründen nicht durchführbar, dann ist im Nachtrag zum Vschein folgende Klausel zu beurkunden:

„Von den durch obigen
Versicherungsschein
———————
Sammelversicherungsschein versicherten Waren ist ein Teil der .... (Name der Kreditanstalt, nachstehend Anstalt genannt) in .... sicherheitshalber übereignet.

Auf Antrag des Versicherungsnehmers wird hiermit für die Zeit vom .... bis .... je mittags 12 Uhr für den der Anstalt sicherheitshalber übereigneten Teil der versicherten Waren eine besondere Versicherungssumme von .... DM in Worten .... DM festgesetzt.

Auf Grund der Anzeige des Versicherungsnehmers vom .... hat der unterzeichnete Versicherer der Anstalt einen Sicherungsschein erteilt. Will der Versicherungsnehmer die im Absatz 2 genannte Versicherung aufheben, in ihrem Betrage vermindern oder bei Ablauf nicht fortsetzen, so bedarf es hierzu der vorherigen schriftlichen Einwilligung der Anstalt, welche von dem Versicherungsnehmer mindestens einen Monat vorher dem Versicherer eingereicht sein muß, um gültig beigebracht zu sein.

Im Schadenfalle ist zunächst die Entschädigungssumme für den der Anstalt sicherheitshalber übereigneten Teil der Vorräte unter Berücksichtigung der dafür oben festgesetzten besonderen Versicherungssumme auf Grund der Allgemeinen Feuerversicherungs-Bedingungen, insbesondere des § 3 (4.) AFB zu ermitteln.

Diese Entschädigungssumme ist in voller Höhe auf die Entschädigungssumme anzurechnen, die für die Gesamtheit der durch obigen
Versicherungsschein
———————
Sammelversicherungsschein versicherten Vorräte auf Grund der Allgemeinen Feuerversicherungs-Bedingungen festgestellt wird.

Bleibt die in Absatz 2 der Stichtagsklausel genannte Stichtagssumme unter der besonderen Versicherungssumme, die für sicherheitshalber übereignete Waren festgesetzt worden ist, dann tritt diese besondere Versicherungssumme an die Stelle der Stichtagssumme. Die Vorschrift des § 55 VVG wird hierdurch nicht berührt."

Bei Beurkundung dieser Klausel muß vom Vn ein mit ihr wörtlich übereinstimmender Antrag unterzeichnet werden. Außerdem sind vom Vn und der Anstalt die Erklärungen nach Form. 91 beizuziehen. Der Kreditanstalt ist — nach vorheriger Zustimmung des Vn — gleichzeitig mit der Übersendung des Sicherungsscheins eine Abschrift des zur Stichtagsv auszustellenden Nachtrages zu übermitteln.

Diese Klausel regelt aber nur die Fälle, in denen der Kreditanstalt nur ein Teil der vten Vorräte sicherheitshalber übereignet ist. Sind die Vorräte in ihrer Gesamtheit übereignet, so empfiehlt sich, den Sicherungsschein wie folgt zu ergänzen:

„Die Versicherung ist zu folgenden Bedingungen beschlossen:
(Folgt hier der Wortlaut der Stichtagsklausel).

Die in Ziffer 5 Absatz 1 dieses Sicherungsscheines bezüglich der Minderung der Versicherungssumme übernommene Verpflichtung gilt lediglich hinsichtlich Minderungen der Höchstversicherungssummen.

Die durch den 3. Absatz der vorstehenden Stichtagsklausel für die Versicherer gegebenen Rechte bleiben auch in ihrem Verhältnis zum Kreditgeber bestehen."

Die Proportionalitätsregel wird fraglos angewendet, falls die Stichtagssumme zu niedrig aufgegeben wurde (Abs. 3). Liegt — bei richtiger Aufgabe — der Bestand am Brandtage höher als am letzten Stichtage, überschreitet er jedoch die Höchstvssumme nicht, so hat der Ver voll zu entschädigen. Umstritten ist der Fall, in dem am Brandtage der Bestand einen höheren Vswert hat als die Höchstvssumme. Hier ist bei einem Teilschaden nach richtiger Auffassung die Proportionalitätsregel anzuwenden (so ausführlich Hinz a. a. O. S. 189—195 mit Fröse VW 1952 S. 546, 1953 S. 48, 550—551, a. M. aber Feuerfachausschuß VW 1953 S. 110, Breest VW 1956 S. 497, Freygang a. a. O. S. 51—52, Raiser Anm. 53 zu § 3, S. 145). Gibt der Vmer eine Stichtagssumme auf, die höher ist als die Höchstvssumme, so liegt hierin ein Antrag auf Nachv (Anm. 24), den der Ver ablehnen könnte; bei Stillschweigen sind die Gesichtspunkte der culpa in contrahendo und womöglich des § 151[1] BGB zu beachten.

Näheres zur Stichtagsv für Vorräte ferner bei: Berndt-Luttmer a. a. O. S. 188, Blanck a. a. O. S. 29—30, Breest VW 1956 S. 497, Freygang a. a. O. S. 50—52, Fröse VW 1954 S. 612—613, Hinz a. a. O. S. 185—195, Ludolphy VW 1956 S. 286—287, Raiser Anm. 53 zu § 3, S. 144—146, Tetzlaff VW 1952 S. 86, Wussow AFB Anm. 70 zu § 3, S. 276—277.

[19] ff) Höchstwertsumme.

Besonders bei Spediteuren wechseln die Werte der unter Feuervsschutz zu bringenden Güter. Deshalb ist hier eine Klausel entwickelt worden, die der Stichtagsklausel 5.01 (Anm. 18) sehr verwandt ist, aber sich doch dadurch von ihr unterscheidet, daß es nicht auf den Stichtagsbestand ankommen soll, sondern auf den Höchstbestand des jeweiligen Kalendermonats.

Die gleichfalls von Fall zu Fall zu vereinbarende Klausel 5.02 nebst Erläuterungen lautet:

5.02 Gleitende Vorratsversicherung mit nachträglicher Prämienverrechnung für Lagergüter der Besorgungs-Auftraggeber.

(1) Die Speditionsgüter sind in Höhe ihres jeweiligen Wertes versichert, soweit dieser die Höchstversicherungssumme von ...... DM nicht überschreitet.

(2) Der innerhalb eines jeden Monats vorhanden gewesene Höchstwert der versicherten Güter ist dem Versicherer spätestens bis zum 10. des darauffolgenden Monats aufzugeben. Wird diese Aufgabe für einen Monat unterlassen, dann behält für diesen Monat die zuletzt gemeldete Summe Gültigkeit. Ist der Versicherungsnehmer mit der ersten Meldung im Rückstand, so sind die Güter bis zum Eingang der Meldung nur mit der Hälfte der Höchstversicherungssumme versichert.

(3) Ergibt sich in einem Schadenfalle, daß der letztmals gemeldete Höchstwert niedriger ist als der wirkliche Höchstwert in dem Monat, für den die Meldung gilt, so wird der Schaden nur in dem Verhältnis vergütet, in dem der gemeldete Höchstwert zu dem wirklichen Höchstwert steht.

(4) Der Versicherungsnehmer hat eine infolge eines Schreib-, Rechen- oder Hörfehlers versehentlich falsch erstattete Meldung unverzüglich zu berichtigen. Ist inzwischen ein Schadenfall eingetreten, hat er das Versehen nachzuweisen.

(5) Auf die Prämie ist eine Vorauszahlung für die Hälfte der Höchstversicherungssumme für das ganze Versicherungsjahr im voraus zu leisten. Die endgültige Prämie wird auf Grund der Meldungen mit einem Zwölftel der Jahresprämie für einen Monat berechnet und halbjährlich abgerechnet. Ergibt sich während des Versicherungsjahres, daß die Vorauszahlung auf die Prämie auf Grund der Meldungen verbraucht ist, so kann der Versicherer eine weitere angemessene Vorauszahlung, jedoch nicht mehr als die Hälfte der ursprünglichen Vorauszahlung verlangen.

(6) Abweichend von § 18 (1) 1 AFB bleibt die Haftung des Versicherers nach einem Schadenfall unverändert. Der Versicherungsnehmer hat jedoch für

den Entschädigungsbetrag die Prämie für den Rest der Versicherungsperiode nachzuzahlen.

Bemerkung:
An Stelle von Ziffer (2) Satz 2 kann nach Wahl des Versicherungsnehmers auch vereinbart werden:
a) „Wird diese Aufgabe für einen Monat unterlassen, dann gilt für diesen Monat die zuletzt gemeldete Summe, mindestens die Hälfte der Höchstversicherungssumme."
b) „Wird diese Aufgabe für einen Monat unterlassen, dann gilt für diesen Monat die Höchstversicherungssumme."

In diesem Falle lautet Ziffer (5) Satz 1 und 2:
„Die Prämie ist für die Höchstversicherungssumme für das ganze Versicherungsjahr im voraus zu zahlen. Die endgültige Prämie wird auf Grund der Meldungen mit einem Zwölftel der Jahresprämie für einen Monat berechnet und am Ende des Jahres abgerechnet."

Hinweis:
Die Klausel soll nur zugestanden werden bei einer Höchstversicherungssumme von mindestens 300000,— DM oder einer Prämienvorauszahlung von mindestens 300,— DM.

Näheres zu dieser Klausel bei Blanck a. a. O. S. 30, Wussow AFB Anm. 71 zu § 3, S. 277.

[20] gg) Wertzuschlagsklausel.

Eine limitierte Flexibilität der Vssumme erreicht man in der Feuerv auch durch die Wertzuschlagsklauseln 6.02—6.05, welche ausgehen von einer Vssumme auf der Preisbasis von 1938 zuzüglich (einfachem) Wertzuschlag. Der sich ergebende Gesamtbetrag ist für die Prämienberechnung maßgebend, aber der Ver ist leistungspflichtig bis zur Vssumme 1938 zuzüglich des doppelten Wertzuschlages. Dies wird aus dem Wortlaut der Wertzuschlagsklausel leider nicht ganz deutlich, ist aber 1951 durch den Verband der Sachver klargestellt worden (G. Schmidt a. a. O. S. 82, ohne Begründung ebenso Blanck a. a. O. S. 30—31).

Die Klauseln lauten:

6.02 Wertzuschlagsklausel mit Versicherung der Neubauten und Neuanschaffungen

(mit Vorschätzung)

(1) Die Versicherungssumme der Position .... ist gemäß einer dem Versicherer eingereichten Vorschätzung des Sachverständigen, Herrn .... in .... vom .... auf der Preisbasis des Jahres 1938 unter Berücksichtigung eines von dem genannten Sachverständigen als angemessen erachteten Wertzuschlages von ....% festgesetzt, bei dessen Bemessung auch erhöhte Kosten für solche Maschinen, die Spezialanfertigungen darstellen, und Aufwendungen, die durch besondere Schwierigkeiten in der Wiederbeschaffung oder Wiederherstellung bedingt sind, berücksichtigt wurden. Die Vorschätzung gilt als Nachweis des Wertes der Position ...... zur Zeit der Schätzung. Insofern und hinsichtlich künftiger Preissteigerungen kommt die Unterversicherungsbestimmung des § 3 (4) AFB nur zur Anwendung, wenn der Ersatzwert höher ist als die Versicherungssumme 1938 zuzüglich des doppelten Wertzuschlages.

(2) Der Versicherungsnehmer hat die Vollständigkeit der eingereichten Vorschätzung und die Höhe des Wertzuschlages alle 12 Monate durch seinen Sachverständigen überprüfen zu lassen und das Ergebnis dem Versicherer mitzuteilen.

(3) Jede Partei kann während des Versicherungsjahres eine Änderung des Wertzuschlages verlangen. Einigen sich die Parteien über die Änderung des Wertzuschlages, so ist die entprechende Prämie pro rata temporis von der Antragstellung an zu erheben oder zu erstatten. Einigen sie sich nicht, so kann jede Vertragspartei diese Vereinbarung durch Kündigung mit sechswöchiger Frist außer Kraft setzen.

(4) Die Bestimmungen unter (1) bis (3) gelten auch für Neubauten und Neuanschaffungen, wenn diese von dem in (1) genannten Schätzer in die Vorschätzung einbezogen und die Versicherungssummen entsprechend erhöht werden. Solange dies nicht der Fall ist, verzichtet der Versicherer hinsichtlich einer

Werterhöhung durch Neubauten oder Neuanschaffungen auf den Einwand der Unterversicherung, sofern ihre Nachversicherung in ausreichender Höhe binnen drei Monaten seit der Werterhöhung rückwirkend beantragt wird.

Hinweis:
Die Klausel kann nur zugestanden werden, wenn der Schätzer den Versicherern als zuverlässig und sachkundig bekannt ist und die Vorschätzungen den „Richtlinien für Vorschätzungen" entsprechen.

6.03 Wertzuschlagsklausel mit Versicherung der Neubauten und Neuanschaffungen

(ohne Vorschätzung)

(1) Unter der Voraussetzung, daß

a) die Versicherungssumme der Position .... aufgrund von Verzeichnissen der versicherten Sachen auf der Preisbasis des Jahres 1938 ermittelt und

b) ein im Zeitpunkt seiner Festsetzung ausreichender Wertzuschlag versichert ist, bei dessen Bemessung auch erhöhte Kosten für solche Maschinen, die Spezialanfertigungen darstellen, und Aufwendungen, die durch besondere Schwierigkeiten in der Wiederbeschaffung oder Wiederherstellung bedingt sind, berücksichtigt wurden,

ist vereinbart:

1. Die Unterversicherungsbestimmung des § 3 (4) AFB kommt für künftige Preissteigerungen nur zur Anwendung, wenn der Ersatzwert höher ist als die Versicherungssumme 1938 zuzüglich des doppelten Wertzuschlages.
2. Der Wertzuschlag ist zu Beginn jedes Versicherungsjahres neu festzusetzen.
3. Jede Partei kann während des Versicherungsjahres eine Änderung des Wertzuschlages verlangen. Wird der Wertzuschlag geändert, so ist die entsprechende Prämie pro rata temporis von der Antragstellung an zu erheben oder zu erstatten.

(2) Der Wertzuschlag ist zunächst mit .... versichert.

(3) Die Bestimmungen unter (1) und (2) gelten auch für Neubauten und Neuanschaffungen, wenn diese durch entsprechende Erhöhung derVersicherungssummen berücksichtigt sind. Solange dies nicht der Fall ist, verzichtet der Versicherer hinsichtlich einer Werterhöhung durch Neubauten oder Neuanschaffungen auf den Einwand der Unterversicherung, sofern ihre Nachversicherung in ausreichender Höhe binnen drei Monaten seit der Werterhöhung rückwirkend beantragt wird.

(4) Die Vertragsparteien können jederzeit die vorstehenden Vereinbarungen durch Kündigung mit sechswöchiger Frist außer Kraft setzen.

6.04 Wertzuschlagsklausel ohne Versicherung der Neubauten und Neuanschaffungen

(mit Vorschätzung)

(1) Die Versicherungssumme der Position ..... ist gemäß einer dem Versicherer eingereichten Vorschätzung des Sachverständigen, Herrn .... in .... vom .... auf der Preisbasis des Jahres 1938 unter Berücksichtigung eines von dem genannten Sachverständigen als angemessen erachteten Wertzuschlages von ......% festgesetzt, bei dessen Bemessung auch erhöhte Kosten für solche Maschinen, die Spezialanfertigungen darstellen, und Aufwendungen, die durch besondere Schwierigkeiten in der Wiederbeschaffung oder Wiederherstellung bedingt sind, berücksichtigt wurden. Die Vorschätzung gilt als Nachweis des Wertes der Position .... zur Zeit der Schätzung. Insofern und hinsichtlich künftiger Preissteigerungen kommt die Unterversicherungsbestimmung des § 3 (4) AFB nur zur Anwendung, wenn der Ersatzwert höher ist als die Versicherungssumme 1938 zuzüglich des doppelten Wertzuschlages.

(2) Der Versicherungsnehmer hat die Vollständigkeit der eingereichten Vorschätzung und die Höhe des Wertzuschlages alle 12 Monate durch seinen Sachverständigen überprüfen zu lassen und das Ergebnis dem Versicherer mitzuteilen.

(3) Jede Partei kann während des Versicherungsjahres eine Änderung des Wertzuschlages verlangen. Einigen sich die Parteien über die Änderung des Wertzuschlages, so ist die entsprechende Prämie pro rata temporis von der Antragstellung an zu erheben oder zu erstatten. Einigen sie sich nicht, so kann jede Vertragspartei diese Vereinbarung durch Kündigung mit sechswöchiger Frist außer Kraft setzen.

(4) Die Bestimmungen unter (1) bis (3) gelten nicht für Neubauten und Neuanschaffungen.

Hinweis:
Die Klausel kann nur zugestanden werden, wenn der Schätzer den Versicherern als zuverlässig und sachkundig bekannt ist und die Vorschätzungen den „Richtlinien für Vorschätzungen" entsprechen.

6.05 Wertzuschlagsklausel ohne Versicherung der Neubauten und Neuanschaffungen

(ohne Vorschätzung)

(1) Unter der Voraussetzung, daß

a) die Versicherungssumme der Position .... aufgrund von Verzeichnissen der versicherten Sachen auf der Preisbasis des Jahres 1938 ermittelt und

b) ein im Zeitpunkt seiner Festsetzung ausreichender Wertzuschlag versichert ist, bei desssen Bemessung auch erhöhte Kosten für solche Maschinen, die Spezialanfertigungen darstellen, und Aufwendungen, die durch besondere Schwierigkeiten in der Wiederbeschaffung oder Wiederherstellung bedingt sind, berücksichtigt wurden,

ist vereinbart:

1. Die Unterversicherungsbestimmung des § 3 (4) AFB kommt für künftige Preissteigerungen nur zur Anwendung, wenn der Ersatzwert höher ist als die Versicherungssumme 1938 zuzüglich des doppelten Wertzuschlages.
2. Der Wertzuschlag ist zu Beginn jedes Versicherungsjahres neu festzusetzen.
3. Jede Partei kann während des Versicherungsjahres eine Änderung des Wertzuschlages verlangen. Wird der Wertzuschlag geändert, so ist die entsprededende Prämie pro rata temporis von der Antragstellung an zu erheben oder zu erstatten.

(2) Der Wertzuschlag ist zunächst mit .... versichert.

(3) Die Vertragsparteien können jederzeit die vorstehenden Vereinbarungen durch Kündigung mit sechswöchiger Frist außer Kraft setzen.

(4) Die Bestimmungen unter (1) bis (3) gelten nicht für Neubauten und Neuanschaffungen.

Es fällt auf, daß zwischen den Klauseln 6.02, 6.04 einerseits, 6.03, 6.05 andererseits ein wichtiger Formulierungsunterschied besteht: Während die ersten beiden Klauseln (mit Vorschätzung) ohne weiteres den Wertzuschlag zubilligen, hängt bei den an zweiter Stelle genannten Klauseln (ohne Vorschätzung) der durch den Wertzuschlag verstärkte Vsschutz von jeweils zwei Voraussetzungen ab: Er soll z. B. anscheinend nicht gelten, falls der (einfache) Wertzuschlag nicht ausreichend bemessen worden ist. Aber diese „Voraussetzungen" dürften juristisch als bloße Obliegenheiten des Vmers zu qualifizieren sein, so daß bei schuldloser Fehlschätzung wegen § 6 I 1 den Vmer keine Rechtsnachteile treffen, d. h. der (zu niedrige doppelte) Wertzuschlag bleibt vert, selbstverständlich allerdings mit Anwendung der Untervsregel.

Weiteres zu den Wertzuschlagsklauseln auch Anm. 26, ferner bei: Anonym VW 1955 S. 165, Die VsPraxis 1955 S. 122—123, Berndt-Luttmer a. a. O., S. 254—257, Blanck

a. a. O. S. 30—31, Freygang a. a. O. S. 55, Guski Die VsPraxis 1955 S. 39, Hinz a. a. O. S. 178—183, Meyer Die VsPraxis 1952 Heft 2 S. 9—11, Wussow AFB Anm. 69 zu § 3, S. 274—275.

[21] hh) Wiederauffüllung.

In einigen Vszweigen, insbesondere in der Feuerv, bestimmt das Gesetz, der Ver hafte nach einem Vsfall für den durch einen späteren Vsfall verursachten Schaden nur bis zur Höhe des Restbetrags der Vssumme (vgl. §§ 95, 112, 119 und Anm. 27 zu § 50). Es entsteht also für den Vmer eine Unterv, besonders, wenn die beschädigten, zerstörten oder entzogenen Sachen ausgebessert oder ersetzt werden. Hier helfen für die künftigen Vsperioden die §§ 18 I AFB, AEB, während für die laufende Vsperiode die Klausel 2.08 im Vorwege vereinbart werden kann:

„**2.08 Wiederauffüllung der Versicherungssumme.**

Die gemäß § 18 (1) AFB verminderte Vssumme erhöht sich vom Schadenstag an für den Rest der Vsperiode um den Betrag der Entschädigung, ohne daß es eines Antrages auf Nachv bedarf, sofern nicht nach Eintritt des Schadens unverzüglich von einer Vertragspartei besondere Vereinbarungen verlangt werden."

Weiter vgl. auch Klausel 47 ED-Klauselheft (VA 1960 S. 28), Klausel 9.07 BU-Klauseln sowie Abs. 6 der Feuerklauseln 5.01 und 5.02 (Anm. 18, 19).

[22] ii) Restfälle.

In Anm. 13 wurde auf die Möglichkeit hingewiesen, eine Unterv dadurch zu vermeiden, daß zunächst vorsorglich eine Überv genommen wird. Der sich hierbei ergebende Nachteil einer Prämienverschwendung wird in der Feuerbetriebsunterbrechungsv dadurch vermieden, daß § 9 FBUB eine Prämienrückgewähr vorsieht: Meldet der Vmer spätestens 4 Monate nach Ablauf eines Vsjahres, daß der Vswert im abgelaufenen Vsjahr niedriger war als die Vssumme, „so wird die auf den überschießenden Betrag gezahlte Prämie bis zu einem Drittel der entrichteten Jahresprämie rückvergütet. Die Rückvergütung ist für jede Gruppe besonders festzustellen" (§ 9 I FBUB). An schuldhafte Falschmeldungen, die als Obliegenheitsverletzungen zu qualifizieren sind, werden im neuen Vsjahr Sanktionen geknüpft, ähnlich wie bei einer Unterv (obgleich im neuen Geschäftsjahr eine solche möglicherweise gar nicht vorliegt) (§ 9 II, III FBUB mit Fusshoeller-John, Feuer-Betriebsunterbrechungs-V, Wiesbaden 1957, Anm. 1—5 zu § 9, S. 97—103). — Die Prämienrückgewähr hat die Wirkung wie eine nachträgliche Herabsetzung der vorsorglich (bis zu 50 v. H.) übersetzten Vssumme.

Auch die Hagelv kennt die Herabsetzung von Vssummen mit einer Erstattung von zwei Dritteln der überzahlten Prämie (§ 11 V AHagB).

[23] d) Änderbare Versicherungssumme.

Bei den in Anm. 13—22 behandelten Klauseln verändert sich die Vssumme und damit der Vsschutz, ohne daß weitere konstitutive Willenserklärungen des Vmers und/oder Vers erforderlich werden (auf der Grenze zu einer Willenserklärung steht die in Anm. 22 behandelte „Meldung" zur Prämienrückgewähr gemäß § 9 FBUB).

Es gibt aber auch Fälle, in denen erst kraft solcher Willenserklärungen die Vssumme sich verändert, speziell mit dem Ziel einer Beseitigung oder Vermeidung einer Unterv. Hierher gehören allgemein vertragliche Änderungen der Vssumme (Anm. 24), spezieller aber auch die Nachzeichnung für Vorräte (Anm. 25), die Erhöhung von Wertzuschlägen (Anm. 26) und die Erhöhung der Stammv (Anm. 27).

Ausnahmsweise könnte auch ein Gesetz oder eine Verfügung die Vssumme verändern, insbesondere erhöhen; auch andere Restfälle kommen in Frage (Anm. 28).

[24] aa) Vertragliche Änderung.

Stellt sich bei einem Vsverhältnis eine Unterv heraus, greift also auch keine der Möglichkeiten flexibler, beweglicher Vssummen (Anm. 13—22) Platz, so hat der Vmer oder Ver — anders als bei der Überv (§ 51 I) — kein einseitiges Recht auf Korrektur der Vssumme, wohl aber kann im Wege der Vereinbarung nach der Regel des § 305 BGB der Vsvertrag — unter Wahrung seiner Identität — geändert, die Vssumme hinaufgesetzt werden. Man spricht von einer Nachv.

Über das zivilrechtliche Zustandekommen solcher Nachv vgl. Anm. 121 zu § 1. Von den privatrechtlich maßgebenden Grundsätzen sind die aufsichtsbehördlichen Sammelverfügungen zu unterscheiden, welche den Schutz der Vmer bei Summenerhöhungen speziell in der Hausratv anstreben.

Auszugehen ist vom Rundschreiben an alle Hausratver R 1/66 des BAA vom 2. II. 1966 (VA 1966 S. 22—23):

„Betr.: **Änderung von Hausratversicherungsverträgen durch Erhöhung der Versicherungssumme und Erweiterung des Versicherungsschutzes**

Das Bundesaufsichtsamt hatte sich in letzter Zeit wiederholt mit Beschwerden über Hausratver zu befassen, die durch umfangreiche Werbeaktionen bei ihren Vmern eine Erhöhung der Vssumme erreichen wollten. Diese Werbung erfolgte durch Versendung von Rundschreiben, in denen die Ver unter Hinweis auf den allgemein festzustellenden Wertzuwachs des Hausrates und der damit verbundenen Gefahr der Unterv mitteilten, daß die Vssumme „vorsorglich" entweder um einen bestimmten Betrag oder aber pauschal, d. h. um einen bestimmten Prozentsatz der bisherigen Vssumme, erhöht wird. Vereinzelt wurde darüber hinaus der Vsschutz auch auf bisher noch nicht versicherte Risiken (z. B. Haushalt-Glasbruchschäden) ausgedehnt. Eine Antwortkarte war zwar beigefügt; sämtliche Rundschreiben enthielten aber den Hinweis, daß Stillschweigen des Vmers nach Ablauf einer bestimmten Frist als Zustimmung zur Vertragsänderung angesehen und bei der nächsten Prämienfälligkeit die neue erhöhte Prämienrechnung übersandt oder von dem Vertreter vorgelegt werden wird. Einige Ver sahen schließlich bei Einlösung der neuen Prämienrechnung von der Ausstellung eines Nachtrages ab und baten ihre Vmer, das Rundschreiben zu den Vertragsakten zu nehmen.

Das Bundesaufsichtsamt hat diese Verfahren unter Hinweis auf die letztmals im Geschäftsbericht des BAV 1960, Seite 50/51, veröffentlichten Aufsichtsgrundsätze über Vertragsänderungen beanstandet. Danach ist zur Änderung eines Vsvertrages das ausdrückliche schriftliche Einverständnis des Vmers erforderlich.

Die Ver wiesen zur Rechtfertigung ihres Vorgehens darauf hin, daß im Hinblick auf die Wertsteigerungen des Hausrates und die dadurch vorhandene Gefahr einer Unterv eine zeitgemäße Erhöhung der Vssummen im Interesse der Vmer liegt. Sie machten geltend, daß es ihnen bei dem heute herrschenden Mangel an Außendienst-Kräften nicht möglich ist, an die Masse ihrer Hausratvmer persönlich heranzutreten. Eine postalische Werbeaktion hielten sie aber nur dann für sinnvoll, wenn der Arbeitsaufwand bei den ohnehin schon beträchtlichen Kosten des einfachen Geschäfts gering gehalten wird.

Das Bundesaufsichtsamt hat sich diesen Gründen nach eingehenden Erörterungen, die auch mit den zuständigen Interessenverbänden geführt wurden, nicht verschließen können. Es verkennt nicht die Notwendigkeit zur Beseitigung der gerade in der Hausratv bestehenden Gefahr einer Unterv und wendet sich daher auch nicht gegen allgemeine Erhöhungsaktionen, die auf die Hausratv als typischem Massengeschäft ausgerichtet sind und mit denen ein bestimmter Rationalisierungseffekt erzielt werden soll. Andererseits dürfen bei der Durchführung derartiger Änderungen des Vsvertrages im Interesse der Vten gewisse Grenzen der Geschäftsvereinfachung nicht überschritten werden. Aus diesem Grunde sieht sich das BAV veranlaßt, nachfolgend den von Aufsichts wegen vertretbaren Rahmen für die Durchführung von Summenerhöhungen in der verbundenen Hausratv bekanntzugeben:

1. Ausgestaltung der Rundschreiben

Im Rahmen von Werbeaktionen durch Versendung von Rundschreiben müssen diese in Wortlaut und drucktechnischer Anordnung eindeutig und gut lesbar zum Ausdruck bringen, daß es sich bei der Erhöhung der Vssumme lediglich um einen Vorschlag des Vers handelt und daß es dem Vmer freigestellt ist, ob er seinen Vertrag mit der bisherigen Vssumme fortsetzen oder ob er die Summe auf die vorgeschlagene Weise erhöhen will. Dem Vmer muß demnach eine echte Wahlmöglichkeit eingeräumt werden. Insbesondere darf ein Schweigen des Vmers auf den Erhöhungsvorschlag nicht als Zustimmung zur Vertragsänderung angesehen werden.

Es ist nichts dagegen einzuwenden, dem Vmer auch ein gestaffeltes Erhöhungsangebot zu unterbreiten, um ihm damit die Bedeutung seines eigenen Entschlusses deutlich vor Augen zu führen. In jedem Falle sollte ein entsprechender Hinweis dem Vmer deutlich machen, daß er damit nicht der Verantwortung für die ausreichende Bemessung der Vssumme enthoben und ggf. ein weitergehender Erhöhungsantrag von ihm erwartet wird.

2. **Prämieneinziehungsverfahren**

Unter Aufrechterhaltung der bisherigen Grundsätze hält es das BAV für unzulässig, in der Einlösung einer bereits vorgedruckten erhöhten Prämienrechnung durch den Vmer eine Zustimmung zur Vertragsänderung zu sehen.

a) Bei dem Vertreter-Inkasso ist das ausdrückliche schriftliche Einverständnis des Vmers mit der vorgeschlagenen Erhöhung einzuholen. Dem Vertreter ist eine entsprechend vorgedruckte Erklärung auszuhändigen, die er vor Einlösung der Prämienrechnung dem Vmer zur Unterschriftsleistung vorlegen muß.

b) Beim Zentral-Inkassoverfahren ist das Bundesaufsichtsamt bereit, in Abweichung von den bisherigen Aufsichtsgrundsätzen von dem Erfordernis eines schriftlichen Einverständnisses abzusehen und eine erhöhte Prämienzahlung als Annahme des Vertragsangebots anzuerkennen. Voraussetzung hierfür ist jedoch, daß dem Vmer bei der Übersendung der Prämienrechnung erkennbar eine echte Wahlmöglichkeit zwischen dem neuen Angebot und der Beibehaltung des bisherigen Vertragsinhalts eingeräumt wird. Diese Wahlmöglichkeit ist nur dann gegeben, wenn die Prämienrechnung die alte und neue Prämie — ggf. eine nach verschiedenen Vssummen gestaffelte Prämie — enthält und eine neutrale Zahlkarte beigefügt wird, in die der Vmer die Prämie seiner Wahl einsetzen kann. Auf eine entsprechende Ausgestaltung der Prämienrechnung kann nur dann verzichtet werden, wenn das Aufklärungsrundschreiben zum Zeitpunkt der Prämienfälligkeit versandt wird. In diesem Falle genügt eine neutrale Prämienzahlungsaufforderung. Da dann das Rundschreiben bereits als verbindliches Angebot des Vers anzusehen ist, müßte es allerdings den Charakter einer Werbedrucksache verlieren und zumindest die Faksimile-Unterschrift des Vorstandes tragen.

Sofern auch bei dem Vertreter-Inkassoverfahren die Vertreter die Prämie durch die Post einziehen, kann in gleicher Weise vorgegangen werden.

c) Es ist nichts dagegen einzuwenden, wenn Unternehmen die im Falle b) aus buchungstechnischen Gründen von der Versendung einer neutralen Zahlkarte absehen möchten, auch ein konkretes schriftliches Angebot unter Beifügung eines Vordruckes für eine Einverständniserklärung des Vmers unterbreiten. Dabei ist es den Vsunternehmen freigestellt, ob sie dieses Angebot bereits vor Prämienfälligkeit oder mit der erhöhten Prämienrechnung übersenden wollen. Die Vertragsänderung ist bei diesem Verfahren erst dann als wirksam zu betrachten, wenn der Vmer den Vordruck unterschrieben an das Vsunternehmen zurückgesandt hat. Statt dessen kann auch auf dem Zahlkartenabschnitt eine entsprechende, vom Vmer zu unterzeichnende Einverständniserklärung aufgedruckt werden.

In allen Fällen, in denen der Vmer den erhöhten Beitrag ohne Übersendung der Erklärung leistet, ist die Zustimmungserklärung noch nachträglich einzuholen und die Vertragsänderung bis dahin als noch nicht vollzogen zu behandeln.

3. **Einschluß anderer Risiken**

Die Ausdehnung des Vsschutzes auf zusätzliche Risiken (z. B. Glas und Sturm) kann zwar in dem aufklärenden Rundschreiben angeboten werden, der Einschluß darf aber nur bei ausdrücklichem schriftlichem Antrag des Vmers erfolgen.

4. **Ausfertigung eines Nachtrages**

Die Ausfertigung eines Nachtrages ist zur Wahrung der Belange der Vten unbedingt erforderlich. Die Aufforderung an den Vmer, das Rundschreiben oder den Zahlkartenabschnitt zu seinen Akten zu legen, kann im Hinblick auf die Wichtigkeit dieser Dokumentation von Aufsichts wegen nicht als ausreichend angesehen werden.

Ich bitte daher, bei künftigen Werbeaktionen in der verbundenen Hausratv diese Richtlinien zu beachten."

Die Regelung dieses Rundschreibens genügte den Wünschen der Hausratver noch nicht; durch Rundschreiben R 5/70 des BAA vom 4. XI. 1970 (VA 1970 S. 320—321) wurde das Zustandebringen einer Änderungsvereinbarung noch weitergehend erleichtert:

„Betr.: **Änderung von Hausratversicherungsverträgen durch Erhöhung der Versicherungssumme**

— Ergänzung des Rundschreibens R 1/66 vom 2. Februar 1966 — VerBAV 1966 S. 22f. —

Mit Rundschreiben R 1/66 hatte das Bundesaufsichtsamt den Vern für die Durchführung eines Summenerhöhungsverfahrens in der verbundenen Hausratv bereits mehrere Möglichkeiten zur Wahl gestellt. Insbesondere war es im Hinblick auf die in der verbundenen Hausratv als typischem Massengeschäft vorliegenden besonderen Verhältnisse von dem Grundsatz abgegangen, daß für jede Vertragsänderung das schriftliche Einverständnis des Vmers erforderlich ist. Für das Zentralinkassoverfahren wurde vielmehr auch die Zahlung einer erhöhten Prämie als Annahme des Summenerhöhungsangebotes des Vers anerkannt, sofern der Prämienrechnung eine neutrale Zahlkarte beigefügt war, in die der Vmer die von ihm gewünschte Prämie einsetzen konnte.

Dieses Verfahren hat sich jedoch in der Praxis nicht bewährt. Der Verband der Sachver e. V. war deshalb bereits vor längerer Zeit erneut an das Bundesaufsichtsamt herangetreten, um ein neues kostensparendes und wirksames Verfahren zur Beseitigung der zunehmenden Unterv in dieser Vsart zu finden. Als Ergebnis dieser Verhandlungen kann bei Summenerhöhungsverfahren in der verbundenen Hausratv künftig neben den bereits bestehenden Möglichkeiten auch wie folgt verfahren werden:

Innerhalb einer angemessenen Frist vor Prämienfälligkeit kann dem Vmer ein aufklärendes Schreiben mit einer Antwortkarte übersandt werden, die drei Wahlmöglichkeiten enthalten muß:

a) Erhöhung der Vssumme um einen vom Ver vorgeschlagenen Prozentsatz
b) Erhöhung um einen vom Vmer zu bestimmenden Prozentsatz
c) Ablehnung einer Erhöhung.

Bei Ausfüllung dieser Antwortkarte wird wie bisher die Entscheidung des Vmers der weiteren Vertragsgestaltung zugrunde gelegt. Bei Schweigen des Vmers braucht jedoch künftig nicht mehr eine neutrale Zahlkarte übersandt zu werden. Es kann dem Vmer vielmehr auch eine Prämienrechnung zugestellt werden, die bereits die vom Ver vorgeschlagene erhöhte Vssumme berücksichtigt. Bei diesem vorwiegend aus buchungstechnischen Gründen vereinfachten

Verfahren muß jedoch für den Vmer nach wie vor eindeutig erkennbar bleiben, daß es sich lediglich um einen Vorschlag des Vers handelt. Aus diesem Grunde muß bereits das Aufklärungsschreiben einen Hinweis mit folgendem Wortlaut enthalten:

„Wenn Sie sich innerhalb von sechs Wochen zu diesen Vorschlägen nicht geäußert haben, gehen wir davon aus, daß Sie unserem Vorschlag zu a) zustimmen werden. Wir werden Ihnen dann zum nächsten Fälligkeitstermin eine auf die erhöhte Vssumme abgestellte Prämienrechnung zusenden."

Dem Ver ist es freigestellt, dem Vmer die erhöhte Vssumme vom Zugang dieses Schreibens an bis zur nächsten Prämienfälligkeit prämienfrei zu gewähren. Da es sich hier lediglich um einen rechtlichen Vorteil für den Vmer handelt, bedarf es zu dieser Regelung nicht seiner Zustimmung. In diesem Falle muß jedoch der Hinweis entsprechend ergänzt werden.

Mit der Übersendung der Zahlkarte ist sodann später entweder in einem Begleitschreiben oder auf der Prämienrechnung selbst folgender Vermerk an hervorgehobener Stelle anzubringen:

„Diese Prämienrechnung entspricht unserem Erhöhungsangebot vom ...... Sollten Sie auf dieses Angebot in der gesetzten Frist bisher nicht geantwortet haben, so vermerken wir uns die Zahlung des Betrages dieser Rechnung als Ihre endgültige Zustimmung zu unserem Vorschlag."

Damit soll dem Vmer nochmals verdeutlicht werden, daß es sich bei der Summenerhöhung nur um einen Vorschlag handelt, dem er nicht zuzustimmen braucht. Im Falle der Ablehnung kann er die Prämienrechnung zurücksenden oder die alte Prämie überweisen.

Sofern der Vmer überhaupt keine Zahlung leistet, darf nur die bisherige Prämie angemahnt werden. Hierzu ist die als Anlage beigefügte geschäftsplanmäßige Erklärung abzugeben.

Ferner wird erwartet, daß die Hausratver auch nach Zahlung der erhöhten Prämie begründete Einwendungen der Vmer entgegenkommend behandeln.

Im übrigen bleibt das Rundschreiben R 1/66 in vollem Umfange bestehen. Es ist insbesondere die Ausfertigung eines den gesetzlichen Vorschriften entsprechenden Nachtrages unerläßlich. Außerdem darf das Summenerhöhungsverfahren nach wie vor nicht mit einer Erweiterung des Vsschutzes auf zusätzliche Risiken verbunden werden.

Abschließend wird darauf hingewiesen, daß dieses vereinfachte Verfahren nur für die verbundene Hausratv in Betracht kommen kann.

Geschäftsplanmäßige Erklärung
für die Summenerhöhung in der verbundenen
Hausratv

Wir verpflichten uns, den Vmer nur dann wegen Zahlungsverzugs außer Risiko zu setzen (§ 39 VVG), wenn er trotz Belehrung auch die bisherige Prämie nicht zahlt."

Die Rundschreiben sind zivilrechtlich ungenau abgefaßt: Statt Vorschlag (des Vers) müßte es Angebot heißen, statt Einverständis und Zustimmung (des Vmers) müßte von Annahme die Rede sein. Der vom BAA vorgeschriebene Vermerk: „so vermerken wir uns die Zahlung des Betrages dieser Rechnung als Ihre endgültige Zustimmung zu unserem Vorschlag" ist auch deshalb unpräzis, weil eine „vorläufige" Annahme des Antrages nicht vorangegangen ist. Im übrigen können die aufsichtsbehördlichen Sammelverfügungen den zivilrechtlichen Abschluß eines Änderungsvertrages nicht verhindern, falls die entsprechenden Voraussetzungen vorliegen, aber das aufsichtsbehördlich angeordnete Verfahren nicht beobachtet ist. Umgekehrt kommt unter Umständen trotz Beobachtung dieses Verfahrens die Änderung (und entsprechende Prämienzahlungspflicht) nicht zustande, falls der Zivilrichter die Abschlußvoraussetzungen verneinen muß.

Gegen die Rundschreiben wird von den Vsunternehmen gelegentlich verstoßen, z. B. durch Übersendung einer erhöhten Prämienrechnung ohne vorangehendes Erhöhungsangebot oder durch Schreiben, die den Eindruck erwecken, der Ver habe bereits einseitig die Vssumme erhöht, oder durch Nichtübersendung der Antwortkarte mit den drei Wahlmöglichkeiten zugleich mit dem Erhöhungsangebot, oder durch die Mitteilung, das Schweigen des Vmers gelte als Annahme des Angebotes, oder dadurch, daß dem Erhöhungsangebot sogleich ein Nachtrag zum Vsschein, der die Erhöhung dokumentiert, beigefügt wird. In solchen Fällen muß jeweils geprüft werden, ob trotz des Verstoßes zivilrechtlich ein Änderungsvertrag zustandegekommen ist. Trifft das zu, so könnte allenfalls auf dem Wege über eine Beschwerde beim BAA eine Rückgängigmachung der Vertragsänderung angestrebt werden.

Über die bei Änderungsvereinbarungen nicht seltene culpa in contrahendo des Vers oder seines Agenten vgl. Anm. 122 zu § 1, Anm. 45 zu § 44, über die Dokumentierung in einem Nachtrag oder Anhang zum Vsschein vgl. Anm. 124 zu § 1, über die erneut zu erfüllende vorvertragliche Anzeigepflicht vgl. Anm. 126 zu § 1, über den Charakter der Zusatzprämie als Folgeprämie vgl. Anm. 128 zu § 1. Generell vgl. auch Anm. 18 zu § 50, Anm. 51 zu § 52, Anm. 7 zu § 53.

Die Nachv ist (ähnlich wie die Vorsorgev: Anm. 15) von der Mehrwertv in der See- und Binnentransportv zu unterscheiden (dazu Anm. 51 zu § 52, Anm. 7 zu § 53). Die Abhandlung Oertmann WuRdVers 1918 S. 73—107 bezieht sich trotz ihres irreführenden Titels auf die Nachv, nicht auf die Mehrwertv. Sowohl Nachv als auch Mehrwertv werden allerdings meistens wegen einer Wertsteigerung nachträglich abgeschlossen, aber die Mehrwertv überspielt zugleich die Fiktion des gleichbleibenden Vswertes.

Eine Nachvspflicht begründet für den Vmer bei Veränderungen im Tierbestand § 6 I, III ATierB, allgemein vgl. Anm. 121 zu § 1. Für den Ver könnte ein Annahmezwang bei Nachvsanträgen begründet werden (vgl. dazu auch Anm. 25: Einseitige Willenserklärung des Vmers).

Es ist denkbar, daß die Nachv nicht bei dem gleichen Ver abgeschlossen wird wie die primäre V: Es ergibt sich dann eine mehrfache V.

Die Nachv wirkt regelmäßig nicht zurück (was § 11 IV 2 AHagB hervorhebt). Eine rückwirkende Nachv kennen in der Feuerv die Klauseln 6.02 Abs. 4, 6.03 Abs. 3 (Wortlaut: Anm. 20).

[25] bb) Nachzeichnung für Vorräte.

Während es regelmäßig im Belieben des Vers steht, ob er einen Änderungsantrag des Vmers annehmen will, sieht die für die Feuerv von Fall zu Fall zu vereinbarende Klausel 5.03: Nachzeichnung für Vorräte eine einseitige Willenserklärung („Aufgabe") des Vmers als ausreichend vor, um die Erhöhung der Vssumme zu erreichen; auf den Zeitpunkt des Zuganges der Willenserklärung kommt es nicht an:

5.03 Nachzeichnung für Vorräte.

(1) Die Versicherer sind verpflichtet, auf Grund schriftlicher Aufgabe des Versicherungsnehmers jederzeit Erhöhungen der durch Position ...... für Vorräte versicherten Summe (Grundsumme) in der Weise zu übernehmen, daß die an einem bestimmten Tage aufgegebene Versicherungssumme für den gleichen Tag mittags 12 Uhr für die Versicherer verbindlich ist. Der Aufgabetag wird durch das Datum des Postaufgabestempels festgestellt. Der Versicherungsnehmer ist außerdem verpflichtet, die Aufgabe zu datieren und mit laufender Nummer zu versehen; er ist berechtigt, für ihr Inkrafttreten einen späteren als den Aufgabetag anzugeben. Die Verpflichtung der Versicherer zur Übernahme von Nachversicherungen wird mit höchstens 200 v. H. der in der Versicherungsurkunde genannten Grundsumme begrenzt.

(2) Der Versicherungsnehmer ist berechtigt, die auf Grund der Bestimmungen des vorigen Absatzes nachversicherten Summen jederzeit zu vermindern oder ganz zurückzuziehen, soweit die Vorräte nicht mehr vorhanden oder in ihrem Wert vermindert sind. Die Aufgabe der Verminderung wird in derselben Weise wirksam, wie es für Nachversicherungen im vorigen Absatz vereinbart ist.

(3) Nachversicherungen werden in der im ersten Absatz bestimmten Weise nur unter der Voraussetzung ohne weiteres wirksam, daß bis zu ihrer Aufgabe kein Schadenfall eingetreten ist. Ist ein Schadenfall eingetreten, so treten weitere Nachversicherungen erst nach dem Schadenfall auf Grund ausdrücklicher Bestätigung des Versicherers in Kraft.

(4) Aus den aufgegebenen Nachversicherungssummen und der Zahl der Tage, an denen sie in einem Monat in Kraft gewesen sind, wird die Durchschnittsnachversicherungssumme für diesen Monat festgestellt.

(5) Der Versicherungsnehmer hat eine infolge eines Schreib-, Rechen- oder Hörfehlers versehentlich falsch erstattete Meldung unverzüglich zu berichtigen. Ist inzwischen ein Schadenfall eingetreten, hat er das Versehen nachzuweisen.

(6) Die Prämie für die Grundsumme ist für das ganze Versicherungsjahr im voraus zu entrichten. Von der Durchschnittsnachversicherungssumme wird die Prämie am Schlusse eines jeden Versicherungsmonats mit einem Zwölftel der Jahresprämie berechnet und erhoben. Sofern die sich ergebende Nachschußprämie den Betrag von insgesamt 100 DM pro Monat nicht übersteigt, erfolgt die Abrechnung erst am Schlusse des laufenden Versicherungs-Vierteljahres.

Hinweis:
Die Nachzeichnungsklausel unterliegt grundsätzlich allen Beschränkungen, die für die Stichtagsklausel in Frage kommen. Die Nachzeichnungsklausel soll daher nur für Wagnisse zugestanden werden, bei denen auch eine Stichtagsv zulässig ist. Die Nachzeichnungspflicht ist auf 200 v. H. der Grundsumme zu beschränken. Die Grundsumme selbst soll mindestens 150 000 DM betragen. Die Prämie für diese Grundsumme ist im voraus zu entrichten. Ratenzahlung ist unzulässig.

Vgl. zu dieser Klausel Anm. 19 zu § 50, Freygang a. a. O. S. 53, Hinz a. a. O. S. 183—185, Raiser Anm. 54 zu § 3, S. 146—147, Wussow AFB Anm. 72 zu § 3, S. 277—278.

[26] cc) Erhöhung von Wertzuschlägen.

Die im Bereiche der Feuerv zur Verfügung stehenden Wertzuschlagsklauseln 6.02—6.05 sind bereits in Anm. 20 wiedergegeben. Sie sehen nicht nur eine Leistungspflicht des Vers bis zum doppelten Wertzuschlag vor, sondern auch eine alljährliche Überprüfung des Wertzuschlages durch den Sachverständigen des Vmers (Klausel 6.02 Abs. 2, 6.04 Abs. 2) bzw. eine Neufestsetzung zu Beginn jedes Vsjahres (Klausel 6.03 Abs. 1 Ziff. 1, 6.05 Abs. 1 Ziff. 2). Auch während des Vsjahres kann jede Partei eine Änderung des Wertzuschlages verlangen. In allen Fällen dürfte eine Nachtragsvereinbarung vonnöten sein, bei deren Nichtzustandekommen ein Kündigungsrecht vorgesehen ist (Klausel 6.02 Abs. 3, 6.03 Abs. 1 Ziff. 3, Abs. 3, 4, 6.04 Abs. 3, 6.05 Abs. 1 Ziff. 3, Abs. 3).

[27] dd) Erhöhung der Stammversicherung.

Die Feuervsklausel 6.06 sieht einerseits eine dauernde Vorsorgev (für Neubauten und Neuanschaffungen) vor (Anm. 15), andererseits antizipiert sie aber auch alljährliche Nachvsvereinbarungen: Die vorjährigen Vorsorgevssummen werden jeweils „ohne besonderen Antrag" der Stammv (provisorisch, vorbehaltlich endgültiger Feststellung) zugeschlagen. Die verwickelte Klausel lautet:

6.06 Vorsorgeversicherung für Neubauten und Neuanschaffungen.

(1) Unter der Voraussetzung, daß für die Versicherung der Positionen 1 und/oder 2 die Klausel 6.04 oder 6.05 (Wertzuschlagsklausel ohne Versicherung der Neubauten und Neuanschaffungen) vereinbart ist und unter der weiteren Voraussetzung, daß das Versicherungsjahr dem Geschäftsjahr entspricht, gilt die unter Position 9b und/oder 9c vereinbarte Vorsorgeversicherung für alle unter die Positionen 1 und/oder 2 fallenden Neubauten und Neuanschaffungen im Laufe des Versicherungsjahres, soweit sie nicht durch Nachtrag in die Stammversicherung übernommen worden sind.

(2) Die Stammversicherungssummen der Positionen 1 und/oder 2 erhöhen sich ohne besonderen Antrag jeweils mit Beginn des nächsten Versicherungs-

jahres vorübergehend um den entsprechenden Betrag der Vorsorgeversicherungssummen. Die Erhöhungen sind sobald als möglich durch die festgestellten endgültigen Summen zu ersetzen. Bei der Ermittlung dieser Summen sind der Wertzuwachs durch Neubauten und Neuanschaffungen, die Werterhöhung durch Reparaturen und Überholungsarbeiten sowie Bestandsverminderungen zu berücksichtigen.

(3) Für die Umrechnung der in die Positionen 1 und/oder 2 der Stammversicherung zu übernehmenden Vorsorgeversicherungssummen auf den Neuwert 1938 ist der für das folgende Versicherungsjahr gültige Wertzuschlag maßgebend.

(4) Die Vorsorgeversicherung bleibt, soweit nicht der Versicherungsnehmer eine Änderung ausdrücklich beantragt, in der bisherigen Höhe bestehen und gilt jeweils für die Neubauten und Neuanschaffungen des nächsten Jahres.

(5) Für die Vorsorgeversicherung wird eine Vorauszahlung in Höhe eines Drittels der Jahresprämie aus der Vorsorgeversicherungssumme erhoben. In der Schlußabrechnung wird für die endgültige Vorsorgeversicherungssumme des abgelaufenen Jahres die halbe Jahresprämie berechnet.

(6) Mit der Erhöhung der Positionen 1 und/oder 2 der Stammversicherung gemäß Absatz 2 ist die Jahresprämie für die hinzutretenden Versicherungssummen fällig. Abschließend abgerechnet wird die Jahresprämie bei Aufgabe der endgültigen Versicherungssumme.

Hinweise:

1. **Die Vorsorgeversicherung gemäß Klausel 6.06 ist in erster Linie gedacht für Großbetriebe mit ins Gewicht fallenden Neubauten und Neuanschaffungen von jährlich etwa 25 Millionen DM und mehr.**
2. **Zur Durchführung der Vorsorgeversicherung gemäß Klausel 6.06 werden zwei neue Positionen gebildet:**
   Position 9b (Vorsorgeversicherung nach Kl. 6.06 für Neubauten und Neuanschaffungen der Position 1)
   Position 9c (Vorsorgeversicherung nach Kl. 6.06 für Neubauten und Neuanschaffungen der Position 2)
   (Die vorausgehende Pos. 9a ist die bisherige Pos. 9 (Vorsorgeversicherung für Wertsteigerung usw.). Die bisherige Pos. 9a (Fremdes Eigentum außerhalb der Gruppenerläuterung) wird zur Pos. 7c.).

Zur Klausel vgl. auch Wussow AFB Anm. 68 zu § 3, S. 273—274.

[28] ee) Restfälle.

Bei Vsvereinen auf Gegenseitigkeit sind Sachven mit standardisierten Vssummen denkbar; diese könnten — z. B. bei Hausratven — generell gemäß § 41 III VAG mit Wirkung auch für bestehende Vsverhältnisse hinaufgesetzt werden.

Im Zeichen des Währungsverfalls könnte sogar der Gesetzgeber oder kraft Verwaltungsaktes (auch Sammelverfügung) gemäß § 81a[2] VAG die Aufsichtsbehörde die Vsverhältnisse durch Erhöhung der Vssummen umgestalten (für die Autohaftpflichtv behandelt den Fall der Hinaufsetzung der Mindestvsummen der durch das BAA geänderte § 9a I 3 AKB; BAnz Nr. 134 v. 24. VII. 1971).

[29] 4. Versicherungswert.

Der Rechtsbegriff der Unterv nimmt nicht nur auf die Vssumme (Anm. 10—28) Bezug, sondern auch auf den Vswert (hierüber allgemein Anm. 1—52 zu § 52).

Maßgebend ist der Vswert desjenigen Interesses, dem die Vssumme zugeordnet ist (Identitätsproblem: Anm. 30). Dabei kommt es — zeitlich betrachtet — auf den Ersatzwert an (Anm. 31). Besonderheiten oder doch Probleme bestehen aber für die See- und Binnentransportv (Anm. 32), für die landwirtschaftliche V von Ernteerzeugnissen (Anm. 33) und Viehbeständen (Anm. 34), für die Betriebsunterbrechungsv (Anm. 35) und die Neuwertv (Anm. 36).

Über die Rechtslage bei taxiertem Vswert vgl. erst Anm. 46 zu § 57.

Bei den Sonderfällen der Außenv (Anm. 39) und Komplexv (Anm. 40) steht die Relation Vssumme: Vswert im Vordergrund, also nicht die Problematik des für die Unterv maßgeblichen Vswertes.

[30] a) Identitätsproblem (Interesse).

Da bei einer Unterv die Vssumme niedriger ist als der Vswert, müssen beide Größen auf das gleiche Objekt bezogen sein und dieser Bezugspunkt ist das jeweils vte Interesse: Es kommt hiernach auf den Vswert desjenigen Interesses an, für welches eine bestimmte Vssumme vereinbart wurde. Wird dieses Identitätserfordernis mißachtet, so ergibt sich bei der Ermittlung einer Unterv ein unrichtiges Ergebnis. Hinz a. a. O. S. 98 betont, „daß der für die Feststellung einer Unterv maßgebende Vswert in Zusammenhang mit der ihm zugeordneten Vssumme zu ermitteln ist."

Bei einer positionsweisen V (Anm. 12) muß für die einzelne Position der Vswert festgestellt und mit der Vssumme verglichen werden (Berndt-Luttmer a. a. O. S. 80, Blanck a. a. O. S. 43, 51, Hinz a. a. O. 98—99). Das ist relativ einfach bei der positionsweisen V von Einzelgegenständen, dagegen schwieriger, wenn in einer Position ein Inbegriff vert ist. Ist z. B. Hausrat oder die gesamte Betriebseinrichtung in einer Position vert (Anm. 11 zu § 54), so lohnt es sich nach einem kleineren Schaden kaum, den Vswert aller zum Inbegriff gehörenden Sachinteressen festzustellen, und auch Motive der Kulanz führen häufig zur Nichtanwendung der Proportionalitätsregel (Anm. 38).

Noch mühsamer ist die Ermittlung des Vswertes bei einer summarischen V (Anm. 11), da hier der Vswert für alle summarisch vten Interessen ermittelt werden muß (Näheres bei Hinz a. a. O. S. 100—101). Deshalb bleibt hier erst recht manche Unterv unentdeckt oder unberücksichtigt.

Beruht die Berechnung der Vssumme auf (vorbereitenden) Einzelbewertungen, die auch dem Ver zugänglich gemacht worden sind, so reicht es für den Nachweis einer Unterv nicht schon aus, wenn eine der Einzelbewertungen zu niedrig war; es muß vielmehr für die gesamte Position, insbesondere für den gesamten Inbegriff, und bei summarischer V für alle dadurch vten Interessen, eine neue Gesamtbewertung vorgenommen werden (Hinz a. a. O. S. 100—101).

Bei der Bewertung sind neben der zeitlichen Komponente (Anm. 31) besonders die Eigentumsverhältnisse und der Vsort zu beachten (Blanck a. a. O. S. 42—43). Grundsätzlich kommen nur dem Vmer gehörende Sachen — z. B. bei Hausrat — in Betracht, aber z. B. § 2 I AFB läßt ersehen, daß auch gewisse unter Eigentumsvorbehalt erworbene und sicherungsübereignete Sachen zum Inbegriff gehören, ferner Sachen von Familienangehörigen und Arbeitnehmern. Es kann zweckmäßig sein, fremde Sachen unter einer besonderen Position zu vern (Hinz a. a. O. S. 100, Wagner VW 1952 S. 532—533).

Ist ein Vsort bedeutsam, so sind prinzipiell nur die am Vsort befindlichen Sachen bei der Ermittlung des Vswertes zu berücksichtigen. Vorübergehend entfernte Sachen sind auch dann bei der Berechnung des Vswertes zwecks Ermittlung einer Unterv mitzurechnen, falls sie außerhalb des Vsortes nicht vert bleiben (Nachweise: Anm. 28 zu § 54, vgl. auch RAA VA 1918 S. 7, OLG Frankfurt o. D. Mitt 1914 S. 204—205, a. M. VA 1922 S. 60, Blanck a. a. O. S. 44—45, 51—52, von Haselberg Mitt 1914 S. 204, Hinz a. a. O. S. 125—126; auf den Einzelfall abhebend Raiser Mitt 1914 S. 205). Über den Fall der (abhängigen oder unabhängigen) Außenv vgl. Anm. 39.

Eine unklare Identitätslage ergibt sich, wenn eine bestimmte Menge von Sachen (Waren) vert ist; in Wahrheit aber ist bei Eintritt des Vsfalls eine größere Menge vorhanden, von der ein Teil beschädigt oder zerstört wird. Das RG 28. II. 1930 RGZ Bd 127 S. 306—307 hat dargelegt: „Ob im einzelnen vte oder unvte Waren verbrannt sind, hat sich nicht feststellen lassen ... Die Beklagte und ihr folgend das Kammergericht haben deshalb angenommen, daß vte und unvte Waren im gleichen Verhältnis verbrannt und gerettet seien." Die Revision hielt „die ganze Berechnung für nicht notwendig, weil der tatsächliche Wert der verbrannten Waren ... die Vssumme ... bereits übersteige und die Beklagte allermindestens den Betrag der Vssumme erstatten müsse. Die Revision beruft sich für diese ihre Ansicht auf die vereinbarte Ausschaltung des § 56 VVG aus den rechtlichen Beziehungen der Parteien. Indessen hat es dieser Paragraph mit dem Wert der vten Sachen zu tun, nicht mit ihrer Menge. Sein Ausschluß kann also niemals bewirken, daß Sachen, die nicht vert sind, als vert zu gelten haben". Man kann von einer Mengenunterv sprechen. Hierzu vgl. auch OLG Breslau 23. IX. 1904

VA 1906 Anh. S. 122 Nr. 261: 12 Pferdegeschirre à 70 M sind vert, 28 waren vorhanden, mehr als 12 Geschirre sind verbrannt, ihr Ersatzwert beträgt je 55 M. Das Gericht hat dem Kläger 12 × 55 M = 660 M zugebilligt. Richtig hätte aber davon ausgegangen werden müssen, daß vte und unvte Geschirre im Verhältnis 12:28 vom Schaden betroffen sind. Sind 12 Geschirre oder mehr verbrannt, so erhält der Vmer den Schaden (auf der Basis von 55 M) nur zu 12/28 = 3/7 ersetzt (Hinz a. a. O. S. 99 Anm. 43). Hier läßt sich die Parallele ziehen zu dem Tatbestand, daß bei einer Produktionsausfallv von landwirtschaftlichen Betrieben gegen Tierseuchen im Bestand einer Tiergattung weniger Großvieheinheiten vorhanden sind als vert; hier erfolgt Entschädigung nur nach den Wochenproduktionswerten der vorhandenen Großvieheinheiten" (§ 8 III Allgemeine Vsbedingungen für die Produktionsausfallv: VA 1969 S. 201).

Sind Positionen — trotz angestrebter Vollständigkeit — offenbar lückenhaft, so kann ein nicht erfaßtes Objekt einer verwandten Gruppe zugeordnet werden, z. B. eine Nähmaschine, ein Fernsehapparat den Möbelstücken (Anm. 11 zu § 54).

Sind Objekte umgekehrt gleichzeitig mehreren Positionen zurechenbar, so kommt es auf die Umstände des Einzelfalles an. Ist z. B. das Gebäude A einerseits in der Position 1, andererseits mit den Gebäuden B—D in der Position 2 vert, so kann der Vmer sicherlich auf die Position 2 zurückgreifen, falls bei der Position 1 eine Unterv vorliegt (Blanck a. a. O. S. 44). Trifft das jedoch nicht zu, so könnte man bei der Position 2, also bei einem Brand der Gebäude B—D, die gleichzeitige Nennung des Gebäudes A in der Position 2 außer Betracht lassen.

[31] b) Bewertungszeitpunkt (Ersatzwert).

Die Frage, ob Unterv vorliege, ist regelmäßig nur für den Zeitpunkt des Vsfalles zu prüfen, § 56 hebt ab auf den „Vswert zur Zeit des Eintritts des Vsfalls", also den Ersatzwert. Vor dem Vsfall besteht eine Unterv nur latent (Bruck S. 523, Hinz a. a. O. S. 97). Nach dem Vsfall kann sich infolge von nunmehr eintretender Teuerung erweisen, daß die Vollwertentschädigung dennoch keinen vollen Ersatz bietet; hier darf man aber nicht von Unterv reden (über die Versicherbarkeit solcher „Nachschäden", die zwischen Vsfall und Wiederherstellung eintreten: Anm. 43 zu § 52).

Der Ersatzwert ist für den Zeitpunkt des „Eintritts" des Vsfalls zu bestimmen; bei gedehnten Vsfällen wird man darauf abstellen müssen, hinsichtlich welcher Werte der Ver zu Beginn der Interessebeeinträchtigung die Gefahr trug (vgl. auch Anm. 35 zu § 57). Speziell über den Ersatzwert in der Betriebsunterbrechungsv: Anm. 35.

Verzögern sich die Entschädigungsverhandlungen, so bleibt doch für die Frage, ob eine Unterv vorlag, stets der Zeitpunkt des Vsfalls maßgeblich. Insbesondere kann bei Durchführung eines Rechtsstreits nicht der Wert im Zeitpunkt des Urteils entscheiden (a. M. Bruck[7] Anm. 3 zu § 56, S. 210 unter Hinweis auf KG 2. V. 1925 JRPV 1925 S. 216, wo aber nicht von Unterv die Rede ist). Über einen Fall, in welchem die Regulierungskommission nicht den Ersatzwert, sondern die letzten Inventurpreise zugrundegelegt hat: Döring NeumannsZ 1926 S. 654—656, Riebesell NeumannsZ 1926 S. 713—714.

Eine spezielle Regelung hinsichtlich des Zeitpunktes der Bewertung findet sich bei der gleitenden Neuwertv (Anm. 17), bei der Stichtagsv für Vorräte (Anm. 18), bei der gleitenden Vorratsv (Anm. 19) (Blanck a. a. O. S. 26—27). Sie kann auch sonst vereinbart werden, z. B. durch Abstellung allein auf den Anfangswert (OLG Düsseldorf 6. III. 1922 HansRZ 1922 Sp. 554—556: Autokaskov).

Besonderheiten hinsichtlich des Ersatzwertes könnten sich für die nachstehend behandelten Vszweige ergeben:

[32] c) Versicherungswert in der See- und Binnentransportversicherung.

Infolge der Fiktion des gleichbleibenden Vswertes (Anm. 46 vor §§ 49—80, Anm. 25 zu § 52) gilt in der See- und Binnentransportv der Anfangswert auch als Ersatzwert. Dementsprechend liegt eine Unterv vor, wenn die Vssumme niedriger als der Anfangswert vereinbart worden ist. „Die Veränderung des Wertes wird im allgemeinen nicht berücksichtigt. Der Vswert ist künstlich festgemacht" (Ritter-Abraham Anm. 8 zu § 6, S. 217). Ist also eine Ware mit einem Anfangswert von 100 nur mit einer Vssumme von

75 vert, so beträgt die Vsdichte nur ¾, auch wenn bis zum Vsfall der Wert auf 75 absinkt. Ist jene Ware mit einer Vssumme von 100 voll vert, so ergibt sich juristisch eine Unterv dann nicht, falls bei Eintritt eines Vsfalls ihr Wert auf 150 angestiegen ist; denn die Wertsteigerung bleibt außer Betracht. Nur durch eine Mehrwertv kann sich der Vmer schützen (Anm. 25 zu § 52, Anm. 7 zu § 53). Ist die Mehrwertvssumme im Zeitpunkt des Abschlusses unzureichend, so kann die Mehrwertv ihrerseits Unterv sein.

[33] d) Versicherungswert in der landwirtschaftlichen Versicherung.

aa) Ernteerzeugnisse.

In der Feuerv gelten nach den Zusatzbedingungen für landwirtschaftliche Ven (LZB) einige Besonderheiten, die sich aus der vstechnischen Notwendigkeit ergeben, durchlaufend die gesamten Erntevorräte zu vern. Die §§ 4, 5 LZB lauten:

Ernteerzeugnisse

§ 4

1. Die Versicherung der Ernteerzeugnisse umfaßt ohne Unterscheidung nach den einzelnen Fruchtgattungen die gesamten, jeweils in den Versicherungsorten vorhandenen Bestände, einschließlich der älteren Bestände und des Zukaufs, an ungeschnittenen und geschnittenen Halm-, Hülsen- und Ölfrüchten jeder Art, an Faserpflanzen, Körnern, Gräsern, Stroh, Spreu, Heu und Futterkräutern sowie an Samen und Handelsgewächsen.

2. Der Versicherungsnehmer ist verpflichtet, die gesamten Erntevorräte dieser Art, einschließlich der älteren Bestände und des Zukaufs, mit dem vollen Wert für die Zeit des ganzen Erntejahres zur Versicherung anzugeben, gleichviel, ob die Ernte in die Gebäude gebracht wird oder nicht.

3. Auf Hackfrüchte finden Ziffer 1 und 2 keine Anwendung.

§ 5

1. Können nach Eintritt des Schadenfalles die Erntevorräte einschließlich der älteren Bestände und des Zukaufs weder durch ordnungsmäßig geführte Wirtschaftsbücher noch durch Belege oder in anderer zuverlässiger Weise ermittelt werden, so wird angenommen, daß die Vorräte sich gleichmäßig vermindert haben, und zwar bei Dreschfrucht und Stroh vom 1. September an täglich um $^1/_{300}$, bei Futtergewächsen vom 1. November an täglich um $^1/_{240}$. Für die Wertberechnung sind die amtlich festgelegten Preise am Brandtage maßgebend, mangels solcher die mittleren Preise des nächsten Marktortes.

2. Der Preis für Saatgut wird nur für solche Ernteerzeugnisse berechnet, die ausdrücklich als Saatgut durch eine zuständige Stelle anerkannt worden sind.

3. Bei Dreschfrucht werden vom Körnerwert die Dreschkosten nicht abgezogen, sofern sie tatsächlich nicht erspart worden sind. Ersparte Abfuhrkosten werden nicht abgezogen.

Hiernach, insbesondere nach § 4 II LZB fragt es sich, ob etwa eine Unterv für die ganze Dauer des Erntejahres anzunehmen sei, falls die Vssumme nicht dem Wert des Spitzenbestandes entspricht (so Rero NeumannsZ 1935 S. 900—901, 949—950). Für diese Annahme gibt aber der Wortlaut der §§ 4, 5 LZB keine ausreichende Stütze: Diesen Vorschriften kann nur eine Rechtspflicht (keine bloße Obliegenheit) entnommen werden, die Vssumme entsprechend dem Spitzenbestand zu beantragen und dementsprechend die Prämie zu entrichten. Wird diese Verpflichtung nicht erfüllt, so macht sich der Vmer in Höhe der Prämiendifferenz schadensersatzpflichtig (Blanck a. a. O. S. 59—61, Döring NeumannsZ 1936 S. 76—77, Hinz a. a. O. S. 101—103). Tritt ein Vsfall ein, so ist bei der Berechnung des erwähnten Schadensersatzanspruches zu berücksichtigen, daß der Ver zu einer höheren Vsleistung verpflichtet gewesen wäre, hätte der Vmer seine Vspflicht voll erfüllt (Vorteilsausgleichung: Ersparnis an der Vsleistung). Die

Frage, ob eine Unterv vorliegt, ist — wie sonst — nach Maßgabe des Wertes der Ernteerzeugnisse am Schadenstage (Ersatzwert) festzustellen (so wohl auch KG 8. VIII. 1936 JRPV 1937 S. 44—45). Es liegt also keine Unterv vor, falls der Spitzenbestand schon soweit veräußert ist, daß der Restwert der Vssumme entspricht. De lege ferenda hat man vorgeschlagen, für das ganze Erntejahr das Verhältnis der Vssumme zu dem zu versichernden Spitzenbestand als Maßstab für die Anwendung der Untervsregeln zu normieren (Hinz a. a. O. S. 103, Jessen ÖffrV 1935 S. 4—5, dagegen Prange ÖffrV 1935 S. 266—269). Das OLG Kiel 21. II. 1905 SeuffArch Bd 60 S. 440—442 Nr. 231 hat dem Ver landwirtschaftlicher Produkte den Einwand der Unterv bei einer „Pauschalv" mit 5000 M Vssumme wohl zu Unrecht versagt.

Speziell geregelt ist die Schoberv in § 6 LZB; zur Unterv vgl. RAA VA 1911 S. 105.

[34] bb) Viehbestände.

In § 3 Zusatzbedingungen für landwirtschaftliche Ven (LZB) heißt es:

Versicherung der Viehbestände

§ 3

1. Die Versicherung der Viehbestände umfaßt den gesamten jeweils vorhandenen landwirtschaftlichen Viehbestand ohne Unterscheidung nach einzelnen Viehgattungen. Der Versicherungsnehmer ist verpflichtet, seinen gesamten Viehbestand zur Versicherung anzugeben. Luxustiere und andere Tiere von außergewöhnlichem Werte sind besonders anzugeben.

2. Die Versicherung des Viehs geht nach dem Schlachten auf das Fleisch und die Felle über. Bei Schafen ist die Wolle auch nach der Schur versichert.

3. Die Haftung des Versicherers für den Viehbestand umfaßt auch die Schäden, die durch elektrischen Strom verursacht werden.

Auch dieser Vorschrift ist eine Vspflicht für den gesamten Viehbestand zu entnehmen. Ist lediglich eine Gesamtvssumme ausgeworfen worden, so ist davon auszugehen, daß die Vspflicht voll erfüllt ist, und es ergibt sich eine Unterv, falls der Ersatzwert des gesamten Viehbestandes niedriger ist als die Vssumme (vgl. hierzu auch Hinz a. a. O. S. 103). Zu der (grundsätzlich zu verneinenden) Frage, ob Bienen dem Vieh zuzurechnen seien, vgl. VW 1949 S. 429.

[35] d) Versicherungswert in der Betriebsunterbrechungsversicherung.

Die Feuerbetriebsunterbrechungsv ist als Aktivenv zu qualifizieren, und zwar als V des Interesses an einer Bruttoertragsanwartschaft (Anm. 19, 29 zu § 53). Die Bestimmung des Ersatzwertes ist hier besonders schwierig. § 15 I FBUB geht von einem Bewertungszeitraum aus, der 12 Monate beträgt und zurückgerechnet wird von dem „Zeitpunkt, von dem an ein Unterbrechungsschaden nicht mehr entsteht, spätestens jedoch ... dem Ablauf der Haftzeit" (vgl. schon Anm. 21 zu § 52).

Eine Unterv liegt vor, wenn der hiernach vom Ende des gedehnten Vsfalles her zu berechnende Ersatzwert höher ist als die Vssumme (§ 5 III FBUB), wobei meistens nur eine Position gebildet wird (vgl. §§ 4 IV, 5 II FBUB). Näheres zur Unterv bei der Betriebsunterbrechungsv: Anm. 35 zu § 53, Fußhoeller-John, Feuer-Betriebsunterbrechungs-V, Wiesbaden 1957, Anm. 8 zu § 5, S. 85—86, Hax, Grundlagen der Betriebsunterbrechungsv, 2. Aufl., Köln-Opladen 1965, S. 140—144, Heyen, Leitfaden der Feuer-Betriebsunterbrechungsv, Karlsruhe 1969, S. 142—146, Kober BetrBer 1967 S. 1403, Magnusson, Rechtsfragen zur Betriebsunterbrechungsv, Hamburg 1955, S. 81—82, 137, Zimmermann, Der Betriebs-Unterbrechungs-Schaden, 2. Aufl., Karlsruhe 1968, S. 188—189.

Die von Fall zu Fall zugestehbare BU-Klausel 9.07 sieht von einem Schadenstage an eine Wiederauffüllung der Vssumme vor (vgl. Anm. 21), die BU-Klausel 9.14 betrifft den Vsschutz bei neu hinzukommenden Betriebsgrundstücken und verweist dabei auf die Anwendbarkeit der Untervsregeln.

[36] f) Versicherungswert in der Neuwertversicherung.

Die Neuwertv ist die Kombination einer Sachv (in Höhe des Zeitwertes) mit einer V gegen notwendige Aufwendungen (in Höhe der Differenz von Neu- und Zeitwert): Anm. 26, 28 zu § 52. Da sich regelmäßig der Neuwert durch einen Höchstbetrag der notwendigen Aufwendungen limitieren läßt, können die Untervsregeln angewendet werden (Anm. 6), und hierfür bestehen zwei Möglichkeiten:

Erstens können Zeitwert und Neuwertdifferenz getrennt betrachtet werden, so daß zunächst zu prüfen ist, ob die (einheitliche) Neuwertvssumme den Zeitwert erreicht. Trifft das nicht zu, so liegt schon hinsichtlich der Zeitwertv eine Unterv vor; die V gegen notwendige Aufwendungen in Höhe der Neuwertdifferenz kommt nicht zum Zuge. Übersteigt die Vssumme dagegen den Zeitwert, erreicht aber nicht den Neuwert, so liegt nach dieser Methode nur hinsichtlich der Neuwertdifferenz eine Unterv vor. Beispiele: Freygang a. a. O. S. 26—29, Hinz a. a. O. S. 105—113, Tetzlaff VW 1951 S. 188—189, vgl. auch Wussow AFB Anm. 64 zu § 3, S. 270.

Diese Teilungsmethode, auch Aufstockungsmethode genannt, verwandte § 2 I, III Sonderbedingungen für die Neuwertv industrieller Anlagen:

> „Ist die Vssumme einer Gruppe (Position) niedriger als der Ersatzwert der zu ihr gehörigen Sachen, aber mindestens gleich ihrem Zeitwert, so wird der Teil des Schadens, der bei bloßer Zeitwertv zu ersetzen wäre (Zeitwertentschädigung), voll vergütet, der Rest aber nur im Verhältnis der den Zeitwert übersteigenden Vssumme zu dem den Zeitwert übersteigenden Ersatzwert."
> „Ist die Vssumme niedriger als der Zeitwert, so finden die Sonderbedingungen für die Neuwertv industrieller Anlagen keine Anwendung."

Zweitens ist es aber auch möglich, die Unterv einheitlich zu ermitteln, also schlechthin die Vssumme am Neuwert zu messen, wie es jetzt § 2 II Sonderbedingungen für die Neuwertv von Industrie und Gewerbe vorsieht. Die Wiederherstellungspflicht des Vmers besteht auch hier nur für „den Teil der nach § 2 Abs. 2 errechneten Entschädigung, der den Zeitwertschaden übersteigt" (§ 3 I 1). Auch hier wird also der Kombinationscharakter der Neuwertv noch erkennbar. — Eine einheitliche Ermittlung der Unterv nach dieser globalen Methode (auch Pauschalierungs- oder summarische Methode genannt) erfolgt auch bei der gleitenden Neuwertv: Hier wird geprüft, ob die Vssumme 1914 mindestens dem Vswert 1914 entspricht (§ 2 I Sonderbedingungen für die gleitende Neuwertv von Wohngebäuden: Anm. 17). Dazu Blanck VW 1969 S. 172 bis 173, Hasselmann VW 1969 S. 325, Wussow AFB Anm. 66 zu § 3, S. 271—272.

Über die Entwicklung der beiden Methoden vgl. Blanck a. a. O. S. 31—39 (mit Beispielen), auch VW 1968 S. 1200—1201, Matzen, Die moderne Neuwertv in Inland und Ausland, Karlsruhe 1970, S. 110—113 m. w. N.

Enthalten Neuwertsvsbedingungen eine Entwertungsstaffel, so ergibt sich ein Selbstbehalt. Darüber und über das Zusammentreffen mit einer Unterv: Anm. 72. — Einen Appell zur Bekämpfung der Unterv speziell für die Hausratneuwertv bringt BAA VA 1955 S. 43.

[37] 5. Relation Versicherungssumme/Versicherungswert.

a) Relativität der Leistungsbegrenzung.

Die Vssumme hat verschiedene Funktionen, die es bei der Anwendung des § 56 zu unterscheiden gilt: Die Vssumme dient regelmäßig der **Prämienbestimmung** (Anm. 30 zu § 50), besonders aber schafft sie für die Leistung des Vers in allen Vszweigen eine **absolute Leistungsbegrenzung** (§ 50; Anm. 3—4 zu § 50). In der Aktivenv schließlich führt sie in Verbindung mit dem Vswert zu einer **relativen Leistungsbegrenzung:** Ist die Vssumme niedriger als der Vswert, so haftet der Ver nur proportional (§ 56), also mit geringerer Intensität des Vsschutzes (Anm. 5).

Normalerweise und im Zweifel erfüllt eine vereinbarte Vssumme bei einer Aktivenv alle drei Funktionen. Jedoch kann die letztgenannte dritte Funktion vertraglich wegbedungen werden, so daß eine V auf erstes Risiko vorliegt (Anm. 58—63). Es gibt, wenn man von der prämienbestimmenden Funktion absieht, auch andere Fälle, in denen eine vereinbarte Summe entweder nur als absolute Leistungsbegrenzung oder nur als relative Leistungsbegrenzung fungiert. Die Anwendung der Proportionalitätsregel des § 56 setzt hiernach stets, aber auch nur voraus, daß einer Summe die Funktion als relative Leistungsbegrenzung zugedacht ist. Vssummen, die nur die Funktion der absoluten Leistungsbegrenzung (§ 50) ausüben sollen, haben im Rahmen des § 56 keine Bedeutung.

Betrachtet man die bislang behandelten **Fälle,** so gilt folgendes:

Die summarische (Anm. 11) oder positionsweise Vssumme (Anm. 12) hat selbstverständlich Bedeutung nicht nur nach § 50, sondern auch nach § 56. Der Summenausgleich (Anm. 14) kann bei positionsweiser V zum Übergang von überschießenden Summen führen, erhöht also die nach den §§ 50, 56 maßgebenden Vssummen. Auch die Vorsorgevssumme (Anm. 15) wird aufgeteilt und erhöht primäre Vssummen, die aber auch nach der Erhöhung immer noch niedriger sein können als der Vswert. Indexierte Vssummen (Anm. 16) sind stets i. S. des § 56 bedeutsam, und eine Unterv ergibt sich, falls z. B. schon die Ausgangssumme zu niedrig bemessen worden ist.

Bei der gleitenden Neuwertv (Anm. 17) berechnet sich die Prämie nach der „Vssumme 1914" und der jeweils festgesetzten Prämienrichtzahl. Eine absolute Leistungsbegrenzung i. S. des § 50 besteht nicht. Allerdings wird der effektive Schaden nur dann voll ersetzt, wenn die „Vssumme 1914" dem „Vswert 1914" entspricht, so daß die „Vssumme 1914" als (nur) relative Leistungsbegrenzung fungiert.

Bei der Stichtagsv für Vorräte (Anm. 18) errechnet sich die Prämie auf Grund der Hälfte der Höchstvssumme (Vorauszahlung) und der Stichtagssummen (Endabrechnung). Als absolute Leistungsbegrenzung wirkt die Höchstvssumme (solange sie nicht durch eine Nachv erhöht wird). Als (nur) relative Leistungsbegrenzung hat die zuletzt gemeldete Stichtagssumme (evtl. die halbe Höchstvssumme) Bedeutung; denn wenn diese niedriger ist als der wirkliche Vswert am Stichtage, so wird die Proportionalitätsregel angewendet (letzteres gilt auch, wenn am Brandtage bei einem Teilschaden der Bestand einen höheren Vswert hat als die Höchstvssumme, während die zuletzt richtig gemeldete Stichtagssumme die Höchstvssumme nicht überschritt: Nachweise Anm. 18).

Bei der gleitenden Vorratsv (Anm. 19) errechnet sich die Prämie gleichfalls auf Grund der Hälfte der Höchstvssumme (Vorauszahlung) und der Höchstwertsummen (Endabrechnung). Als absolute Leistungsbegrenzung wirkt auch hier die Höchstvssumme. Als (nur) relative Leistungsbegrenzung fungiert hier die zuletzt aufgegebene Höchstwertsumme (evtl. die halbe Höchstvssumme); denn wenn die aufgegebene Höchstwertsumme niedriger ist als der wirkliche Höchstwert in dem Monat, für den die Meldung gilt, so wird der Schaden nur proportional vergütet.

Bei den Wertzuschlagsklauseln (Anm. 20) errechnet sich die Prämie aus der Vssumme auf der Preisbasis 1938 zuzüglich einfachem Wertzuschlag. Als absolute Leistungsbegrenzung fungiert die Vssumme 1938 zuzüglich doppeltem Wertzuschlag. § 56 kommt zur Anwendung, falls der Vswert höher ist als die Vssumme 1938 zuzüglich doppeltem Wertzuschlag, so daß diese Summe auch als relative Leistungsbegrenzung wirkt.

Im Falle der Wiederauffüllung der Vssumme (Anm. 21) bleibt die wiederaufgefüllte Vssumme, was sie war, nämlich absolute und relative Leistungsbegrenzung.

Entsprechendes gilt auch bei nachträglichen Änderungen der Vssumme (Anm. 23—28). Bei der einseitigen Nachzeichnung für Vorräte (Anm. 25) darf die Nachzeichnung höchstens 200 v. H. der Grundsumme erreichen. Bei der Erhöhung von Wertzuschlägen (Anm. 26, 20) fehlt eine Limitierung, aber der Ver könnte den Abschluß einer Zusatzvereinbarung durch Nichtannahme des „Verlangens" scheitern lassen. Eine Erhöhung der Stammv nach der Klausel 6.06 (Anm. 27) erfolgt (provisorisch) ohne besonderen Antrag alljährlich; die erhöhten Stammvssummen stellen gleichfalls absolute und relative Leistungsbegrenzungen dar.

Alles in allem zeigt sich, daß alle in Anm. 13—28 behandelten von vornherein beweglichen Vssummen und alle Änderbarkeiten von Vssummen die Entstehung einer Unterv und Anwendbarkeit der Proportionalitätsregel doch nicht völlig ausschließen.

Bei der laufenden V, aber auch in einigen anderen Fällen spielen **Maxima** eine Rolle, bis zu denen an bestimmten Vsorten — z. B. in einem Schiff oder Lager — Sachen vert werden können; auch für besonders gefährdete Interessen oder besonders erhebliche Gefahren kommen Maximierungen vor; sie beruhen auf vstechnischen Erwägungen, dienen insbesondere der Verhütung einer Kumulbildung. Stets hat ein Maximum die Eigenschaft einer absoluten Leistungsbegrenzung. Ob aber bei Überschreitung des Maximum die Untervsregeln zur Anwendung kommen, ob also das Maximum auch als relative Leistungsbegrenzung wirkt, ist sehr umstritten.

Müßte der Ver bei einem Lagerhaus, für das ein Maximum von 10 Mio. DM vereinbart ist, in dem sich aber Tabak im Werte von 20 Mio. DM befindet, bei einem Teilschaden, welcher Ware im Werte von 10 Mio DM vernichtet hat, volle 10 Mio. DM zahlen (nur absolute Leistungsbegrenzung), so trüge der Ver bei solcher V (auf erstes Risiko) eine Teilschadensgefahr, welche durch die normale Prämie nicht äquivalent entgolten würde. Deshalb wird man mangels klarstellender Vereinbarung oder gebotener spezieller Vertragsauslegung (Prölss-Martin[18] Anm. 2 zu § 187, S. 1021) das Maximum auch als relative Leistungsbegrenzung ansehen, also die Proportionalitätsregel anwenden müssen, wonach der Vmer im Beispielsfalle nur eine Entschädigung

$$\text{von } \frac{10 \times 10}{20} \text{ Mio. DM } \left(= \frac{\text{Schaden} \times \text{Vssumme}}{\text{Vswert}}\right) = 5 \text{ Mio. DM erhält.}$$

Schrifttum und Rechtsprechung zur Streitfrage sind schon in Anm. 10 zu § 50 zusammengestellt. Dort ist auch eine klarstellende Vereinbarung im Sinne der hier vertretenen Auffassung zitiert. Umgekehrt ist Kleinvieh gemäß § 2 I c VHB 1966 bis zu 500 DM auf erstes Risiko mitvert, Entsprechendes gilt für Bargeld bis 500 DM unverschlossen, bis 1000 DM in verschlossenen Behältnissen gemäß § 2 III a, b VHB 1966 (auch Unterv des Gesamthausrats wird dabei nicht berücksichtigt: Prölss-Martin[18] S. 478). Auch in der Einheitsv wird gemäß § 4 I EVB die Entschädigung vergütet „ohne Rücksicht auf den Gesamtwert der z. Z. des Vsfalls in ein und demselben Transportmittel oder Lager vorhandenen vten Waren bis zu den vereinbarten Höchsthaftungssummen" (also auf erstes Risiko); § 5[1] EVB sieht eine besonders schriftlich zu vereinbarende Änderung der Höchsthaftungssummen vor (zur Einheitsv Fischer VW 1952 S. 223). Vgl. ferner zu Maximierungsvereinbarungen Anm. 17 zu § 54, Blanck a. a. O. S. 52—54, OLG Köln 11. IV. 1967 VA 1968 S. 13—15. Über eine Unterv bei einer Abschreibev hinsichtlich des letzten Transportes: RG 25. XI. 1927 JW 1928 S. 793 = VA 1928 S. 50—51 Nr. 1825, auch Anm. 10 zu § 50.

[38] b) Versicherungssumme niedriger als Versicherungswert.

Nur wenn die Vssumme kleiner ist als der Vswert, und zwar normalerweise der Ersatzwert (Anm. 31), kommt die Proportionalitätsregel des § 56 zur Anwendung. Bei Identität beider Größen handelt es sich um den Ideal- und (mindestens theoretischen) Regelfall einer präzisen Vollwertv; bei übersteigender Vssumme liegt eine Überv (§ 51) vor.

Die Ermittlung des Vswertes verursacht oft erhebliche Mühe und entsprechende Kosten, so daß in praxi häufig der Ver den ihm obliegenden Beweis des Vorliegens einer Unterv nicht antritt und führt. Die Ermittlung ist besonders schwierig bei summarischen Ven und bei Inbegriffsven. Selbst bei offenkundigen, leicht beweisbaren Unterven beruft sicht der Ver oft aus Kulanzgründen nicht auf die — bei dem Vmer häufig auf Unverständnis stoßende — Proportionalitätsregel: Man will nach langem schadensfreien Verlauf einen Vmer wegen einer relativ geringen Differenz nicht verärgern, oder man will einen Großkunden, der womöglich auch andere Ven abgeschlossen hat, nicht verlieren. Auf Kulanz hat zwar niemand einen Rechtsanspruch (auch wohl nicht unter dem Gesichtspunkt der Gleichbehandlung), aber de facto führt sie — neben den erwähnten Mühen und Kosten — zu vielen Fällen verschleiert bleibender Unterv, eine Tatsache, die es um so notwendiger macht, nach Möglichkeit Unterven zu vermeiden und in krassen Fällen der Spekulation auf die Nichtentdeckung der Unterv oder auf die Kulanz des Vers Exempel zu statuieren. Über Fälle betrügerischer Unterv vgl. Anm. 45.

Bei **geringfügiger** Untersetzung der Vssumme gibt es keine den § 51 I, 57², 64 I 1 entsprechende Vorschrift, wonach eine nicht erhebliche Diskrepanz unbeachtet bleibt. Solche Regel läßt sich auch nicht im Wege der Analogie oder gar aus Treu und Glauben ableiten. Aber einige AVB schreiben vor, daß „kleine" Unterven unbeachtet bleiben: „Eine Unterv wird nur insoweit berücksichtigt, als sie 3 v. H. der Vssumme der betreffenden Position oder Positionen übersteigt" (§ 7 II c VGB 1962) oder: „Eine Unterv wird nur insoweit berücksichtigt, als sie 3 v. H. der ‚Vssumme 1914' der betreffenden Position oder Positionen übersteigt" (§ 2 II Sonderbedingungen für die gleitende Neuwertv: Anm. 17). Es handelt sich in diesen Fällen um eine bedingte Erstrisikov (Anm. 60 δ m. w. N.).

Zur Frage des Einstehenmüssens eines Vers für seinen Agenten und zum Problem der Haftung eines Vsmaklers bei einer vom Vmer ungewollten Unterv vgl. Anm. 44.

[39] c) Relation bei Außenversicherungen.

Sind Sachen an einem bestimmten Vsort vert, so kann dennoch vereinbart werden, daß sie in gewissem Umfange auch außerhalb dieses Vsortes vert seien (Außenv). Man unterscheidet die selbständige und die abhängige Außenv. Die Klausel 15 Zusatzbedingungen für Fabriken und gewerbliche Anlagen lautet:

15. Außenversicherung

a) Abhängige Außenversicherung

(1) Ist die Versicherungssumme für eine abhängige Außenversicherung niedriger als der Ersatzwert der zur Zeit des Schadenfalles außerhalb befindlichen Sachen, und ist der Prämiensatz für die Außenversicherung höher als für die Versicherung des Betriebes oder entsprechenden Betriebsteiles, so wird nur der Teil des Schadens ersetzt, der sich zum ganzen Schaden verhält wie diese Summe zum Ersatzwert. Ergibt jedoch eine bei der Position des Versicherungsscheines, zu der die Außenversicherung genommen ist, gemäß § 3 (4) AFB festgestellte Unterversicherung eine größere Kürzung, so ist diese anzuwenden.

(2) Die Versicherung gilt nicht für Sachen, die sich auf Ausstellungen und Messen befinden. Soweit nichts anderes vereinbart ist, gilt sie auch nicht für Sachen, die sich in Luftfahrzeugen oder im Gewahrsam eines Transportunternehmers (Frachtführers oder Spediteurs) befinden.

b) Selbständige Außenversicherung

Die Versicherung gilt nicht für Sachen, die sich auf Ausstellungen und Messen befinden. Soweit nichts anderes vereinbart ist, gilt sie auch nicht für Sachen, die sich in Luftfahrzeugen oder im Gewahrsam eines Transportunternehmers (Frachtführers oder Spediteurs) befinden.

Bemerkung:
Will ein Vn die Außenv nicht auf Sachen erstreckt haben, für die anderweit eine Feuer- oder Transportv besteht, so kann Absatz (2) der Klausel 15a oder die Klausel 15b mit folgendem Wortlaut zugestanden werden:

„Die Versicherung gilt nicht für Sachen, die sich auf Ausstellungen oder Messen, in Luftfahrzeugen oder im Gewahrsam eines Transportunternehmers (Frachtführers oder Spediteurs) befinden. Sie erstreckt sich ferner nicht auf Sachen, für die der Vn oder ein von ihm beauftragter Dritter eine anderweitige Feuer- oder Transportv abgeschlossen hat."

Hinweis:
Im Vschein sind außer dem räumlichen Geltungsbereich der selbständigen Außenversicherung diejenigen (Betriebs-)Grundstücke zu bezeichnen, in denen sie nicht gilt.

Bei der selbständigen Außenv ergeben sich keine besonderen Probleme; denn es wird eine selbständige Position mit besonderer Vssumme gebildet, und zwecks Ermittlung einer Unterv wird diese Vssumme mit dem Ersatzwert der außenvten Sachinteressen verglichen, während die am primären Vsort befindlichen Gegenstände unberücksichtigt bleiben. Eine dort bestehende Unterv hat keinen Einfluß auf die selbständige Außenv. Vgl. Hinz a. a. O. S. 126—127 KG 15. XI. 1922 HansRZ 1923 Sp. 181—184. Über Ausschlüsse bei der selbständigen Außenv vgl. die zitierte Klausel 15b.

Bei der abhängigen Außenv deckt dieselbe Vssumme, welche für die am Vsort befindlichen Sachen vorgesehen ist, zugleich auch solche Sachen (oder einen Teil davon) außerhalb des Vsortes in bestimmten Grenzen. So bestimmt § 4 III 1 AFB: „Die V von Hausrat und Arbeitsgerät umfaßt auch Sachen, die sich vorübergehend außerhalb des Vsorts in Europa befinden." Ähnlich § 6 II 1 VHB 1966. Zur Ermittlung einer Unterv wird die Vssumme mit dem Ersatzwert aller Gegenstände (innerhalb und außerhalb des Vsortes) verglichen, auf die sich die V erstreckt. Reziprok bestimmt daher § 3 IV 2 zweiter Halbsatz AFB: „außerhalb des Vsortes ... befindliche Sachen sind (bei der Feststellung der Unterv) nur dann zu berücksichtigen, wenn die Gesellschaft auch außerhalb des Vsortes für sie haftet." Dazu auch Hinz a. a. O. S. 127—128, ferner Prölss-Martin[18] S. 444—445, welche hervorheben, daß eine Gefahrerhöhung bei außerhalb des Vsortes befindlichen Gegenständen außer Betracht bleibe (was nur richtig ist, soweit es sich nicht um den Hinzutritt von Gefahrumständen handelt, die über das normale Risiko einer Entfernung vom Vsort hinausgehen).

Zur abhängigen Außenv bei positionsweiser V vgl. Blanck a. a. O. S. 51, Hinz a. a. O. S. 128. Über Ausschlüsse bei der abhängigen Außenv vgl. die zitierte Klausel 15a Abs. 2.

Mitunter ist zweifelhaft, ob eine selbständige oder abhängige Außenv vorliegt. Gilt die — neben einer nur auf den primären Vsort bezogenen V — selbständig vereinbarte „Außenv" in einem sehr weiten Bereich, z. B. in Lagern in ganz Deutschland, so kann der Gedanke auftauchen, sie gelte — trotz des Wortes „außen" — auch am primären Vsort (Betriebsgrundstück des Vmers). Es würde sich bei dieser „Außenv" dann um eine „Innenv" mit abhängiger Außenv handeln. In diesem Sinne hat der OGH 27. IV. 1950 VersR 1950 S. 100—101 (mit kritischen Bemerkungen Frey VersR 1950 S. 124—125) eine Außenvsklausel interpretiert und zur Feststellung einer Unterv auf dem Betriebsgrundstück die Vssummen beider Ven berücksichtigt. Eine solche Auslegung wird unmöglich, falls die Ver einem Hinweis folgen, der sich jetzt bei der oben zitierten Klausel 15b findet: „Im Vsschein sind außer dem räumlichen Geltungsbereich der selbständigen Außenv diejenigen (Betriebs-)Grundstücke zu bezeichnen, in denen sie nicht gilt." Empfohlen wird also eine selbständige Außenv. Eine Auslegung als selbständige Außenv kann durchaus im Interesse des Vmers liegen, wenn es um die Feststellung einer Unterv hinsichtlich der außerhalb des primären Vsortes befindlichen Gegenstände geht. Nach der Auslegung des OGH müssen nämlich die auf dem Betriebsgrundstück lagernden Sachen bei der Berechnung des Vswertes mit berücksichtigt werden, was zu einer beträchtlichen Unterv bei den außenvten Gegenständen führen könnte (Frey VersR 1950 S. 124). Wohl aus diesem Grunde hat bei einem Schaden im Außenbereich das KG 15. XI. 1922 HansRZ 1923 Sp. 181—184 versucht, eine Außenv als selbständige auszulegen.

Selbständige und abhängige Außenv kann also Vor- und Nachteile für den Vmer bieten, je nachdem in welchem räumlichen Bereich die Frage der Unterv auftaucht. Wo eine abhängige Außenv auf erstes Risiko (vgl. unten Anm. 58—63) nicht zugebilligt wird (in § 4 III 3 AFB ist solche Vereinbarung vorgesehen), dürfte eine selbständige Außenv mit Summenausgleich zur „Innenv" für den Vmer am günstigsten sein.

In der abhängigen Außenv ist die Haftung des Vers meistens zusätzlich der Höhe nach begrenzt. So bestimmt § 4 III 2 AFB: „Die Entschädigung darf aber nicht mehr als 10 v. H. der Vssumme für Hausrat und Arbeitsgerät zusammen, höchstens 3000 DM, betragen" (zur Auslegung anderer, unklarer Begrenzungsklauseln Blanck a. a. O. S. 50). Eine solche Begrenzung ist für die Ermittlung einer Unterv ohne Bedeutung, vielmehr handelt es sich um eine weitere absolute Leistungsbegrenzung i. S. des § 50, die erst nach Berücksichtigung einer etwaigen (gesamtheitlichen) Unterv bei den außenvten Sachen Wirkungen entfaltet (ebenso Hinz a. a. O. S. 128—129). Wird ein großer Teil der vten Gegenstände nach außerhalb verbracht, so wird der Vsschutz wegen dieser Entschädigungsbegrenzung mehr oder weniger entwertet, zumal da die ausgelagerten Sachen auch bei einem Schaden am primären Vsort für die Ermittlung einer Unterv weiterhin voll herangezogen werden.

Noch ungünstiger für den Vmer ist die Rechtslage bei einer abhängigen Außenv, welche für diese Außenv eine erhöhte Prämie vorsieht. Hierzu besagt die oben zitierte Klausel 15a Abs. 1, die Unterv solle zweimal ermittelt werden: Einmal hinsichtlich der V insgesamt (wie bei jeder anderen abhängigen Außenv), zum anderen speziell hinsichtlich der außenvten Gegenstände. So erlangt ihr Vswert selbständige Bedeutung, da er der Außenvssumme gegenüberzustellen ist. Der höhere Grad der Unterv setzt sich durch. Weiteres hierzu bei Freygang a. a. O. S. 31, Hinz a. a. O. S. 129—132.

Ob eine Höchstsumme in der abhängigen Außenv als bloße Haftungsgrenze i. S. von § 50 anzusehen ist oder auch die Funktion einer zusätzlichen relativen Leistungsbegrenzung i. S. des § 56 hat, kann im Einzelfalle zweifelhaft sein. Hierzu Raiser Anm. 16 zu § 4, S. 157—158, auch v. Haselberg Mitt 1913 S. 602, Prange Mitt 1913 S. 602—603. Bei erhöhtem Prämiensatz für die Außenv wird man im Zweifel die Regelung der Klausel 15a Abs. 1 anwenden können. Diese Möglichkeit ist in VA 1916 S. 113—114 übersehen worden.

Eine gewisse Verwandtschaft mit der Außenv hat der Fall, daß bei einer Einbruchdiebstahlv des Warenbestandes (nach der Vsform II: Prölss, Das Recht der Einbruchdiebstahlv, 3. Aufl., München-Berlin 1966, S. 282—286) u. a. die Geschäftseinrichtung bis zu 20% der Warenvssumme mitvert ist. Falls sich hier herausstellt, daß der Warenbestand untervert ist, so wird ein Schaden an der Geschäftseinrichtung „nur im Verhältnis der Warenvssumme zum Wert des Warenlagers entschädigt". Dazu auch Freygang a. a. O. S. 29—30, Hinz a. a. O. 132—133.

[40] b) Relation bei Komplexversicherungen.

Bei der V eines Sachinbegriffs, der sich in verschiedenen Räumlichkeiten befindet, ist die räumliche Aufteilung der Sachen wegen der unterschiedlichen Gefahrenlage und daneben möglicherweise zwecks Maximierung der Risiken oft von erheblicher Bedeutung. Dementsprechend wird häufig bei Waren das Risiko in verschiedene Komplexe (Feuerbereiche) mit speziellem Vsort zerlegt (Komplexv, dazu schon Anm. 24 zu § 54). Man kann positionsweise und summarische Komplexv unterscheiden.

Bei der positionsweisen Komplexv umfassen die selbständigen Positionen mit besonderen Vssummen einen vom jeweiligen Vsort umgrenzten Teilbereich, also nicht — wie üblich — ein nach Sachgattungen bestimmtes Interesse. Es sind z. B. Chemikalien im Lager A mit 50 Mio. DM Vssumme vert, im Lager B mit 30 Mio. DM Vssumme. Die Ermittlung einer Unterv erfolgt — entsprechend den Grundsätzen der positionsweisen V — für jeden Komplex gesondert, ohne Rücksicht auf die anderen Komplexe, d. h. es ist lediglich die jeweilige Komplexvssumme dem Ersatzwert der in dem Komplex befindlichen Gegenstände gegenüberzustellen. Durch Vereinbarung eines Summenausgleiches zwischen bestimmten Komplexen, hier auch „Freizügigkeit" genannt, wird es dem Vmer zuweilen ermöglicht, ohne die Gefahr einer Unterv in gewissem Umfang Sachen von einem Komplex in einen anderen zu verlagern. Vgl. hierzu im einzelnen Freygang a. a. O. S. 48—49, Hinz a. a. O. S. 142—144, Raiser Anm. 18 zu § 4, S. 159—160, Wussow AFB Anm. 21 zu § 4, S. 309—311.

Von „voller Freizügigkeit", „ambulanter" oder „flottierender" V spricht man jedoch erst dann, wenn mehrere Komplexe mit einer einheitlichen Vssumme vert sind (so z. B. bei der Spediteurv nach Klausel 4.02 Abs. 3 Feuervsklauseln). Hier kommt es für die Feststellung einer Unterv nicht darauf an, in welchem Komplex sich die vten Gegenstände befinden, da lediglich die Vssumme mit dem Vswert der in allen Komplexen befindlichen Gegenstände zu vergleichen ist. Es handelt sich hier um eine Art summarischer V im Hinblick auf verschiedene Vsorte. Hierzu vgl. Blanck a. a. O. S. 67—68, Hinz a. a. O. S. 133—134, Raiser Anm. 18 zu § 4, S. 159.

Mitunter ist zweifelhaft, ob positionsweise oder summarische Komplexv vorliegt. Wird für mehrere Komplexe eine Gesamtvssumme vereinbart, daneben aber die Haftung für jeden einzelnen Komplex auf einen bestimmten Teilbetrag begrenzt (zur Formulierung: Hinz a. a. O. S. 134—135), so könnte eine positionsweise Komplexv vorliegen. In diesem Sinne hat das OLG Naumburg 20. VI. 1919 Mitt 1923 S. 91—92 im Anschluß an das RG 3. XI. 1914 Mitt 1915 S. 41—42 entschieden. Ebenso Josef VuGeldwirtschaft 1926 S. 100—101. Eine solche Auslegung kann aber jedenfalls dann nicht richtig sein, wenn die Summe aller Teilbeträge die Gesamtvssumme übersteigt. Im Falle positionsweiser V wäre die Gesamtvssumme unmaßgeblich, so daß bei Totalschäden in allen Komplexen die Summe aller Teilbeträge und damit mehr als die Gesamtvssumme ausgezahlt werden müßte. Vgl. Hinz a. a. O. S. 136—137, Hellwig Mitt 1919 S. 240. Soll die Gesamtvssumme eine Funktion haben, so kann es sich hier nur um eine summarische Komplexv handeln. Die Funktion der Teilvssummen bleibt dann allerdings weiterhin zweifelhaft. Handelt es sich lediglich um zusätzliche absolute Leistungsbegrenzungen i. S. des § 50, so sind sie für die Ermittlung einer Unterv ohne Bedeutung (so Blanck a. a. O. S. 68—70, Raiser Anm. 19 zu § 4, S. 160—162). Da die Einteilung in Komplexe jedoch wegen der unterschiedlichen Gefahrenlagen erfolgt, was meistens auch in unterschiedlichen Prämiensätzen zum Ausdruck kommt, ist der Ver gegen Risikoverschiebungen durch den Vmer nur dann geschützt, wenn die Teilvssummen auch eine relativ-leistungsbegrenzende Funktion i. S. des § 56 haben. Die Interessenlage läßt sich mit jener der Außenv bei Klausel 15a Abs. 1 (Anm. 39) durchaus vergleichen. So Hinz a. a. O. S. 138—141 (vgl. auch die Nachweise bei Hinz a. a. O. S. 137). Hier ist also die Frage der Unterv doppelt zu stellen: Einmal hinsichtlich der Gesamtvssume und des Ersatzwertes der vten Gegenstände in allen Komplexen zusammen, zum anderen hinsichtlich der jeweiligen Teilvssumme und des Ersatzwertes des einzelnen Komplexes.

[41] IV. Arten der Unterversicherung.

Es ist — ähnlich wie bei der Überv (Anm. 17—21 zu § 51) — möglich und zuweilen erforderlich, bestimmte Erscheinungsformen der Unterv auseinanderzuhalten. Dabei steht die Unterscheidung von anfänglicher und nachträglicher Unterv im Vordergrund (Anm. 42), aber auch vorübergehende und dauernde Unterv (Anm. 43), gewollte und ungewollte Unterv (Anm. 44), einfache und betrügerische Unterv (Anm. 45) lassen sich trennen.

Schon erwähnt wurde die „unechte“ Unterv bei der Summen- und bei der Passivenv, spezieller bei Prozeßkosten in der Haftpflichtv (Anm. 6), ferner die im Rahmen einer Rückvsklausel vorgesehene Anwendung der Untervsregeln bei unzulänglicher Prämie sowie die von Ehrenzweig S. 252 Anm. 13, NeumannsZ 1926 S. 840 versuchte Unterscheidung der Wertunterv von der Gefahrunterv (Anm. 9), schließlich der Begriff der Mengenunterv (Anm. 30). Die vereinbarte obligatorische Unterv ist eine Unterart der gewollten Unterv (Anm. 71). Über „wirtschaftliche“ Unterv Anm. 46.

Über die Erstrisikov Anm. 58—63, die Bruchteilsv Anm. 64.

[42] 1. Anfängliche, nachträgliche Unterversicherung.

Liegt eine Unterv schon zur Zeit des Vertragsabschlusses, des formellen Vsbeginnes vor, so kann man von anfänglicher Unterversicherung sprechen. Sie kann darauf beruhen, daß der Vswert (Anfangswert) zu niedrig geschätzt wird, was besonders bei Inbegriffen, z. B. Hausrat leicht vorkommt. Die Bewertung mitvter Sachen von Familienangehörigen und Arbeitnehmern darf nicht übersehen werden; auch an unter Eigentumsvorbehalt gekaufte und sicherungsübereignete Sachen ist — je nach den maßgeblichen Abreden — zu denken, ferner an außenvte Sachen (vgl. Anm. 39). Bei Zeitwertven gilt es, den richtigen Bewertungsmaßstab anzulegen, z. B. den Wiederbeschaffungspreis, die Neuherstellungskosten (vgl. Anm. 30—36 zu § 52). Auch der Neuwert wird nicht selten unrichtig bemessen, zumal dann, wenn bei der gleitenden Neuwertv von Wohngebäuden auf den Vswert 1914 zurückzugehen ist (Anm. 17). Bei den Wertzuschlagsklauseln (Anm. 20) gilt es, die Preisbasis 1938 zugrunde zu legen, was gleichfalls Fehlerquellen eröffnet. Die anfängliche Unterv kommt aber auch dann vor, wenn der Vswert dem Vmer bekannt ist: Die Vssumme wird zu niedrig bemessen. Das geschieht dann meistens, um Prämien zu „sparen“, ferner oft in Unkenntnis der Proportionalitätsregel des § 56 oder im Vertrauen auf ihre Nichtanwendung, sei es aus Kulanz, sei es wegen Nichtentdeckung der Unterv im Schadensfall, womöglich infolge Verheimlichung nicht vom Schaden betroffener Sachen. Zuweilen führen auch steuerliche Motive dazu, keine Vollwertv zu nehmen.

Ein Sonderfall der anfänglichen Unterv liegt vor, wenn es dem Vmer zur Pflicht gemacht wird, einen Teil des Vswertes ungedeckt zu lassen; man spricht von vereinbarter obligatorischer Unterv. Sie wird im Zusammenhang mit der Selbstbeteiligung des Vmers in Anm. 71 besonders behandelt.

Der anfänglichen steht die nachträgliche Unterversicherung gegenüber, die sich oft daraus ergibt, daß neue Sachen, welche besonders oft unter eine Inbegriffsv fallen, hinzukommen; man denke an Neuanschaffungen, Neubauten, Umbauten, erhöhte Warenvorräte, vermehrte Rohstoffvorräte. (Wenn allerdings Interessen neu entstehen, die nicht durch eine Position des Vsscheines erfaßt werden, so handelt es sich nicht um die Entstehung einer Unterv, sondern um eine Nichtv, welche hier außer Betracht bleiben kann.) Zweitens kann sich eine Unterv nachträglich auch dann ergeben, wenn der Sachbestand unverändert bleibt, aber Wertsteigerungen eintreten. Gewisse Handelswaren unterliegen erheblichen Wertschwankungen. Nicht zuletzt führt auch Geldwertschwund zum Ansteigen des Vswertes (Ersatzwertes). Angesichts des sekularen Trends zur Geldentwertung entstehen laufend Unterven; der schleichenden Inflation entspricht die „schleichende Unterv" (VW 1970 S. 1196). Sachwerte, in denen ein hoher Anteil an Arbeitslohn steckt, werden auch dann ansteigen, wenn bei einer Hebung des Volkswohlstandes die Arbeitseinkommen relativ besonders steigen. Alte Sachen können an Wert nicht nur einbüßen, sondern Wertsteigerungen erfahren (alte Teppiche, Jugendstilmöbel). In der Wohlstandsgesellschaft wachsen die Werte von seltenen Kunstgegenständen in besonderem Maße.

Bei fixierten Vssummen (Anm. 11—12) entsteht eine Unterv besonders leicht. Bewegliche (Anm. 13—22) und änderbare Vssummen (Anm. 23—28) stellen aber gleichfalls kein Allheilmittel gegen Unterven dar. Bei den einzelnen Klauseln ist zu prüfen, ob sie nur dazu dienen können, nachträgliche Unterven zu beseitigen oder zu verringern, oder aber auch dazu, anfängliche Unterven ganz oder teilweise zu verhüten:

Nur bei nachträglicher Unterv nützt eine „Vorsorgev für Wertsteigerung, für Um-, An- und Neubauten sowie Neuanschaffungen" (Anm. 15, 27), eine indexierte Vssumme (Anm. 16), eine gleitende Neuwertv (Anm. 17), eine Stichtagsv für Vorräte (Anm. 18), eine gleitende Vorratsv „für Lagergüter der Besorgungs-Auftraggeber" (Anm. 19) oder eine Wertzuschlagsklausel mit oder ohne Versicherung der Neubauten und Neuanschaffungen (Anm. 20, 26).

Auch bei anfänglicher Unterv nützt der Summenausgleich (Anm. 15), eine vertragliche Änderung der Vssumme (Anm. 24) oder eine Nachzeichnung für Vorräte (Anm. 25).

Bei der Transport- und Seev kann begrifflich zwar eine anfängliche Unterv, nicht aber eine nachträgliche Unterv entstehen, da die Fiktion des gleichbleibenden Vswertes gilt (Anm. 32). Falls de facto der Wert der Ware und des Schiffes ansteigt, so kann sich der Vmer durch eine Mehrwertv hinsichtlich des Wertzuwachses („increased value") decken (Anm. 25 zu § 52, Anm. 7 zu § 53). Demgegenüber scheinen Ritter-Abraham Anm. 13 zu § 70, S. 865, Anm. 22 zu § 90, S. 1090 anzunehmen, eine Mehrwertv liege auch vor, wenn zwecks Beseitigung einer anfänglichen, von vornherein bestehenden Unterv eine Ergänzungsv genommen werde; hier jedoch spricht man besser von einer Nachv (Anm. 24).

Bei einer taxierten V liegt eine Unterv begrifflich nur vor, falls die Vssumme von Anfang an niedriger ist als die Taxe (Anm. 29 zu § 57). Erweist sich die Taxvereinbarung als (von Anfang an oder später) zu niedrig, so ist eine Hinaufsetzung der Taxe und der Vssumme nur im Wege der nachträglichen Vereinbarung möglich (Anm. 34 zu § 57).

[43] 2. Vorübergehende, dauernde Unterversicherung.

Bei wechselnden Lagerbeständen im Rahmen einer Warenlagerv, überhaupt bei wechselnden Beständen im Rahmen einer Inbegriffsv, kann vorübergehend eine Unterv vorliegen, falls der Wert aller vten Gegenstände höher ist als die Vssumme. Helfen kann gegen solche Entstehung einer Unterv insbesondere eine Stichtagsv für Vorräte (Anm. 18), eine gleitende Vorratsv für Lagergüter der Besorgungs-Auftraggeber

(Anm. 19), eine Nachzeichnung für Vorräte (Anm. 25), bei der eine jederzeitige Verminderung oder Zurückziehung der nachvten Summen vorgesehen ist.

Eine vorübergehende Unterv kann sich auch ergeben, falls — bei gleichbleibendem Bestand der vten Sachen — deren Vswerte stark schwanken, so daß sie zeitweilig die Vssumme übersteigen. Für die Feststellung, ob eine Unterv vorliege, kommt es auf den Vswert des Bestandes bei Eintritt des Vsfalls an.

Über die Frage, ob die vorübergehende Entfernung vom Vsort Einfluß auf die Feststellung einer Unterv übe, vgl. Anm. 30, 39.

Eine dauernde Unterv besteht, wenn (von vornherein oder später) die Vssumme den Vswert (Anfangswert, laufenden Vswert, Ersatzwert) fortwährend unterschreitet. Hier kann insbesondere eine Nachv Abhilfe schaffen, aber im Prinzip trifft selbst bei dauernder Unterv den Vmer keine Nachvspflicht, den Ver keine Verpflichtung zur Annahme eines Nachvsantrages (Anm. 24).

[44] 3. Gewollte, ungewollte Unterversicherung.

Die Unterv wird vom Vmer oft nicht gewollt sein, man denke bei anfänglicher Unterv an Fehlbewertungen oder einen Rechtsirrtum über die Proportionalitätsregel. Nachträgliche Unterven werden meistens ungewollt entstehen.

In den Fällen vom Vmer nicht gewollter Unterv taucht die Frage nach der Verantwortlichkeit des Vers, besonders auch für seinen Vsagenten auf, ferner das Problem einer etwaigen Haftung eines mitwirkenden Vsmaklers. In beiden Fällen kommen nicht nur Tatbestände anfänglicher, sondern auch nachträglicher Unterv in Betracht.

Über die Haftung des Vers für seinen Agenten unter dem Gesichtspunkt der culpa in contrahendo (vor Vsbeginn oder bei Vertragsänderungen): Anm. 41—43, 46 zu § 44. Der Ver oder sein Erfüllungsgehilfe, der Agent, müssen den Vmer — jedenfalls bei erkannten Irrtümern des Vmers — aufklären über die Bewertungsgrundsätze, die Bedeutung der Proportionalitätsregel und die verfügbaren Möglichkeiten beweglicher und änderbarer Vssummen (Anm. 14—28). Zu einem spontanen Hinweis auf nachträglich entstandene Unterven sind Ver und Agenten regelmäßig nicht verpflichtet (KG 24. V. 1922 VA 1922 Anh. S. 36—37 Nr. 1263). Nur ausnahmsweise kann der Vmer einen Schadensersatzanspruch gegen den Ver (Agent als Erfüllungsgehilfe) erlangen, und der Vmer ist dann so zu stellen, wie wenn die Unterv nicht bestünde, d. h. der Ver könnte sich (bei Prämiennachzahlung) auf die Proportionalitätsregel nicht berufen. Über die spezielle Verantwortung bei der gleitenden Neuwertv Karlson VW 1968 S. 529—530, Pieta VW 1969 S. 223—226, Prölss-Martin[18] Anm. 2 zu § 55, S. 285—286. Über das Einstehenmüssen des Vers für Vsagenten unter dem Gesichtspunkt des Vertrauensschutzes, insbesondere bei unrichtigen Belehrungen und Aufklärungen: Anm. 54—72 zu § 44. Beispiel: RG 27. I. 1928 VA 1928 S. 256—257 Nr. 1910 (unrichtige Auslegung einer Maximierungsklausel in der Einheitsv durch den Agenten). Sowohl den Gesichtspunkt des Vertrauensschutzes als auch jenen der culpa in contrahendo verwertet BGH 28. X. 1963 VersR 1964 S. 36—38 (mit Anm. Prölss VersR 1964 S. 57—58) (Agent vermittelt anstelle einer Nachv der gesamten Position Betriebseinrichtung die V einer speziellen Anlage).

Der Vsmakler muß bei der Vermittlung die Interessen des Vmers wahrnehmen, speziell im Blick auf den Deckungsumfang (Anm. 54 vor §§ 43—48), wozu die Vermeidung von ungewollten Unterven und die Vereinbarung geeigneter beweglicher oder änderbarer Vssummen gehört. Der Vsmakler hat den Vmer auch laufend zu betreuen, wozu der Hinweis auf nachträglich entstandene Unterven gehört (Anm. 59 vor §§ 43—48). Bei einer laufenden V hat der Vsmakler auch die Maximalkontrolle durchzuführen (Anm. 66 vor §§ 43—48). Bei schuldhafter Verletzung seiner Verpflichtungen kann der Vsmakler dem Vmer schadensersatzpflichtig sein (Anm. 68 vor §§ 43—48).

Bei vom Vmer gewollter Unterv kommt eine Verantwortlichkeit des Vers (evtl. für seine Agenten) oder des Vsmaklers nicht in Betracht. Unterfälle der gewollten Unterv sind einerseits die betrügerische Unterv (Anm. 45), andererseits die vereinbarte obligatorische Unterv (Anm. 71).

[45] 4. Einfache, betrügerische Unterversicherung.

Während § 51 die mit der Nichtigkeitsfolge bedrohte betrügerische Überv von der einfachen Überv unterscheidet (Anm. 21 zu § 51), kennt das Gesetz bei der Unterv eine entsprechende Regelung nicht.

Angesichts der den Vmer benachteiligenden Proportionalitätsregel erscheint es zunächst auch unmöglich, daß der Vmer den Vertrag als gewollte anfängliche Unterv in der Absicht schließt, sich aus der Unterv einen Vermögensvorteil zu verschaffen. Strebt der Vmer lediglich eine Prämienersparnis an, indem er keine Vollwertv kontrahiert, so will er sich auch keinen rechtswidrigen Vermögensvorteil verschaffen; denn es steht jedem Vmer regelmäßig frei, sich so hoch zu vern, wie er will und kann; eine Unterv als solche ist nicht rechtswidrig.

Eine Betrugsabsicht läge erst dann vor, wenn der Vmer im Schadensfall beim Ver durch Vorspiegelung falscher oder durch Entstellung oder Unterdrückung wahrer Tatsachen einen Irrtum erregt oder unterhält (§ 263 I StGB), hier: einen Irrtum über den Vollwert der vten Sachen, also über das Vorliegen einer (anfänglichen oder nachträglichen) Unterv, z. B. durch Wegschaffung eines Teils der geretteten Sachen vor einer Sachverständigenbesichtigung oder durch unrichtige Angaben über den Gesamtbestand des Hausrats im Rahmen der Auskunftsobliegenheit (§ 34 I). Strafrechtlich handelt es sich um einen Betrugsfall, und auch der Versuch ist strafbar (§ 263 II StGB); ein sogen. Vsbetrug im rechtstechnischen Sinn (§ 265 StGB) liegt nicht vor.

Zivilrechtlich ist auch ein Vsvertrag, der von vornherein mit Betrugsabsicht geschlossen wäre, nicht wegen Verstoßes gegen eine gesetzliche Vorschrift nichtig; allenfalls könnte § 138 I BGB die Nichtigkeit begründen, aber hier wird der Ver auf erhebliche Beweisschwierigkeiten stoßen, da er dartun muß, daß von vornherein bei Vertragsabschluß der Vmer eine sittenwidrige Schädigung des Vers in einem Schadensfall beabsichtigte.

Wohl aber kann der Ver leistungsfrei sein wegen vorsätzlicher Verletzung der Auskunftsobliegenheit (§§ 34 I, 6 III 1), vgl. Anm. 13 zu § 34. Auch der rechtliche Gesichtspunkt der arglistigen Täuschung bei der Schadensermittlung kann dazu führen, daß der Ver gegenüber einem Vmer leistungsfrei wird, der eine Unterv verheimlicht; auch hier reicht ein Täuschungsversuch aus (Näheres Anm. 45—60 zu § 34). Will das Gericht aus Treu und Glauben nur eine teilweise Leistungsfreiheit des Vers annehmen, so muß vorher ermittelt werden, welche Leistungspflicht des Vers sich bei bloßer Anwendung der Proportionalitätsregel ergäbe; und diese Leistung wäre sodann zu ermäßigen.

[46] V. Rechtsfolgen der Unterversicherung.

1. Anwendung der Proportionalitätsregel

a) auf Versicherungsschaden i. e. S.

aa) Normalfall.

Liegt eine Unterv vor, so haftet der Ver für den Vsschaden i. e. S. (Anm. 43 vor §§ 49—80) nur nach dem Verhältnis der Vssumme zu dem Ersatzwert (§ 56). Bei dieser Regelung handelt es sich nicht um eine Strafe (was das BAA VA 1954 S. 78 mit Recht betont), sondern um eine vstechnisch gebotene Folgerung aus dem Prinzip der Vollwertv (Anm. 4).

Der verminderte Haftungsumfang des Schadensvers ergibt sich unmittelbar aus dem Gesetz (ähnlich wie im Falle des § 537 I 1 BGB: Minderung des Mietzinses). Es bedarf insbesondere keiner Willenserklärung des Vers, durch die sich die Leistungsverpflichtung des Versicherers „ermäßigt", sondern der Umfang der vom Ver geschuldeten Leistung wird durch die Proportionalitätsregel unmittelbar beeinflußt: Neben Schadenshöhe und Vssumme erweist sich die Proportionalitätsregel als primärleistungsbestimmende Norm. Die Haftung (genauer die Geldschuld des Vers) mindert sich „von selbst" verhältnismäßig (OLG Frankfurt 12. VII. 1922 VA 1923 Anh. S. 12 Nr. 1299 = HansRZ 1923 Sp. 497—498, Hinz a. a. O. S. 92—93).

Kraft § 56 vermindert sich die Entschädigung des Vers, aber — ausgehend von der Gefahrtragungstheorie — muß man annehmen, daß schon die (latente) Gefahrtragung eine verminderte ist, solange die Vssumme den Vswert nicht erreicht (Tsirintanis HansRGZ 1931 A Sp. 545—547; bedenklich Prölss-Martin[18] Anm. 1 zu § 56, S. 287). Die Unterv besteht vor dem Vsfall gleichsam latent (Anm. 31); sie entfällt, falls sich bis zum Vsfall die Spannung zwischen Vssumme und Vswert ausgleicht.

Diese Feststellungen schließen nicht aus, daß der Ver den Einwand der Unterv erheben muß. Zur Beweislast und zum Prozeß Anm. 54. Darüber, daß Unterven de facto oft verschleiert bleiben wegen der mit der Aufdeckung verbundenen Mühen und Kosten, aber auch aus Kulanzgründen oder wegen Verheimlichungsmaßnahmen vgl. bereits Anm. 38.

Die Anwendung der Proportionalitätsregel (darüber grundsätzlich schon Anm. 5) bereitet im Normalfall keine Schwierigkeiten, falls die in die Formel:

$$\text{Entschädigung} = \frac{\text{Schaden} \times \text{Vssumme}}{\text{Vswert}}$$

einzusetzenden Größen: Schadenshöhe, Vssumme, Vswert richtig ermittelt sind. Der Schaden ist nach den für den Vsvertrag maßgebenden Grundsätzen festzustellen (Anm. 26, 28—33 zu § 55). Als Vssumme kommen nur solche Beträge in Betracht, welche nicht lediglich als absolute Leistungsbegrenzung vorgesehen sind, sondern die auch der relativen Leistungsbegrenzung nach § 56 dienen sollen; deshalb sind gewisse Maxima nicht in die Formel einzusetzen (dazu vgl. schon Anm. 37). Der Vswert ist als Ersatzwert zu berücksichtigen (Anm. 31), und zwar — wie der Schaden — nach den für den konkreten Versicherungsvertrag maßgebenden Grundsätzen (z. B. als Zeitwert gemäß § 3 II a AFB: bei Gebäuden ortsüblicher Bauwert unter Abzug eines dem Zustand des Gebäudes entsprechenden Betrages).

Aus der Formel läßt sich entnehmen, daß die Entschädigung um so besser ausfällt, je mehr sich die Vssumme dem Vswert nähert. Ist der Schaden klein, so wirkt sich auch eine Unterv entsprechend gering aus. Je höher der Vswert (Ersatzwert) angesetzt wird, desto größer ist der Divisor der Formel. Hat der Vmer ausnahmsweise die Wahl zwischen verschiedenen Bewertungsmöglichkeiten (Anm. 36 zu § 52), so kann es sich empfehlen, den niedrigeren Vswert anzusetzen, um die Folgen einer Anwendung der Proportionalitätsregel zu mildern oder aufzuheben. Bei gewissen Sachen, z. B. Spezialmaschinen, Kraftfahrzeugen sind die Repraraturkosten relativ hoch, steigen möglicherweise auch sehr stark an, während der Preis der neuen Maschinen oder Autos sich nicht erhöht. Da der Ersatzwert in solchen Fällen unverändert bleibt, liegt eine Unterv juristisch nicht vor, der Ver wird jedoch bei Teilschäden unverhältnismäßig stark belastet, falls er eine Entschädigung in Höhe der Kosten der Wiederherstellung zu begleichen hat (über die denkbaren Methoden der Berechnung von Teilschäden: Anm. 30 zu § 55). Solche „wirtschaftlichen" Unterven, die rechtlich nicht als Unterven zu qualifizieren sind und nicht zur Anwendung des § 56 führen, können sich für die Vsunternehmen ruinös auswirken; sie ergeben sich besonders bei Lohnsteigerungen, die im Preise des Endproduktes keinen Niederschlag finden, vielleicht weil die Herstellung des Endprodukts stark automatisiert ist, während Reparaturen relativ lohnintensiv sind. Oft werden die Kosten des Endprodukts auch erst nachhinkend an die Lohnentwicklung angepaßt, besonders bei „politischen Preisen". Der Ver ist weit besser geschützt, wenn ein Teilschaden in Prozenten eines vorgestellten Totalschadens ermittelt wird (hierzu auch Blanck a. a. O. S. 27—28). — Hat ein Vmer bei der Anschaffung z. B. eines Automaten Kaufpreisvergünstigungen genossen, so kann sich eine wirtschaftliche Unterv im Falle von Teilschäden ergeben, die relativ hohe Reparaturkosten verursachen (VA 1962 S. 26—27 und dazu VA 1963 S. 57—58).

Der verminderte Schutzwert der V, die verminderte Dichte oder Intensität des Vsschutzes wirkt sich, was den Vsschaden i. e. S. angeht, nur bei Teilschäden praktisch aus (Anm. 5), da bei Totalschäden der Ver sich darauf beschränken kann, sich auf § 50 zu berufen, also nur die (unzureichende) Vssumme zu leisten.

Sowohl bei Teil- als auch bei Totalschäden trägt der Untervte einen Teil seines Schadens selbst, und man könnte bei gewollter Unterv von Eigendeckung reden. Nicht aber sollte man hier von Selbstv sprechen, da es begrifflich diese Institution nicht gibt, beruht doch alle V auf dem Gedanken der Gemeinschaft (Anm. 4 zu § 1). Wenn § 8^1 ADS bei der Unterv den Vmer „für den nicht gedeckten Teil des Vswerts ... als Selbstver" gelten läßt, so könnte dies wichtige Konsequenzen bei der Vorteilsausgleichung haben (vgl. aber Anm. 51).

Zahlt ein Ver zunächst ohne Berücksichtigung einer vorliegenden Unterv eine überhöhte Entschädigung, so kann er das Zuvielgeleistete als ungerechtfertigte Bereicherung vom Vmer zurückfordern; denn von vornherein bestand kein rechtlicher Grund für die Leistung des Mehrbetrages (§ 812 I 1 BGB). Solchen Rückforderungsprozeß betrifft das Urteil OLG Kiel 21. II. 1905 SeuffArch Bd 60 S. 440—442 Nr. 231. Der Ver kann das Geleistete nicht zurückfordern, wenn er bei der Zahlung gewußt hat, daß eine Unterv bestehe (§ 814 BGB).

[47] bb) Sonderfälle.

Schuldet der Ver Naturalersatz und liegt eine Unterv vor (was die Vereinbarung einer Vssumme i. S. des § 56 voraussetzt), so kann die entsprechende Anwendung des § 56 nur dergestalt erfolgen, daß der Vmer eine Zuzahlung zu leisten hat (Anm. 18 zu § 49). Dabei handelt es sich um eine Obliegenheit des Vmers, nicht um eine echte Rechtspflicht.

Hat der Ver ein Wahlrecht (oder eine Ersetzungsbefugnis) zwischen Natural- und Geldersatz, so wird er in Fällen der Unterv oft die (nicht schadendeckende) Geldleistung wählen (dazu Anm. 20 zu § 49).

Besteht eine Wiederherstellungsregelung, so hat regelmäßig der Vmer trotz der Unterv den früheren Zustand wiederherzustellen, jedoch könnte (z. B. bei starker inflationärer Steigerung der Baukosten) die Nichtwiederherstellung eines Gebäudes durch den Vmer entschuldbar sein (zu alledem Anm. 22—27 zu § 49).

Bei der V von Adhäsionsinteressen (Anm. 42 vor §§ 49—80) wirkt sich eine Unterv des primär vten Interesses auch auf die Adhäsionsv aus. Vgl. z. B. § 843 HGB, wonach der Ver für Havariegrossebeiträge nur nach dem Verhältnis der Vssumme zum Vswert haftet, im übrigen bereits Anm. 15 zu § 52, Anm. 6.

Trifft eine Vssumme i. S. des § 56 mit einer bloß absoluten Entschädigungsbegrenzung nach § 50 zusammen, z. B. mit einem entsprechenden Maximum (Anm. 37), so ist zunächst bei etwaiger Unterv die Entschädigung nach der Proportionalitätsregel zu berechnen und sodann zu prüfen, ob sie das Maximum nicht überschreitet.

Treffen zwei Vssummen i. S. des § 56 zusammen, so wird meistens die Proportionalitätsregel nur einmal, und zwar derart angewendet, daß sich der für den Vmer ungünstigere Erfolg ergibt; die größere Kürzung ist anzuwenden (vgl. für die abhängige Außenv die Klausel 15a Abs. 1 Zusatzbedingungen: Anm. 39; ferner für den Fall von Komplexven: Anm. 40).

Seltener wird es vorkommen, daß nacheinander zweimal die Proportionalitätsregel zur Anwendung kommt. Bei der Stichtagsv für Vorräte (Anm. 18) kann es aber geschehen, daß erstens die letzte Stichtagssumme zu niedrig angegeben war und zweitens der Ersatzwert der beeinträchtigten Interessen die Höchstvssumme überschreitet. Hier erscheint es geboten, die Proportionalitätsregel zweimal heranzuziehen, und zwar zunächst zwecks Zurückführung der Gesamtdeckung auf die Höchstvssumme und sodann zwecks Ahndung der unrichtigen Stichtagsmeldung. Wie hier Wussow AFB Anm. 70 zu § 3, S. 275.

Über das Zusammentreffen von Unterv und Selbstbeteiligung des Vmers vgl. Anm. 72.

[48] b) auf Versicherungsschaden i. w. S.

aa) Abwendungs- und Minderungsaufwendungen.

Aufwendungen, die der Vmer zwecks Abwendung und Minderung des Schadens macht und die der Ver gemäß § 63 I zu ersetzen hat, sind bei einer Unterv nur nach dem in § 56 (bzw. bei taxierter V § 57^2) bezeichneten Verhältnisse zu erstatten. Näheres Anm. zu § 63.

[49] bb) Ermittlungs- und Feststellungskosten.

Auch Kosten, welche durch die Ermittlung und Feststellung des Schadens entstehen, sowie gewisse Sachverständigen- und Beistandskosten, sind bei einer Unterv nur nach dem in § 56 (bzw. § 57²) bezeichneten Verhältnis zu erstatten. Näheres Anm. zu § 66.

[50] 2. Vorteilsausgleichung bei Unterversicherung.

Entstehen dem Vmer im Schadensfall nicht nur Nachteile, sondern auch Vorteile (die mit dem Schaden „korrespondieren"), so sind diese in Anwendung des vsrechtlichen Bereichungsverbotes auszugleichen (Näheres Anm. 51—54 vor §§ 49—80). Die Frage, wie solche Vorteilsausgleichung im Falle der Unterv erfolgt, ist getrennt zu untersuchen für den Hauptfall des Überganges von Ersatzansprüchen (Anm. 51) und die Restfälle der Vorteilsausgleichung (Anm. 52).

[51] a) Übergang von Ersatzansprüchen.

Der Hauptfall der Vorteilsausgleichung ist der Übergang von Ersatzansprüchen des Vmers gegen Dritte auf den Ver gemäß § 67 I 1 (Sieg: Anm. 6 zu § 67). Ist der Vmer untervert, so geht der Anspruch auf den Ver nur insoweit über, als der Ver den Vmer entschädigt, also nur in Höhe der Untervsentschädigung. Der Restanspruch verbleibt dem Vmer. Hat ein Brandstifter ein Haus im Werte von 100000 DM vernichtet, das nur mit einer Vssumme von 75000 DM vert ist, so hat nach der Entschädigungszahlung durch den Ver der Brandstifter zwei Gläubiger, nämlich den Vmer in Höhe von 25000 DM, den Ver in Höhe von 75000 DM.

Es kann vorkommen, daß der Anspruch gegen den Brandstifter, z. B. wegen anderweitiger Wertbemessung durch den Richter des Schadensersatzprozesses oder wegen unterlassener Schadensminderung (§ 254 II 1 BGB), nur mit insgesamt 90000 DM bemessen worden ist. Hier geht nach der heute herrschenden Differenztheorie kraft des sog. Quotenvorrechtes des Vmers (dazu Sieg: Anm. 65 zu § 67) auf den Ver nur derjenige Teil der Schadensersatzforderung gegen den Brandstifter über, der nicht verbraucht wird für die volle Schadlosstellung des Vmers. Letzterer benötigt zur Deckung seines Schadens noch 25000 DM. Demnach erlangt der Ver nur eine Schadensersatzforderung von 90000 — 25000 DM = 65000 DM, ein Ergebnis, das dem Zweck der V, den Vmer schadlos zu halten, am besten gerecht wird und das nicht auf § 67 I 2 gestützt werden kann (a. M. Prölss-Martin[18] Anm. 6 zu § 67, S. 342).

Die letztgenannte Vorschrift befaßt sich nicht mit dem Umfang, sondern der Wirkung des Überganges des Ersatzanspruches. Stellt sich im genannten Beispielsfalle, in welchem Forderungen gegen den Brandstifter von 25000 DM zugunsten des Vmers, von 65000 DM zugunsten des Vers bestehen, heraus, daß der Brandstifter nur ein Aktivvermögen von 30000 DM besitzt, so kann vom Ver der übergegangene Regreßanspruch „nicht zum Nachteile des Vmers gltend gemacht werden" (§ 67 I 2; Begr. I S. 75, ausgehend vom Fall der Unterv). Dem Vmer wird also der bessere Rang bei der Befriedigung (hier: aus den 30000 DM) eingeräumt; notfalls hat der Vmer einen schuldrechtlichen Ausgleichsanspruch gegen den Ver, wenn dieser ihm zuvorgekommen ist (Sieg: Anm. 88 zu § 67).

Bei Bestehen von Ersatzansprüchen kann hiernach der Untervte die mangelnde Intensität des Vsschutzes möglicherweise wirtschaftlich ausgleichen durch den Übergang von Ersatzansprüchen, wobei er — wie gezeigt — in doppelter Weise gegenüber dem Ver begünstigt ist. Das Ergebnis erscheint nicht unproblematisch in solchen Vszweigen, in denen oft Regreßansprüche entstehen: Hier könnte ein Vmer sich bewußt mit einer Unterv begnügen, indem er auf die Begünstigungen durch die Differenztheorie und § 67 I 2 — zum Nachteil des Vers, welcher gleichfalls mit einem Provenu rechnen könnte — vertraut.

In der Binnentransportv soll § 67 I 2 keine Anwendung finden (§ 148), was aber nach der hier vertretenen Auffassung jedenfalls die Anwendung der Differenztheorie nicht ausschließt (Sieg: Anm. 93 zu § 67). Im Bereiche der Seev soll nach § 8¹ ADS der untervte Vmer für den nicht gedeckten Teil des Vswertes als Selbstver gelten. Unter zwei (Mit-)Vern gibt es kein Quotenvorrecht, kann die Differenztheorie nicht gelten.

Aber diese Folgerung ziehen Ritter-Abraham Anm. 14, 22 zu § 45, S. 682, 684—686 nicht; vielmehr sollen sowohl das Differenzprinzip als auch der Grundgedanke des § 67 I 2 uneingeschränkt auch in der Seev Geltung beanspruchen.

[52] **b) Restfälle der Vorteilsausgleichung.**

Bei den übrigen Tatbeständen der (eigentlichen und uneigentlichen) vsrechtlichen Vorteilsausgleichung (Anm. 51—54 vor §§ 49—80) können die Vorteile im Falle der Unterv gleichfalls nicht ungeschmälert dem Ver zukommen. Wenn der Ver seine Geldleistung nicht voll erbringt, müssen auch die Vorteile zwischen Ver und Vmer aufgeteilt werden.

Solche Aufteilung sowie der praktische Vollzug der Vorteilsausgleichung können schwierig sein. In der Seev sind diese Probleme stärker durchdacht als in der Binnenv (vgl. die Beispiele bei Ritter-Abraham Anm. 4 zu § 8, S. 240).

Verbleibt der Vorteil beim Vmer, mindert sich also des Vorteils wegen die Ersatzleistung des Vers, so darf der Ver den Vorteil nicht in voller Höhe in Abzug bringen, sondern nur entsprechend der geminderten Intensität des Vsschutzes (vgl. Ritter-Abraham Anm. 23 zu § 71, S. 884—885). § 859 I HGB bestimmt:

> „Ist im Falle des Totalverlustes vor der Zahlung der Vssumme etwas gerettet, so kommt der Erlös des Geretteten von der Vssumme in Abzug. War nicht zum vollen Werte vert, so wird nur ein verhältnismäßiger Teil des Geretteten von der Vssumme abgezogen."

Soll der Vorteil auf den Ver übertragen werden (für den Fall des Überganges von Ersatzansprüchen vgl. schon Anm. 51), so gebührt dem Ver im Falle der Unterv der Vorteil nur anteilsmäßig. Vgl. § 859 III HGB:

> „Erfolgt erst nach der Zahlung der Vssumme eine vollständige oder teilweise Rettung, so hat auf das nachträglich Gerettete nur der Ver Anspruch. War nicht zum vollen Werte vert, so gebührt dem Ver nur ein verhältnismäßiger Teil des Geretteten."

Bei unteilbaren Sachen muß notfalls Miteigentum des Vers und des Vmers an dem Provenu begründet werden. Solche Probleme tauchen auch auf, falls bei einer Unterv in der Einbruchdiebstahlv entwendete Sachen wiederherbeigeschafft werden. § 17 III Abs. 2 S. 2—5 AEB (ähnlich § 18 III VHG) besagt:

> „Sind die wiederherbeigeschafften Sachen nur mit einem Teil ihres Wertes entschädigt worden, so kann der Vmer sie unter Rückzahlung der Teilentschädigung behalten. Erklärt er sich hierzu innerhalb zweier Wochen nach Aufforderung des Vers nicht bereit, so sind die Sachen im Einvernehmen mit dem Ver öffentlich meistbietend zu verkaufen. Von dem Erlös abzüglich der Verkaufskosten erhält der Ver den Anteil, welcher der von ihm geleisteten Teilentschädigung entspricht."

Dazu auch G. Schmidt a. a. O. S. 72. Über den Fall, daß die wiederherbeigeschafften Sachen beschädigt sind: Prölss, Das Recht der Einbruchdiebstahlv, 3. Aufl., München-Berlin 1966, S. 239—240.

[53] **3. Sonstige Rechtsfolgen der Unterversicherung.**

Negativ ist festzustellen, daß die (anfängliche oder nachträgliche) Unterv regelmäßig keine Hinweispflicht des Vers oder Anzeigeobliegenheit des Vmers auslöst. Vgl. jedoch für die ungewollte Unterv über eine etwaige Haftung eines Vsmaklers sowie über eine culpa in contrahendo des Vers (seines Agenten) und die Haftung des Vers aus dem Gesichtspunkt der Vertrauensstellung des Agenten: Anm. 44.

Der Vmer oder Ver hat prinzipiell kein Recht auf Beseitigung einer Unterv (wie es bei der Überv nach § 51 I besteht). Deshalb kann eine Partei auch keinen wichtigen Grund für eine unbefristete Kündigung daraus herleiten, daß sich eine Unterv ergeben hat, welche die andere Partei nicht zu beseitigen bereit ist. Insbesondere besteht kein einseitiges Recht auf Vertragskorrektur oder ein Kontrahierungszwang für eine Vertragsänderung (Anm. 24).

Aber es können abweichende Vereinbarungen getroffen werden. Über eine Nachvspflicht des Vmers, besonders in der Tierv: Anm. 24. Ein Annahmezwang des Vers könnte entweder mit einer Nachvspflicht des Vmers korrespondieren oder auch isoliert für Nachvsanträge vereinbart werden.

Bei der Nachzeichnung für Vorräte gemäß Klausel 5.03 (Anm. 25) genügt eine einseitige schriftliche „Aufgabe" des Vmers; die Bindung der Ver zur Übernahme der Nachv ist aber mit höchstens 200 v. H. einer Grundsumme begrenzt. Über die Rechtslage bei Erhöhung von Wertzuschlägen vgl. Anm. 20, 26, über die Erhöhung der Stammv nach Klausel 6.06 vgl. Anm. 27.

[54] **4. Beweislast, Prozessuales.**

Im Schadensfall muß der Vmer seinen Schaden — auch der Höhe nach — beweisen, also dartun, daß sein (vtes) Interesse in bestimmtem Umfang beeinträchtigt ist (über Beweislast, Beweisführung, Gerichtsüberzeugung usw.: Anm. 34—38 zu § 55). Wird dabei der Vswert (Ersatzwert) des beeinträchtigten Interesses streitig, so hat der Vmer auch den Wertbeweis zu führen (Anm. 42 zu § 52); nur bei taxierten Polizen hat die Vereinbarung der Taxe konstitutive Bedeutung (§ $57^{1,2}$; Anm. 23—27 zu § 57).

Die Unterv hat praktische Bedeutung nur, wenn kein Totalschaden vorliegt. Hier gewinnt für die Schadensliquidation die Frage Bedeutung, in welchem Verhältnis die Vssumme zu dem Ersatzwert sämtlicher vter Interessen steht. Diese Frage wird aber nur untersucht, wenn der Ver es wünscht, wenn er den Einwand der Unterv erhebt, welcher — falls berechtigt — eine leistungsmindernde Wirkung hat. Der Einwand der Unterv ist keine Einrede im zivilrechtlichen Sinn; denn für den Vmer entsteht nicht zunächst ein umfassender Anspruch, der erst durch den Einwand im Wege der Gegenwirkung entkräftet wird, sondern schon das Gesetz schreibt die verminderte Intensität des Vsschutzes, der Gefahrtragung vor (Anm. 46). Es handelt sich vielmehr bei dem Einwand der Unterv um die Berufung des Vers auf Tatsachen, welche den Anspruch des Vmers teilweise verneinen. Negativ: Es gehört für den Vmer nicht zu den anspruchs- und klagebegründenden Tatsachen, daß bei Eintritt des Vsfalls eine Vollwertv vorlag, sondern es ist Sache des Vers, den Einwand der Unterv zu erheben.

Geschieht das, so muß der Ver die Unzulänglichkeit der Vssumme behaupten und beweisen (Hinz a. a. O. S. 93, Roelli-Jaeger Anm. 24 zu Art. 69, S. 515, OLG Hamburg 29. I. 1918 Mitt 1918 S. 233). Der Beweis ist schwierig und deshalb oft langwierig und kostspielig (Anm. 38); denn es muß der Ersatzwert aller (in der betreffenden Position) vten Sachen, z. B. des Hausrats, ermittelt und in ein Verhältnis zur Vssumme gesetzt werden. Bei einer V mit Wertzuschlagsklausel und Vorschätzung (Anm. 20) gilt allerdings die Vorschätzung als Nachweis des Wertes zur Zeit der Schätzung (Klausel 6.02 I 2, Klausel 6.04 I 2).

Dem Ver können die Erhebung des Einwands der Unterv und der Beweis erleichtert werden, wenn es zum Aufgabenkreis eines Sachverständigenverfahrens gehört, das Verhältnis zwischen Vssumme und Ersatzwert festzustellen. Normalerweise allerdings zählt dies nicht zur Zuständigkeit der Sachverständigen (Roelli-Jaeger Anm. 25 zu Art. 69, S. 515), über Ausnahmen: Asmus ZVersWiss 1962 S. 235, § 15 II b S. 2 AEB, § 15 II c S. 2 VHB.

Die Auskunfts-und Belegpflicht des Vmers nötigt diesen auch zur Beantwortung von Fragen und Vorlage von Belegen, wenn der Ver nur den Zweck verfolgt, die Anwendbarkeit der Proportionalitätsregel zu prüfen (Anm. 13 zu § 34). Denn § 34 I stellt schlechthin auf die „Feststellung . . . der Leistungspflicht des Vers" ab. Überdies kann arglistige Täuschung bei der Schadensermittlung vorliegen, wenn der Vmer vorsätzlich eine Unterv verschleiert (Anm. 45).

Einen Fall, in welchem bei Unterv Sachverständigenzuständigkeit, Verletzung der Auskunftspflicht und arglistige Täuschung zusammentrafen und in dem der Ver die Entschädigung zurückforderte, behandelt: LG Bochum 9. XII. 1954 VersR 1955 S. 291—292 (Einbruchdiebstahlv eines Textileinzelhandelsgeschäfts).

Im Prozeß hat der Richter wegen § 56 die Proportionalitätsregel von Amts wegen — besonders im Versäumnisverfahren — anzuwenden, wenn sich aus dem Vorbringen der Parteien das Vorliegen einer Unterv bereits ergibt. Trifft das nicht zu, so bedarf es der prozessualen Geltendmachung des Einwandes der Unterv.

Ist ein Anspruch nach Grund und Betrag streitig, so kann das Gericht über den Grund vorab entscheiden (§ 304 I ZPO). Beruft sich der Ver auf die Proportionalitätsregel, so fragt es sich, ob hierüber im Grundurteil vorab mitzuentscheiden sei oder ob angesichts des für die Anwendung der Regel notwendigerweise heranzuziehenden Zahlenwerkes und der bloßen Verminderung des Vsschutzes die Feststellung der Intensität des Vsschutzes dem Nachverfahren (Betragsverfahren) vorbehalten werden kann. Nur im letztgenannten Falle könnte der Einwand der Unterv auch noch im Nachverfahren erhoben werden. Das OLG Frankfurt 12. VII. 1922 HansRZ 1923 Sp. 497–498 = VA 1923 Anh. S. 12 Nr. 1299 zieht die Parallele zum Einwand mitwirkenden Verschuldens (§ 254 BGB) und vertritt die Auffassung, daß der Einwand der Unterv den Grund des Anspruchs betreffe, wofür sich anführen läßt, daß das Gericht nur die Intensität des Vsschutzes (als Vomhundertsatz), nicht die Höhe des Schadens im Grundurteil festzustellen braucht. Zustimmend Hinz a. a. O. S. 92, Prölss-Martin[18] Anm. 1 zu § 56, S. 287, ablehnend Raiser Anm. 44 zu § 3, S. 139, Roelli-Jaeger Anm. 25 zu Art. 69, S. 515, vermittelnd Wussow AFB Anm. 59 zu § 3, S. 266, wonach die Feststellung der Unterv dem Nachverfahren vorbehalten werden kann, falls „erhebliche Beweisaufnahmen wegen der Feststellung des Wertes der vten Sachen notwendig sind".

[55] VI. Abdingbarkeit des § 56.

§ 56 — die Proportionalitätsregel — ist nicht zwingend, sie ist weder absolut noch relativ zwingend.

Ein absolut zwingender Charakter ergibt sich insbesondere nicht aus dem vsrechtlichen Bereicherungsverbot (vgl. schon Anm. 6). Für die Durchsetzung dieses Verbotes sorgt in der Schadensv schon ausreichend der zwingende § 55 (Anm. 40 zu § 55).

Die Proportionalitätsregel ist auch nicht halbzwingend:

Sie kann zu Lasten des Vmers vertraglich abgeändert werden, theoretisch sogar in dem Sinne, daß der Ver überhaupt nicht haftet, wenn keine Vollwertv genommen worden ist oder besteht. In praxi würde man bei einer derartigen (grausamen) Klausel — besonders bei ungewollten Unterven — allerdings dem Vmer helfen müssen, vielleicht indem man in solcher Klausel eine Obliegenheit zum Abschluß und zur Aufrechterhaltung einer Vollwertv erblickt, eine Obliegenheit, deren schuldlose Verletzung nach § 6 I 1 keine Verwirkungsfolge auslösen könnte. Wird dem Vmer eine echte Rechtspflicht zur Vollwertv auferlegt, so hat deren schuldhafte Verletzung nur einen Schadensersatzanspruch des Vers zur Folge; der Ver wäre so zu stellen, wie er bei Vollwertv stehen würde (erhöhte Prämie, aber nach einem Schadensfall ist beim Ver als auszugleichender Vorteil der Wegfall seiner erhöhten Leistungspflicht zu berücksichtigen; vgl. Anm. 33 für die landwirtschaftliche V).

Besonders aber kann die Proportionalitätsregel zugunsten des Vmers wegbedungen werden. Dies geschieht, wenn geringfügige Unterven kraft Vertrages außer Betracht bleiben sollen (Anm. 60δ). Dies geschieht ferner, wenn dem Ver der Einwand der Unterv überhaupt nicht zustehen soll; man spricht hier von Erstrisikov (Anm. 58 bis 63). Eine Bruchteilsv kann als Sonderform der V auf erstes Risiko qualifiziert werden (Anm. 64).

Ihrer relativ-leistungsbegrenzenden Funktion ist die Vssumme auch entkleidet bei der Vereinbarung von Maxima, die nur eine absolute Leistungsbegrenzung darstellen sollen (Anm. 37).

Eine V „Nur für Totalverlust" (§ 123 ADS) läßt de facto den Einwand der Unterv entfallen, weil hier allein die Vssumme schadensbegrenzend wirkt (Anm. 5). Zuweilen wird eine Schiffskaskov zwecks Prämienersparnis mit zwei Vssummen abgeschlossen, einer niedrigen für den Totalverlustfall, einer höheren, damit bei Teilschäden der Einwand der Unterv nicht erhoben werden kann und alle Ausbesserungskosten gedeckt sind.

[56] VII. Bekämpfung der Unterversicherung.

Unterven sind für den Ver und Vmer gleichermaßen gefährlich und unerwünscht. Deshalb muß ihre Bekämpfung ein Anliegen aller Beteiligten sein, besonders bei Geldwertschwund. Eine nicht systematisierte Zusammenstellung von Bekämpfungsmaßnahmen bietet Höhne BetrBer 1956 Beilage zu Heft 34 S. 6—8. Einen Appell „Kampf der Unterv" brachte das BAA VA 1954 S. 77—78, auch VA 1955 S. 43, ferner das Rationalisierungs-Kuratorium der Deutschen Wirtschaft VW 1964 S. 729. Über Aktionen zur Summenerhöhung: Anm. 24 und dazu (mit Auslandsvergleichen) Müller-Gotthard VW 1967 S. 389—391.

Bei den Bekämpfungsmaßnahmen wendet sich eine erste Gruppe gegen die Entstehung des Tatbestandes (und damit auch der Rechtsfolgen) einer Unterv, was dadurch geschehen kann, daß man von vornherein auf eine Vssumme verzichtet oder sie ausreichend bemißt oder sie beweglich gestaltet. Läßt sich auf solche Weise eine Unterv nicht von vornherein verhindern, so kann doch durch eine nachträgliche Änderung der Vssumme noch vor dem Vsfall dafür Sorge getragen werden, daß der Ersatzwert die Vssumme nicht überschreitet. Zu alledem Anm. 57.

Stellt sich im Vsfall eine Unterv heraus, so wirkt sich die Proportionalitätsregel aus; die Intensität des Vsschutzes ist gemindert. Da aber § 56 keinen zwingenden Charakter hat (Anm. 55), kann durch Vereinbarung die Proportionalitätsregel wegbedungen werden. Dadurch wird der Eintritt der Rechtsfolgen der Unterv verhindert. Solche Vereinbarungen führen entweder zu einer Erstrisikov (Anm. 58—63) oder zu einer Bruchteilsv (Anm. 64).

Den Ver stört bei einer Unterv — neben der Tatsache, daß ein Kunde nach der Proportionalitätsregel nur unzulänglichen Vsschutz genießt und daß außerdem diese Regel in praxi aus Kosten- oder Kulanzgründen oft nicht angewendet werden kann (Anm. 38) — die Tatsache, daß er eine unzulängliche Prämie bekommt, da die Vssumme zu niedrig bemessen ist und die (oft in praxi obendrein unanwendbare: Anm. 38) Proportionalitätsregel bei größerer Häufigkeit von Teilschäden die Prämienäquivalenz nicht wiederherstellt. Entsprechendes gilt auch bei nur „wirtschaftlicher Unterv" (Anm. 46), also dann, wenn das Niveau der Reparaturkosten (Löhne) sich schneller hebt als das Niveau der Vswerte (Preise). Vom Ver her gesehen gehört hiernach zur Bekämpfung der Unterv auch die Erhöhung der Prämien, welche auch deshalb geboten sein kann, weil bei Kaufkraftschwund nicht nur die Schäden, sondern auch die Verwaltungskosten der sehr lohnintensiven Vswirtschaft anzusteigen pflegen. Auf diese Zusammenhänge, auch auf den Einfluß der technologischen Entwicklung, weist die Schrift der Münchener Rückversicherungs-Gesellschaft, Einfluß der ‚Inflation' auf die V, München 1971, S. 1—46 hin und sieht als Abhilfen neben Abzugsfranchisen (über diese Form der Selbstbeteiligung des Vmers: Anm. 72, 73) Entgeltverbesserungen durch häufigere Prämienüberprüfung (kurzfristige Vsverträge), Indexprämien oder Prämienbindung an vseigene Verlaufsstatistiken vor (sei es individuelle Prämienanpassung, z. B. durch einen retrospective rating plan oder nach dem System des sogen. Seekaskoschragens, sei es im Anschluß an Branchen-Global-Statistiken). Für den Vmer steht demgegenüber die Herstellung der vollen Intensität des Vsschutzes im Vordergrund; eine Prämienerhöhung ohne gleichzeitige Beseitigung der Unterv ist durchweg schwer zu erreichen. Über eine 1970 eingeleitete Aktion des Verbandes der Sachver zur Summenerhöhung in der Hausratv Voss VW 1970 S. 855, vgl. auch R 5/70 des BAA vom 4. XI. 1970 (VA 1970 S. 320—321: Anm. 24).

[57] 1. Verhinderung der Verwirklichung des Tatbestandes der Unterversicherung.

Da der Vswert (Ersatzwert) objektiv zu ermitteln ist, kann eine stetige Vollwertv nur dadurch erreicht werden, daß die Vssumme dem Vswert angepaßt wird.

Solche Anpassung erfolgt gleichsam vollautomatisch, wenn man überhaupt auf eine Vssumme verzichtet (Anm. 10), oder sie erfolgt, indem man von vornherein übersetzte (summarische oder positionsweise: Anm. 11—12) Vssummen fixiert (was zunächst zu einer unrationellen Überv führt: Anm. 14 zu § 51, falls nicht — wie in der Feuerbetriebsunterbrechungsv — eine Prämienrückgewähr vorgesehen wird: Anm. 22).

Zweckmäßiger ist die Vereinbarung beweglicher Vssummen durch Summenausgleich (Anm. 14), Vorsorgev (Anm. 15), indexierte Vssummen (Anm. 16), gleitende Neuwertv (Anm. 17), Wertzuschlagsklauseln (Anm. 20), Wiederauffüllung der Vssumme nach einem Schadensfall (Anm. 21).

Bei der Stichtagsv für Vorräte (Anm. 18) entfällt der Tatbestand der Unterv nur, falls der Vmer dem Ver jeweils die Stichtagssumme pflichtgemäß aufgibt, und bei der gleitenden Vorratsv (Anm. 19) ist der Höchstwert der vten Güter für den voraufgegangenen Monat aufzugeben. Man könnte hier von Halbautomatik reden, weil es immerhin der (obligatorischen) Aufgaben des Vmers bedarf.

Von Automatik kann nicht gesprochen werden, falls eine Willenserklärung des Vmers und womöglich ein Vertrag mit dem Ver notwendig ist, um die Vssumme zu erhöhen. Eine Nachvspflicht des Vmers sowie ein Annahmezwang des Vers kommen in Betracht (generell Anm. 24). Beispiele bieten die für den Vmer fakultative, für den Ver obligatorische Nachzeichnung für Vorräte (Anm. 25), die Vereinbarung einer Erhöhung des Wertzuschlages im Rahmen der Wertzuschlagsklausel (Anm. 26), die gleichfalls letztlich zu vereinbarende Erhöhung der Stammvssummen nach der Klausel 6.06 (Anm. 27). In der See- und Transportv mit ihrem fiktiv gleichbleibenden Vswert hilft bei Wertsteigerungen eine Mehrwertv (Anm. 24, 32).

[58] 2. Verhinderung des Eintritts der Rechtsfolgen der Unterversicherung.

a) Erstrisikoversicherung.

aa) Begriff.

Bei einer V auf erstes Risiko (au premier risque) entschädigt der Ver bis zur Höhe der Vssumme jeden Schaden voll, ohne Rücksicht darauf, in welchem Verhältnis die Vssumme zum Ersatzwert steht. Die Proportionalitätsregel wird also ausgeschaltet; die Intensität des Vsschutzes ist = 1. Zu alledem Gürtler Probleme a. a. O. S. 18—19, G. Schmidt a. a. O. S. 6, Tuchschmid a. a. O. S. 24, RG 28. II. 1930 RGZ Bd 127 S. 306.

Nur dann, wenn ein Schaden die Vssumme überschreitet, hat ihn der Vmer selbst zu tragen; der Vmer trägt das „zweite Risiko" allein (G. Schmidt a. a. O. S. 7), weshalb man in der Schweiz von „Teilwertv" spricht (Gürtler Probleme a. a. O. S. 18). Während das erste Risiko summenmäßig durch die Vssumme fixiert ist, kann das zweite Risiko bei ausreichend hoher Vssumme = 0 sein, im übrigen schwanken und z. B. bei inflationärer Entwicklung stark ansteigen, wenn die Vssumme den Höchstschaden (Vswert) immer mehr unterschreitet. Es gehört aber nicht zum Begriff der Erstrisikov, daß der Vswert von vornherein höher ist als die Vssumme (so richtig G. Schmidt a. a. O. S. 8 gegen Rommel a. a. O. S. 68).

Jede Erstrisikov bringt für den Vmer die Gefahr mit sich, daß er gerade bei sehr hohen Schäden unzulänglich vert ist (G. Schmidt a. a. O. S. 107—108). Bei einer Mengenunterv (Anm. 30) nützt dem Vmer auch eine Erstrisikov nichts (RG 28. II. 1930 RGZ Bd 127 S. 303—307). Die Deutsche Feuervsvereinigung hat sechs gewichtige Bedenken gegen Erstrisikoven erhoben (wiedergegeben bei Döring a. a. O. S. 69—70). Über Geschichte und Entwicklung der Erstrisikov sowie über die Erstrisikov im Ausland Berndt-Luttmer S. 78—79, G. Schmidt a. a. O. S. 14—47, 77—79, 95—104.

[59] bb) Anwendung.

Da bei der Summenv und — im Bereiche der Schadensv — bei der Passivenv der Vswert keine Rolle spielt, gibt es dort grundsätzlich auch keine Unterv (Anm. 6) und demzufolge auch keine Erstrisikov. Dennoch pflegt man gerade bei der Passivenv wegen der mangelnden Regulativfunktion des Vswertes zu sagen, es sei z. B. die Haftpflicht- oder Krankheitskostenv eine V auf erstes Risiko (vgl. nur Münchener Rückversicherungs-Gesellschaft, Einfluß der ‚Inflation' auf die V, München 1971, S. 17—18). Diese (juristisch unhaltbare) Zuordnung soll der wirtschaftlichen Tatsache Ausdruck leihen, daß die durchschnittliche Schadenshöhe sich immer stärker den Versicherungssummen annähert, etwa wegen Steigens der Löhne und Gehälter oder der (kostspieligen) Fortschritte der Heilbehandlung.

Ersetzt ein Sachver nebenher gewisse Passivenschäden, z. B. notwendige Aufwendungen, so fragt es sich, ob sich eine Unterv des Sachinteresses auch auf den Ersatz der Aufwendungen auswirken soll. Im Zweifel ist das nicht anzunehmen, und so bestimmt § 3 B III Abs. 3 VHB, daß die Bestimmungen über Unterv keine Anwendung finden, soweit es sich um den Ersatz der durch Einbruch oder Beraubung erforderlichen Aufwendungen für Beseitigung entstandener Beschädigungen der Versicherungsräume oder für Beschaffung neuer Schlüssel handelt.

Der Anwendungsbereich der Erstrisikov muß sich also auf die Aktivenv beschränken. Übersicht über Anwendungsfälle bei Brockmann ZfV 1952 S. 146—147, Prölss, Das Recht der Einbruchdiebstahlv, 3. Aufl., München-Berlin 1966, S. 143—144; vgl. auch die in Anm. 37 a. E. zitierten Fälle. In der Feuerv enthalten die Wertzuschlagsklauseln 6.02 IV, 6.03 III (Anm. 20) und die Spediteurvsklausel 4.02 I einen Verzicht auf den Einwand der Unterv. Bei Hausrat und Arbeitsgerät gilt die Außenv im Zweifel nicht als Erstrisikov (§ 4 III 3 AFB). Für die gebündelte Geschäftsv und die gebündelte V von Büro- und Verwaltungsbetrieben vgl. VA 1963 S. 134—135. Stets ist eine Einheitsv gemäß § 4 I EVB eine Erstrisikov: „Vergütet wird ohne Rücksicht auf den Gesamtwert der z. Z. des Vsfalls in ein und demselben Transportmittel oder Lager vorhandenen vten Waren bis zu den vereinbarten Höchsthaftungssummen . . ." Die Prämie wird hier monatlich von dem Gesamtwert der ausgehenden fakturierten und frei verkauften Waren berechnet (Umsatzprämie) (§ 6 I a EVB). Für die Maschinenv läßt sich eine „Vollwertklausel" vereinbaren, die einen Untervsverzicht beinhaltet, aber eine Prämiennachforderung vorsieht (vgl. von Gerlach, Die Maschinenv, Karlsruhe 1971, S. 98). Die Klein-BU-V wird auf erstes Risiko gewährt (§ 4 I 2 Sonderbedingungen: VA 1962 S. 4).

[60] cc) Arten.

Die Erstrisikov kommt in verschiedenen Erscheinungsformen vor:

α) Man unterscheidet die selbständige und die unselbständige Erstrisikov (Rommel a. a. O. S. 69, G. Schmidt a. a. O. S. 9). Letztere findet sich in Verbindung mit einer zum Vollwert abgeschlossenen Hauptv, und zwar entweder mit einer festen Summe oder mit einem Bruchteil der Hauptvssumme. Es wird z. B. eine Außenv des Hausrats auf erstes Risiko gewährt für Sachen im Werte bis zu 3000 DM oder bis zu 10% der Vssumme des gesamten Hausrats (§ 5 II VHB alte Fassung).

β) Rommel a. a. O. S. 67—68 bezeichnet die Bruchteilsv (Anm. 64) als unechte Erstrisikov, weil hier der Gesamtvswert noch eine Rolle spielt und die Proportionalitätsregel zur Anwendung kommen kann. Aus dem letztgenannten Grunde lehnt es aber G. Schmidt a. a. O. S. 12 ab, die Bruchteilsv als Unterart der Erstrisikov zu qualifizieren.

γ) G. Schmidt a. a. O. S. 12 will von einer unechten Erstrisikov dann sprechen, wenn „nicht in jedem Falle die Entschädigung ohne Rücksicht auf den Gesamtwert zur Zeit des Schadenfalles berechnet wird, . . . also nicht immer auf die verhältnismäßige Berechnung der Entschädigung verzichtet wird. Diese Einschränkung tritt dann ein, wenn eine Klausel zugrunde gelegt ist, nach der ein Schaden dann nicht voll vergütet wird, wenn der Gesamtwert zur Zeit des Schadenfalles um einen bestimmten Prozentsatz den Gesamtwert bei Abschluß des Vertrages übersteigt. Dabei wird dann auch der beim Abschluß des Vertrages vorliegende Gesamtwert mit im Vsschein aufgenommen, oder es wird der auf erstes Risiko vte Bruchteil gekennzeichnet. . . . Es handelt sich also z. B. um eine unechte Erstrisikov, wenn der Ver bestimmt, daß der Gesamtwert zur Zeit des Eintritts des Schadens in dem Falle Einfluß auf die Entschädigungsberechnung hat, wenn der aus dem Vsschein ersichtliche Gesamtwert niedriger als 60% des Gesamtwertes zur Zeit des Schadenfalles ist." Man könnte hier auch von einer eingeschränkten oder bedingten Erstrisikov sprechen.

δ) Während es nach der unter γ) angeführten Regelung auf eine Begrenzung nach oben ankommt, liegt eine bedingte Erstrisikov auch dann vor, wenn bei nur geringfügigen Unterven die Proportionalitätsregel außer Anwendung bleiben soll. Solche Limitierung nach unten enthält § 7 II c VGB 1962:

„Eine Unterv wird nur insoweit berücksichtigt, als sie 3 vom Hundert der Vssumme der betreffenden Position oder Positionen übersteigt."

Ähnlich § 2 II Sonderbedingungen für die gleitende Neuwertv von Wohngebäuden (Anm. 17), § 4 VI AWB. Wichtig ist für die Feuerv auch die von Fall zu Fall zu vereinbarende Klausel:

„**2.07 Untervsverzicht**

(1) Auf die Feststellung einer Unterv gemäß § 3 (4) AFB wird verzichtet, sofern der Schaden 1% der Gesamtvssumme nicht übersteigt und nicht mehr als 200 000 DM beträgt.

(2) Dieser Verzicht gilt nicht für Vorräte, die nach der Stichtagsklausel vert sind, und nicht für die Außenv. Die Vssumme für Vorräte, die nach der Stichtagsklausel vert sind, und die Vssumme für die Außenv werden bei der Feststellung der Gesamtvssumme nicht berücksichtigt."

Für die Einbruchdiebstahlv besteht die ähnlich formulierte Untervsverzichtsklausel (Nr. 56 ED-Klauselhaft = VA 1962 S. 2—3, 27 = VW 1961 S. 713).

[61] dd) Zustandekommen.

Jede Abweichung von § 56 und demzufolge auch eine Erstrisikov muß vereinbart werden. Die Vereinbarung muß ergeben, daß der Ver auf den Einwand der Unterv verzichten wolle.

Im Falle RG 12. VI. 1925 JW 1925 S. 1998—1999 = JRPV 1925 S. 214—215 (vgl. auch KG 20. XII. 1924 JRPV 1925 S. 29—30, 9. X. 1926 JRPV 1926 S. 308—310) wurde streitig, ob die Parteien eine Erstrisikov oder eine Bruchteilsv gewollt hatten. Im Falle OLG Kiel 21. II. 1905 SeuffArch Bd 60 S. 440—442 Nr. 231 hat das Gericht eine Pauschalv für landwirtschaftliche Produkte als Erstrisikov konstruiert (bedenklich).

Bedenklich war es, wenn das RAA mit Rundschreiben R 45/43 vom 10. VIII. 1943 von den Sachvsunternehmen eine geschäftsplanmäßige Erklärung forderte, wonach die Ver eine Unterv in zahlreichen Fällen nicht geltend zu machen versprachen (Text bei G. Schmidt a. a. O. S. 77—78). Hier wurde also durch eine Sammelverfügung eine Erstrisikov eingeführt. Die Sammelverfügung und die geschäftsplanmäßigen Erklärungen sind 1946 für hinfällig erklärt worden (VW 1946 Nr. 4 S. 18). Vgl. auch G. Schmidt a. a. O. S. 77—79.

[62] ee) Prämie.

Die Prämienkalkulation bildet vstechnisch das Hauptproblem der Erstrisikov. Näheres dazu bei G. Schmidt a. a. O. S. 48—68, Tuchschmid a. a. O. S. 77—95.

Besonders bei der Erstrisikov sind Möglichkeiten der Prämienkorrektur erwünscht, falls die Grundlagen der Prämienberechnung sich verschieben (so für die Maschinenv nach der „Vollwertklausel": Anm. 59 a. E.). Wird aber keine besondere Vereinbarung getroffen, so hat der Ver keinen Anspruch auf Prämienanpassung. Dazu G. Schmidt a. a. O. S. 71.

[63] ff) Sonstiges.

Die Entschädigungsberechnung ist bei der Erstrisikov einfach: Der Schaden wird bis zur Grenze der Vssumme voll entschädigt (Gürtler Probleme a. a. O. S. 18—19).

Die Vorteilsausgleichung bereitet bei der Erstrisikov einige Schwierigkeiten: Soweit der Vmer infolge unzulänglicher Vssumme im Schadensfall ein „zweites Risiko" getragen hat, wird man bei dem Übergang von Ersatzansprüchen das Differenzprinzip und § 67 I 2 mindestens analog anwenden müssen (vgl. Anm. 51). Handelt es sich bei den auszugleichenden Vorteilen nicht um Ersatzansprüche, sondern z. B. darum, daß gestohlene Sachen wieder herbeigeschafft werden, so ist die Rechtslage zweifelhafter. Eine Lösung bietet G. Schmidt a. a. O. S. 72—73, welcher — unter Berücksichtigung des Provenu — zusammenfassend den Schaden des Vmers feststellen und nachträglich noch einmal bestimmen will, welche Entschädigung der Ver zu leisten habe; „und wenn diese dann niedriger ist als die ursprünglich gezahlte, muß der Differenzbetrag zurückgezahlt werden."

Das Sachverständigenverfahren erstreckt sich bei einer Erstrisikov logischerweise nicht auf die Untersuchung, ob eine Unterv vorliege (Prölss, Das Recht der Einbruchdiebstahlv, 3. Aufl., München-Berlin 1966, S. 143).

Auch die Auskunfts- und Belegpflicht des Vmers umfaßt hier keine Nachweise und Verzeichnisse sämtlicher vter Sachen (RG 12. VI. 1925 JW 1925 S. 1998—1999 = JRPV 1925 S. 214—215, Prölss a. a. O. S. 143).

Über die Doppelv bei Zusammentreffen einer Erstrisikov mit einer anderen V: Anm. zu § 59.

[64] b) Bruchteilsversicherung.

Die Bruchteilsv kommt besonders in der Einbruchdiebstahlv, aber auch in der V gegen Leitungswasserschäden (mit Vssummen ab 500 000 DM: Ziff. 33 Prämienrichtlinien) vor, weil hier nicht zu befürchten ist, daß alle vten Sachen vom Schaden betroffen werden; insbesondere Totalschäden sind selten. Deshalb reicht es hier aus, wenn ein Bruchteil des Gesamtwertes als Vssumme vereinbart wird, z. B. $1/4$, d. h. eine Vssumme von 25 000 DM bei einem Gesamtwert von 100 000 DM.

Hält sich ein Schaden im Rahmen der 25 000 DM, so wird er voll ersetzt; der Ver kann sich also nicht darauf berufen, daß die Vssumme nicht 100 000 DM, sondern nur 25 000 DM beträgt.

Stellt sich allerdings heraus, daß der Gesamtwert mit 100 000 DM zu niedrig angesetzt worden ist, so finden die Untervsregeln insofern Anwendung, als der Ver „den Ersatz nur im Verhältnis des tatsächlichen Gesamtwertes zu dem der Bruchteilsv zugrunde liegenden Gesamtwert" leistet (§ 4 V AWB). Beträgt also der Gesamtwert in Wahrheit 150 000 DM, so wird ein Schaden nur zu $2/3$ bis zur Höhe von 25 000 DM ersetzt, d. h. ein Schaden von 24 000 DM mit 16 000 DM, ein Schaden von 37 500 DM oder 50 000 DM mit 25 000 DM.

Für die Einbruchdiebstahlv bestimmt § 3 IV Abs. 3 AEB:

> „Ist als Vssumme ein Bruchteil der Gesamtwertsumme der zu einer Gruppe (Position) gehörigen Sachen genommen, so tritt bei Feststellung einer Unterv an Stelle der Vssumme die Gesamtwertsumme."

Hiernach ist die Bruchteilsv ein Zwischengebilde zwischen Erstrisiko- und Vollwertv. Prölss, Das Recht der Einbruchdiebstahlv, 3. Aufl., München-Berlin 1966, S. 144: „Die Bruchteilv wirkt also, soweit der Schaden innerhalb der Bruchteilv liegt, wie eine V auf erstes Risiko. Daß sie aber Vollwertv ist . . ., zeigt sich, wenn die der Bruchteilberechnung zugrunde gelegte Gesamtwertsumme hinter dem vor dem Vsfall wirklich vorhandenen Gesamtwert zurückbleibt." Zur Abgrenzung vgl. auch KG 20. XII. 1924 JRPV 1925 S. 29—30, RG 12. VI. 1925 JW 1925 S. 1998—1999 = JRPV 1925 S. 214—215.

Wie eine Erstrisikov muß auch eine Bruchteilsv speziell vereinbart werden (Anm. 61 unter Hinweis auf einen Grenzfall). Zur Prämienberechnung: Henne ZVersWiss 1923 S. 276—285, Rommel a. a. O. S. 86—107, G. Schmidt a. a. O. S. 48—68.

Über das Zusammentreffen einer Bruchteilsv mit einer Erstrisiko- oder Vollwertv Anm. zu § 59.

Zum Fall einer Bruchteilsv, die für vier Vsorte mit Freizügigkeit vereinbart worden ist, vgl. Anonym VW 1959 S. 170.

[65] VIII. Selbstbeteiligung des Versicherungsnehmers.

1. Funktionen.

Für die rechtliche Behandlung der verschiedenen Arten von Selbstbeteiligung des Vmers können die mannigfachen Zwecke maßgeblich sein, die jeweils mit ihnen verfolgt werden (darüber die Zusammenstellungen bei Brockmann ZfV 1952 S. 201—203, Grob a. a. O. S. 163—244, Möller a. a. O. S. 189—198). Auch die Nachteile jeder Selbstbeteiligung dürfen nicht übersehen werden.

Als Einschränkung (Entwertung) des Vsschutzes kann — besonders in der Sozialv — die Selbstbeteiligung u. U. zu für den Einzelnen sozial untragbaren Belastungen führen und z. B. in der Krankenv sogar bewirken, daß ein Arzt nicht in Anspruch genommen, eine Krankheit verschleppt und dadurch verschlimmert wird; in der Kraftfahrhaftpflichtv könnte die Selbstbeteiligung den Autohalter zur Fahrerflucht verleiten.

Andererseits erleichtert die Selbstbeteiligung die Abgrenzung des Vsfalls, in der Transportv z. B. die Ausscheidung von normalen Abnutzungs- und Alterungsschäden, sowie von Beschaffenheitsschäden durch inneren Verderb, Schwund, Leckage (vgl. hierzu § 86 I 2 ADS); in der Krankenv werden kleine Unpäßlichkeiten, pseudomorbide Zustände von den Krankheiten leichter abgrenzbar.

Das subjektive Risiko wird für den Ver eingeschränkt, falls anspruchsvolle Vmer nicht wegen jeder Kleinigkeit den Ver in Anspruch nehmen können oder wegen ihrer Selbstbeteiligung hiervor zurückschrecken. Die Risikofreudigkeit wird eingedämmt. Die Vorsicht wird möglicherweise erhöht. Das Verantwortungsgefühl kann gesteigert werden, und — im Bereiche der Haftpflichtv — behält das Haftenmüssen seine poenale Funktion. Im Interesse der Schadensabwendung und -minderung kann es also liegen, erzieherisch wirkende Selbstbeteiligungen einzuführen, z. B. in der Feuer-, Sturm- und Tierv. Jede Selbstbeteiligung führt zu einer gewissen Identifikation des Vmers mit dem Ver.

Die Selbstbeteiligung sollte regelmäßig eine Prämienermäßigung bewirken, die allerdings geschmälert oder gar aufgezehrt wird, falls die Abwicklung der Vsverhältnisse durch ein kompliziertes Selbstbeteiligungssystem verteuert wird. So verursacht z. B. ein verwickeltes Bonus- und Malussystem nebst Beitragsermäßigung aus technischem Überschuß in der Kraftverkehrsv recht hohe Verwaltungskosten. Andererseits wird eine höhere Beitragsgerechtigkeit unmittelbar oder mittelbar erreicht, wenn schadensträchtige Risiken stärker belastet werden.

Die Ausscheidung von Bagatellschäden („Läpperschäden") kann zweckmäßig sein, zumal dann, wenn hier die Schadenswahrscheinlichkeit so hoch ist, daß eine V — auch in Anbetracht der Verwaltungskosten — kaum sinnvoll erscheint. Andererseits wirkt auch die Bezahlung kleiner Schäden werbend für den Vsgedanken; Selbstbeteiligungen sind durchweg unpopulär.

In einzelnen Vszweigen kann eine Selbstbeteiligung, kraft derer teils Vsschutz besteht, teils der Vmer den Schaden zu decken hat, zu Aufspaltungsproblemen führen: In der Haftpflichtv möchte im Falle der Selbstbeteiligung der Vmer es vielleicht auf einen Prozeß ankommen lassen, der Ver dagegen möchte die Sache außergerichtlich erledigen.

Betriebswirtschaftlich strebt der Ver mit der Selbstbeteiligung des Vmers eine Reduktion der Schadenszahlungen an. In Zeiten, in denen Vszweige sanierungsbedürftig sind, wird immer wieder die Einführung einer Selbstbeteiligung als Sanierungsmittel empfohlen, z. B. für die Feuerbetriebsunterbrechungsv.

Das Für und Wider der Selbstbeteiligung ist besonders für die (private und soziale) Krankenv immer wieder erörtert worden; Nachweise bei Möller a. a. O. S. 213 Anm. 69. Für die Haftpflichtv vgl. die Nachweise bei Johannsen Allg Haftpflichtv: G 52.

[66] 2. Abgrenzung.

Die Ausdrücke Selbstbeteiligung, Selbstbehalt, Eigenbehalt, Selbstv, Eigendeckung, Teilv, Franchise, (bei Kostenven:) Kostenbeteiligung des Vmers haben in der Vsfachsprache keine einheitliche feste Bedeutung (Grob a. a. O. S. 14—16).

Besteht überhaupt kein Vsvertrag und Vsschutz, sondern läuft der Vmer sein Risiko allein, so kann man von Eigendeckung reden, während das Wort Selbstv eine contradictio in se bedeutet, da jede V die Bildung einer Gefahrengemeinschaft voraussetzt (Anm. 4 zu § 1). Wird von einem Konzern ein sogen. Selbstvsunternehmen gegründet, so entsteht juristisch ein Partner für echte Vsverträge, mag auch wirtschaftlich das Vsprinzip nicht immer voll realisiert sein. Bei völliger Eigendeckung kann von Selbstbeteiligung nicht gesprochen werden.

In einem ganz breiten Sinn ergibt sich eine Selbstbeteiligung schon immer dann, wenn der Vsschutz nicht alle Bedarfsfälle deckt, weil die vte Beziehung (das vte Interesse), die vten Gefahren, die vten Schäden begrenzt sind, sei es primär, sei es durch Ausschlüsse (Anm. 11 vor §§ 49—80). Wenn Bargeld unvert bleibt, wenn die Gefahr innerer Unruhen ausgeschlossen wird, oder wenn der Ver nur für Totalverlust Vsschutz nimmt, so ergibt sich insoweit jedesmal ein Eigenrisiko des Vmers, und es kann ein „Vsfall" insoweit überhaupt nicht eintreten. Man spricht zuweilen von einer Teilv, wenn der Vsschutz solche Lücken aufweist (Grob a. a. O. S. 33—35).

Zu den Gefahrenausschlüssen gehören auch die Vorschriften, welche die Nichthaftung des Vers bei schuldhafter Herbeiführung des „Vsfalls" vorsehen (z. B. §§ 61, 151, und dazu für das schweizerische Recht Grob a. a. O. S. 20—24). Ferner ergibt sich eine „Selbstbeteiligung" des Vmers, wenn der Ver wegen einer Obliegenheitsverletzung des Vmers leistungsfrei wird (Anm. 20 zu § 6), wobei es sich auch um eine Teilverwirkung handeln kann (Anm. 21 zu § 6; Beispiele: §§ 6 III 2, 62 II 2, 67 I 3; zum schweizerischen Recht Grob a. a. O. S. 24—29). Besonders deutlich wird in beiden Fällen dem Vmer die Nichtgewährung des Vsschutzes, wenn der Ver in der Haftpflichtv den geschädigten Dritten zunächst befriedigt, dann aber vom Vmer intern Ausgleichung fordert (gemäß § 3 Nr. 9 S. 2 PflVG, § 158f[1]; aus dem Vshypothekenrecht vgl. § 104[1]).

In der Rückv nennt man den nichtrückvten Teil des vom Erstver übernommenen Risikos meistens Selbstbehalt.

Im Bereiche der Sozialv wird eine freiwillige V, die keine Weiter- oder Höherv ist, als Selbstv bezeichnet (Beispielsfall: § 176 RVO). Aber hier ist dieser Ausdruck irreführend, weil durch solche freiwillige V der Zustand der Vslosigkeit ja gerade erst beseitigt wird (vgl. Grob a. a. O. S. 29 Anm. 72).

[67] a) Abgrenzung von Prämienkorrekturen.

Man kann wirtschaftlich eine „Selbstbeteiligung" des Vmers auch dadurch erreichen, daß sich bei nichtschadensfreiem Verlauf die Prämie erhöht oder daß eine besondere Auszahlung oder Gutschrift oder Prämienermäßigung seitens des Vers unterbleibt.

Das ganze System solcher „Prämienkorrekturen" ist besonders in der Kraftfahrtv angewendet und verfeinert worden. Es kann mit prospektiven oder retrospektiven Methoden gearbeitet werden. Die Korrektur erfolgt entweder nur dann, wenn ein Überschuß beim Ver, den man auf verschiedenste Weise errechnen kann, die erforderlichen Mittel zur Verfügung stellt, oder „gewinnunabhängig", so daß dann bei der Prämienkalkulation die zu erwartenden Belastungen einzukalkulieren sind. Weitere Gestaltungsmodalitäten ergeben sich aus der Frage, ob z. B. bei Verwechsel oder Auswechselung eines Fahrzeugs oder Kraftfahrzeugveräußerung die Belastung oder Begünstigung des Vmers mitwandert. Geregelt werden muß auch das Problem, ob ein Vsvertrag auch dann als „schadensfrei" zu behandeln ist, wenn unbegründete Ansprüche Dritter abgewehrt werden, oder wenn der Ver lediglich auf Grund eines Teilungsabkommens (mit Privat- oder Sozialvern) leistet.

Nach der VO über die Tarife in der Kraftfahrtv (TVO, Abdruck: VA 1927 S. 38—44) kann jeder Unternehmenstarif nach der Dauer der Schadenfreiheit und nach der Anzahl der Schäden in Schadenklassen gegliedert sein. Die §§ 20 II—IV, 21 TVO lauten:

> **„§ 20 Allgemeine Grundsätze**
>
> . . .
>
> (2) Ist der Unternehmenstarif nach der Dauer der Schadenfreiheit oder nach der Anzahl der Schäden gegliedert (Schadenklassen), so ist in den Tarifbestimmungen ferner für die verschiedenen Vsarten der Kraftfahrtv die Zuordnung des einzelnen Wagnisses zu einer bestimmten Schadenklasse zu regeln. In der Kraftfahrzeug-Haftpflichtv für Personen- und Kombinationskraftwagen sind Wagnisse von Vmern, die erstmalig einen Vsvertrag abschließen, der Schadenklasse mit der geringsten Schadenfreiheit zuzuordnen, wenn der Vmer nachweist, daß er mindestens seit drei Jahren eine Fahrerlaubnis hat; das gleiche gilt für

Wagnisse, die der Vmer zusätzlich zu einem bestehenden als schadenfrei zu behandelnden Wagnis gleicher Art vert, und für Wagnisse, deren Vsschutz nach § 5 der Allgemeinen Bedingungen für die Kraftverkehrsv (AKB) auf Verlangen des Vmers länger als drei Monate unterbrochen war, sofern der Vsvertrag vor der Unterbrechung als schadenfrei behandelt worden ist. § 6 Abs. 1 Satz 3 findet Anwendung.

(3) Wechselt der Vmer das Vsunternehmen, so hat das neue Vsunternehmen Dauer und Schadenfreiheit des bisherigen Vsvertrages sowie die Anzahl der Schäden vor dem Wechsel zu berücksichtigen, wenn sie durch eine Bescheinigung des bisherigen Vsunternehmens nachgewiesen werden. Das gleiche gilt für andere Gefahrenmerkmale, wenn sie für die Zuordnung des Wagnisses zu einer bestimmten Wagnisgruppe von Bedeutung sind. Das bisherige Vsunternehmen ist verpflichtet, die entsprechende Bescheinigung dem Vmer oder dem neuen Vsunternehmen auf Verlangen auszustellen.

(4) Geht der Vsvertrag auf einem anderen Vmer über, so entsteht für den Erwerber kein Anspruch auf Berücksichtigung von Gefahrenmerkmalen, die mit der Person des bisherigen Vmers verbunden sind. Geht der Vsvertrag auf den Ehegatten des Vmers über, so bleibt abweichend von Satz 1 die bisherige Zuordnung des Vsvertrages zu einer Schadenklasse unberührt.

§ 21 Schadenfreiheit

(1) Wird in dem Unternehmenstarif das Merkmal der Schadenfreiheit berücksichtigt, so ist ein Vsvertrag im folgenden Kalenderjahr nach Maßgabe der Tarifbestimmungen als schadenfrei zu behandeln und in eine Schadenklasse größerer Schadenfreiheit einzustufen, wenn er von Anfang bis Ende eines Kalenderjahres bestanden hat, ohne daß in dieser Zeit ein Schaden angemeldet worden ist, für den das Vsunternehmen Entschädigungsleistungen erbracht oder Rückstellungen gebildet hat. Bei Vsverträgen, die in den ersten sechs Monaten eines Kalenderjahres begonnen haben, gilt Satz 1 für das folgende Kalenderjahr entsprechend.

(2) Der Vsvertrag ist auch dann als von Anfang bis Ende eines Kalenderjahres bestehend zu behandeln, wenn der Vmer bei einem Wegfall des vten Wagnisses (§ 6 AKB) spätestens nach sechs Monaten ein Kraftfahrzeug oder einen Anhänger der gleichen Art und des gleichen Verwendungszwecks vert. Das gilt nicht in den Fällen des § 20 Abs. 4 Satz 2.

(3) Der Vsvertrag ist auch dann als schadenfrei zu behandeln, wenn das Vsunternehmen Aufwendungen erbracht oder Rückstellungen gebildet hat, die lediglich auf allgemeinen Vereinbarungen der beteiligten Vsunternehmen untereinander oder mit Sozialträgern beruhen. Das gleiche gilt, wenn Rückstellungen in dem auf die Schadenmeldung folgenden Kalenderjahr aufgelöst werden, ohne daß das Vsunternehmen Entschädigungsleistungen erbracht hat.

(4) Ist der Unternehmenstarif nach der Dauer der Schadenfreiheit des Vertrags gegliedert, so ist ein Vsvertrag, dessen Vsschutz nach § 5 AKB nicht länger als drei Monate oder bei Wehr- oder Ersatzdienstpflichtigen für die Dauer der Dienstzeit unterbrochen wird, wenn er zu Beginn der Unterbrechung als mindestens ein Kalenderjahr schadenfrei behandelt worden ist — abweichend von Absatz 1 —, erst dann in eine Schadenklasse größerer Schadenfreiheit einzustufen, wenn er nach Ende der Stillegung des Fahrzeuges mindestens ein volles Kalenderjahr ohne Schaden und ohne erneute Unterbrechung des Vsschutzes bestanden hat; bei einer Unterbrechung von mehr als drei Monaten gilt für die Einstufung des Vsvertrages nach Ende der Stillegung des Fahrzeuges die Bestimmung des § 20 Abs. 2 Satz 2.

(5) Ist der Unternehmenstarif nach der Dauer der Schadenfreiheit gegliedert, so ist ein Vsvertrag mit einer Schadenfreiheit von einem oder mehr Kalenderjahren unbeschadet des Absatzes 3 auch dann als schadenfrei zu behandeln, wenn innerhalb eines Kalenderjahres nicht mehr als ein Schaden gemeldet

worden ist, für den das Vsunternehmen Entschädigungsleistungen erbracht oder Rückstellungen gebildet hat. In diesem Falle ist der Vsvertrag jedoch in eine Schadenklasse geringerer Schadenfreiheit einzustufen. Die Sätze 1 und 2 gelten nach Maßgabe der Tarifbestimmungen entsprechend für Vsverträge mit einer Schadenfreiheit von zwei bis drei Kalenderjahren, wenn innerhalb eines Kalenderjahres nicht mehr als zwei Schäden gemeldet worden sind, und für Vsverträge mit einer Schadenfreiheit von vier und mehr Kalenderjahren, wenn innerhalb eines Kalenderjahres nicht mehr als drei Schäden gemeldet worden sind."

Während die vorstehende Regelung ohne Rücksicht auf eine Überschußerzielung gilt, kennen die §§ 22—27 TVO überdies die „Beitragsermäßigung aus technischem Überschuß", bei der gleichfalls die Schadenfreiheit berücksichtigt werden kann (§ 25 II TVO), so daß sich auch hier wirtschaftlich im Schadensfall eine Selbstbeteiligung des Vmers ergibt (statistischer Überblick für 1969: VA 1970 S. 290—293, für 1970: VA 1971 S. 293—296.

Auch der Krankenv sind auf den Schadensverlauf abstellende Gewinnbeteiligungssysteme geläufig.

Über alle diese Formen der Prämienkorrektur, Bonus und Malus vgl. schon Anm. 39—43 zu § 3, ferner Bachmann, Die Risikoprämie in der Kraftfahrzeug-Haftpflichtv, Karlsruhe 1968, S. 35—42 m. w. N., Grob a. a. O. S. 8—9 Anm. 12, Möller a. a. O. S. 210—211, in: v. Brunn, Die Tarifierung in der Kraftfahrzeugv, Köln-Berlin 1956, S. 67—110, Rösner VersArch 1959 S. 200—201.

Mit einer Prämienkorrektur verwandt ist eine Regelung, bei welcher im Schadensfall der Vmer eine Inanspruchnahme-, Auszahlungs-, Schadensbearbeitungsgebühr, speziell in der Krankenv eine Krankenscheingebühr zu tragen hat (Grob a. a. O. S. 9 Anm. 12, Möller a. a. O. S. 207—209).

[68] b) Abgrenzung von zeitlichen Einschränkungen.

Eine zur Selbstbeteiligung führende Risikobeschränkung ergibt sich auch, wenn zeitliche Schranken sich auswirken, und zwar zusätzlich zu dem vorgesehenen materiellen Vsbeginn und Vsende:

So kennt z. B. besonders die private Krankenv Wartezeiten, die regelmäßig drei Monate betragen und vom vorgesehenen materiellen Vsbeginn an zu laufen pflegen (vgl. §§ 2 I 1, 3 MBKK), wobei eine Wartezeiterkrankung auch dann ungedeckt bleibt, wenn sie über die drei Monate hinaus währt (vgl. auch Anm. 6, 10 zu § 2).

Die Terminologie bei den Ausdrücken Wartezeit und Karenzzeit schwankt. Meistens nennt man Karenzzeit eine Zeit, während derer nach Eintritt eines Vsfalls der Ver eine vereinbarte Dauerleistung noch nicht zu erbringen braucht; verwiesen sei auf die Karenztage der sozialen Krankenv im früheren § 182 I Ziff. 2 RVO: Krankengeld wurde „vom vierten Tage der Arbeitsunfähigkeit an gewährt." Man hat hier auch von einer „Zeitfranchise" gesprochen.

Wird eine Dauerleistung nur für eine bestimmte Zeit gewährt (obgleich die materielle Vsdauer an sich noch nicht abgelaufen ist), so spricht man von Aussteuerung (z. B. nach dem früheren § 183 I RVO: „Krankenhilfe endet spätestens mit Ablauf der sechsundzwanzigsten Woche nach dem Beginn der Krankheit."

Vgl. zur Karenzzeit und Aussteuerung BSozG 21. VIII. 1957 BSozGE Bd 5 S. 286, Möller a. a. O. S. 200—202, auch zur Wartezeit. Ebenso wie Wartezeiten sind auch Karenzzeiten und Aussteuerungen nicht nur bei Summen-, sondern auch bei Schadensven vorstellbar, z. B. bei Krankenhauskostenven.

Einer Karenzzeit verwandt ist in der Feuerbetriebsunterbrechungsv die etwas vage Regelung des § 3 IV FBUB, wonach der Ver nicht haftet für „nicht erhebliche Unterbrechungen, deren Folgen sich im Betriebe ohne wesentliche Aufwendungen wieder einholen lassen" (dazu Fusshoeller-John, Feuer-Betriebsunterbrechungs-V, Wiesbaden 1957, Anm. 10 zu § 3, S. 69—70: Ausschluß von Bagatellschäden). Die von Fall zu Fall zu vereinbarende Klausel 9.00: 48-Stunden-Klausel präzisiert den § 3 IV FBUB: „Für Unterbrechungen des Betriebes von weniger als 48 Stunden wird keine Entschädigung geleistet." Zu einer Art von „Aussteuerung" führt in der Feuerbetriebsunterbrechungsv die beschränkte Dauer der Haftzeit (§ 3 III FBUB: grundsätzlich 12 Monate); bei dem gedehnten Vsfall wird der Dehnungszeitraum beschränkt, gleichsam abgeschnitten (zur Verlängerung der Haftzeit bis zu 24 Monaten dient die Klausel 9.12). Zwecks Sanierung des Vszweiges werden weitere Formen der Selbstbeteiligung des Vmers vorgeschlagen.

Jedenfalls dienen alle genannten Regelungen (Wartezeit, Karenzzeit, Aussteuerung) i. w. S. einer Selbstbeteiligung des Vmers.

[69] 3. Begriff.

Infolge einer Selbstbeteiligungsregelung wird der beim Vmer durch einen Vsfall eingetretene Bedarf teilweise nicht gedeckt; in der Schadensv mindert sich der Entschädigungsanspruch des Vmers (Möller a. a. O. S. 212).

Grob a. a. O. S. 11 definiert als Wirtschaftswissenschaftler die Selbstbeteiligung i. w. S. folgendermaßen: „Eine Selbstbeteiligung des Vmers oder Vten liegt immer dann vor, wenn auf Grund eines konkreten, materiellen Vsverhältnisses und mittels einer besonderen Vereinbarung zwischen Ver und Vmer eine Risikoteilung stattfindet, welche sich immer auf die gleiche vte Gefahr bezieht und die bei Eintritt des befürchteten Ereignisses eine wirtschaftliche Belastung des Vten auslöst, deren Umfang maßgeblich von der Schadenhöhe bestimmt wird."

Im übrigen weist Grob a. a. O. S. 12—14 auf die Notwendigkeit hin, zwecks Ermittlung eines Begriffes der Selbstbeteiligung i. e. S. nur solche Institutionen zu erfassen, die unmittelbar auf den Selbstbeteiligungszweck abzielen, wobei er die Karenzfristen (trotz ihrer Zeitgebundenheit) einbezieht und sie neben die Franchise und die prozentuale Selbstbeteiligung stellt. Da die Franchise durchweg auch als prozentuale Selbstbeteiligung definiert wird, fehlen in der Aufzählung einige der in Anm. 70—73 erörterten Fälle. Vgl. ferner die Definition von Wriede in: Finke, Handwörterbuch des Vswesens, Bd 2, Darmstadt 1958, Sp. 1882—1886.

Wenn man im Anschluß an Grob a. a. O. S. 12—14 auf den Zweck, die Zielrichtung der Selbstbeteiligung abhebt, so sind aus dem Begriff der Selbstbeteiligung i. e. S. jene Fälle auszuscheiden, in denen ungewollt eine Vssumme nicht ausreichend bemessen ist, wobei auch an Erstrisikoven ohne ausreichende Vssumme zu denken ist, sowie an Bruchteilsven, bei denen die Gesamtwertsumme zu niedrig bemessen wurde. Damit scheidet auch jede nicht obligatorische Unterv aus dem Selbstbeteiligungsbegriff i. e. S. aus, obgleich hier der Vmer keine volle Entschädigung erlangt. Aber das beruht hier auf dem gleichsam normalen Funktionieren der leistungsbegrenzenden Instrumente Vssumme und Vswert, während bei einer Selbstbeteiligung i. e. S. zusätzliche wirtschaftlich-juristische Instrumente eingesetzt werden.

[70] 4. Arten.

Die gezielte Selbstbeteiligung des Vmers am eingetretenen Schaden, also die Minderung des Entschädigungsanspruchs, läßt sich in der Schadensv erreichen

a) kraft Vereinbarung oder (bislang mehr theoretisch) kraft Gesetzes, welches abdingbar oder zwingend sein könnte. Selbstbeteiligungsvereinbarungen sind teilweise in den AVB, öfters in besonderen Vsbedingungen vorgesehen. Die Ver können zur Erreichung der in Anm. 65 gekennzeichneten Ziele Selbstbeteiligungen des Vmers durchsetzen, sind dabei aber erfahrungsgemäß dem Druck des Wettbewerbs ausgesetzt (auch durch Maklerbedingungen).

b) obligatorisch oder freiwillig: Eine obligatorische Selbstbeteiligung führt zu Sanktionen, wenn der Vmer schon anfänglich oder aber später anderweitig zusätzlichen Vsschutz sucht; eine fakultative Selbstbeteiligung darf dagegen anderweitig abgedeckt werden.

c) durch in ihrem Umfang absolute oder relative Begrenzungen: Eine absolute Begrenzung arbeitet mit fixen Mindest- oder Höchstsummen, während eine relative Begrenzung abheben kann auf einen Vomhundertsatz oder anderen Bruchteil des

Vswertes, der Vssumme, des Schadens oder der Entschädigung, die sich ohne die Selbstbeteiligung ergeben würde.

d) durch unbedingte oder bedingte Schmälerungen des Entschädigungsanspruches, wobei im ersten Falle der Abzug allemal erfolgt (z. B. bei der Abzugsfranchise), während im zweiten Falle die Selbstbeteiligung des Vmers von der Schadenshöhe abhängt (z. B. bei der Integralfranchise).

Leistet der Ver in natura, so läßt sich im Falle der Selbstbeteiligung der Entschädigungsanspruch des Vmers nicht immer in natura schmälern. Würde dies z. B. in der Haftpflichtv geschehen, indem der Ver nur die „weitergehenden" unbegründeten Ansprüche abzuwehren und nur einen Teil der begründeten Ansprüche Dritter zu befriedigen hätte, so ergäbe sich eine mißliche Aufspaltung (Anm. 65), und es müßte zweckmäßigerweise geregelt werden, ob und inwieweit der Vmer dem Haftpflichtver in seinen Entscheidungen zu folgen hat. Zu denken ist auch an die Lösung, daß der Ver die (unteilbare) Naturalleistung zunächst voll erbringt, sich dann aber intern schadlos hält durch Teilrückgriff gegen den Vmer, evtl. sogar aus einem Depot des Vmers.

In der Praxis kommen als Institutionen der Selbstbeteiligung insbesondere vor: die obligatorische Unterv (Anm. 71), die Schadensselbstbeteiligung (Anm. 72) und spezieller die Integral- und Abzugsfranchise (Anm. 73).

[71] 5. Obligatorische Unterversicherung.

Nicht selten wird im Vsvertrage dem Vmer auferlegt, einen Teil des Vswertes ungedeckt zu lassen, also eine niedrigere Vssumme zu wählen. Dadurch entsteht gewollt und gezielt eine Unterv, und unmittelbar aus der Anwendung des § 56 ergibt sich die proportionale Selbstbeteiligung des Vmers. Die Prämie wird nur auf Grund der Vssumme berechnet (Bruck S. 526, Hinz a. a. O. S. 146).

Es gilt, jeweils durch Auslegung des Vsvertrages zu ermitteln, ob dem Vmer wirklich eine Verhaltensnorm auferlegt werden sollte, die Differenz nicht anderweitig zu vern. Ein Beispiel bietet § 9 II AFB:

> „Ist vereinbart, daß der Vmer einen Teil des Schadens selbst zu tragen hat (vereinbarte Selbstv), so darf er für diesen Teil keine andere V nehmen. Andernfalls wird die Entschädigung so ermäßigt, daß der Vmer den vereinbarten Teil des Schadens selbst trägt."

Man wird die Regel aufstellen können, daß immer dann eine obligatorische Unterv gewollt ist, wenn überwiegende Belange des Vers, insbesondere der Wunsch zur Einschränkung des subjektiven Risikos (vgl. Anm. 65) zur Vereinbarung der gewollten Unterv geführt haben. Überwogen dagegen die Interessen des Vmers, insbesondere sein Streben nach Prämiensenkung, so bleibt es ihm unverwehrt, später doch eine ergänzende zweite V abzuschließen.

Es ist überdies im Einzelfall zu prüfen, ob eine obligatorische Selbstbeteiligung bei Schwankungen des Vswertes fortbestehen soll:

Erster Fall: Anfangswert 100 000 DM, vereinbarte Vssumme 75 000 DM, also $\frac{1}{4}$ Selbstbeteiligung. Während der Vsdauer sinkt der Vswert auf 75 000 DM, und ein Totalschaden tritt ein. Erhält nun der Vmer die vollen 75 000 DM, oder muß die Entschädigung auch den Ersatzwert hier um $\frac{1}{4}$ unterschreiten? In dubio soll fortdauernd $\frac{1}{4}$ des (veränderlichen, laufenden) Vswertes unvert bleiben. — Mit guter Begründung wird übrigens befürwortet, in solchen Fällen die Vorschriften betreffend die Herabsetzung einer Überv (§ 51 I) entsprechend anzuwenden, sodaß im Beispielsfall nach Stellung des Verlangens zur Beseitigung der „Überv" Prämie nur noch auf eine Vssumme von 56 250 DM zu begleichen wäre (so Ehrenzweig S. 249, Hinz a. a. O. 148, Kisch III S. 230—231, Tsirintanis HansRGZ 1931 A Sp. 548).

Zweiter Fall: Steigt der Vswert während der Vsdauer, so tritt zu der obligatorischen Unterv eine ungewollte hinzu. Insoweit darf der Vmer eine Nachv abschließen. Besteht solche Nachv nicht, so ist bei der Entschädigungsberechnung nur die höhere

Unterv zu berücksichtigen. Steigt also im obigen Beispielsfall der Vswert von 100 000 DM auf 200 000 DM, und wird das vte Gut zur Hälfte von Schaden betroffen (Schaden also: 100 000 DM), so ergibt sich die Entschädigung aus der Formel

$$E = \frac{100\,000 \times 75\,000}{200\,000} = 37\,500 \text{ DM}$$

Infolge der doppelten Unterv trägt hier der Vmer also nicht $\frac{1}{4}$, sondern $\frac{5}{8}$ des Schadens selbst. Ebenso Hinz a. a. O. S. 148, Tsirintanis HansRGZ 1931 A Sp. 548, vgl. auch Döring a. a. O. S. 68, Freygang a. a. O. S. 39—40.

Die **Folgen einer Verletzung** der Norm, eine Unterv abzuschließen und aufrechtzuerhalten, genauer: in Höhe der vereinbarten Selbstbeteiligung keinen anderweitigen Vsschutz in Anspruch zu nehmen, hängen von der Rechtsnatur der Unterlassungsnorm ab.

Würde es sich um eine echte Rechtspflicht des Vmers handeln, so läge eine bloße Nebenverpflichtung vor, die §§ 320—327 BGB (Rücktrittsrecht!) könnten also nicht angewendet werden. Zulässig wäre aber eine Unterlassungsklage zur Verwirklichung des Erfüllungsanspruches des Vers; jedoch ist in Wahrheit der Ver nicht stark daran interessiert, daß der Vmer eine anderweitgie V unterläßt (oder gar eine schon genommene anderweitige V kündigt). Auch ein Schadensersatzanspruch des Vers bei schuldhafter Verletzung der Unterlassungspflicht seitens des Vmers erscheint nicht sinnvoll, da der Ver kaum einen Schaden wird nachweisen können. Dennoch erörtern die Möglichkeit einer solchen echten Rechtspflicht Hinz a. a. O. S. 157, Kisch, Die mehrfache V desselben Interesses, Berlin 1935, S. 234, beide (m. E. irrig) unter Zubilligung eines Rücktrittsrechtes.

Man wird der Interessenlage besser gerecht, wenn man eine bloße Obliegenheit des Vmers annimmt (Bruck 7. Aufl. Anm. 6 zu § 56, S. 211), deren Verletzung sanktionslos bleibt, falls im Vsvertrage keine Verletzungsfolgen vorgesehen sind (Anm. 17 zu § 6).

Meistens sehen die Vsbedingungen eine teilweise Leistungsfreiheit des Vers für den Fall vor, daß er die Verhaltensnorm verletzt. Es „wird die Entschädigung so ermäßigt, daß der Vmer den vereinbarten Teil des Schadens selbst trägt" (vgl. den oben wiedergegebenen § 9 II 2 AFB, ferner § 9 II 2 AEB, § 10 II 2 AWB). Die Kürzung kommt allein bei dem Ver in Betracht, der die obligatorische Unterv vereinbart hat. Wird also ein Gebäude im Werte von 100 000 DM beim Ver A unter Vereinbarung einer obligatorischen Unterv von 25% mit 75 000 DM vert, und nimmt der Vmer anderweitige V beim Ver B für 25 000 DM, so erhielte er im Fall eines Totalschadens von B 25 000 DM, von A jedoch nur 50 000 DM, so daß er durch die anderweitige V von seiner 25prozentigen Selbstbeteiligung nicht befreit wird (Hinz a. a. O. S. 158, Kisch a. a. O. S. 234—235 mit Anm. 17, Raiser Anm. 25 zu § 10, S. 279).

Handelt es sich um eine vereinbarte Obliegenheit, so muß auch das Verschuldensprinzip (mit dem Klarstellungserfordernis) gemäß § 6 I gelten. Unverschuldet wäre z. B. die Verletzung der Obliegenheit dann, wenn der Vmer die anderweitige V nicht genommen hat, sondern sie gemäß § 69 I beim Erwerb einer vten Sache auf ihn übergegangen ist. Die Anwendbarkeit des Verschuldensgrundsatzes betonte Bruck S. 525—526, 7. Aufl. Anm. 6 zu § 56, S. 211, sah aber in den oben zitierten Ermäßigungsabreden (zu Unrecht) keine Vereinbarung einer teilweisen Leistungsfreiheit des Vers. Ebenso Hinz a. a. O. S. 158, Raiser Anm. 25 zu § 10, S. 279, der jedoch den Obliegenheitscharakter zu bezweifeln scheint. Jedenfalls müßte § 6 I angewendet werden, falls für den Fall der Verletzung volle Leistungsfreiheit des ersten Vers ausbedungen wird (Bruck JRPV 1931 S. 362).

Bruck 7. Aufl. Anm. 6 zu § 56, S. 211 sah überdies in der anderweitigen Deckung des Selbstbehaltes einen gefahrerheblichen Umstand (§ 16 I 1) oder eine Gefahrerhöhung (§ 23 I); beides ist abzulehnen.

Hinsichtlich der Vorteilsausgleichung gelten bei obligatorischer Unterv keine Besonderheiten: Ersatzansprüche gegen Dritte können auf den Ver gemäß § 67 I 1 nur in Höhe der Untervsentschädigung übergehen. Es gilt die Differenztheorie mit Quotenvorrecht des Vmers sowie § 67 I 2. Zu alledem Anm. 51.

[72] **6. Schadensselbstbeteiligung.**

Während bei der obligatorischen Unterv (Anm. 71) die Diskrepanz zwischen Vssumme und Vswert sowie die Proportionalitätsregel zu einer Selbstbeteiligung des Vmers führen, ist bei einer Schadensselbstbeteiligung vom Normalfall auszugehen, wonach der Vmer prinzipiell eine ausreichende Vssumme wählt und darauf die Prämie bezahlt (wobei allerdings der Satz der Prämie wegen der Schadensselbstbeteiligung möglicherweise reduziert wird). Im Schadensfalle wird dann aber von der Geldleistung des Vers, wie sie sich aus den leistungsbegrenzenden Faktoren: Vssumme, Schaden und Vswert ergeben würde, ein Abzug gemacht. Dabei kann sich ergeben, daß der „Abzug" höher ist als die an und für sich vom Ver zu erbringende Geldleistung, so daß der Vmer infolge seiner Schadensselbstbeteiligung nichts erhält. — Ist ausnahmsweise die gewählte Vssumme unzulänglich, so wird prinzipiell auf Grund der Proportionalitätsregel die Entschädigung errechnet und hiervon die Schadensselbstbeteiligung abgezogen (so auch Eichler S. 143, von Gierke II S. 313—314, Martin VW 1969 S. 81, Prölss-Martin[18] Anm. 2 zu § 56, S. 288, a. A. Freygang a. a. O. S. 30).

Der Abzug kann gleichsam an der Spitze des sich normalerweise ergebenden Entschädigungsbetrages gemacht werden, meistens aber erfolgt der Abzug am „unteren Ende", z. B. bei den „ersten" 100 DM oder 3%. Im erstgenannten Falle wirkt die Schadensselbstbeteiligung ganz ähnlich wie eine Vssumme, z. B. dann, wenn in einer Krankenv „Höchstsätze" vorgesehen werden, etwa für Zahnbehandlung je Vsjahr, vielleicht ansteigend mit der Vszeit und maximiert auf das X-fache der Mindestsätze von Gebührenordnungen oder Leistungsverzeichnissen (vgl. Anm. 14 zu § 50), oder dann, wenn bei einer Neuwertv eine Entwertungsstaffel die Entschädigung nach oben begrenzt. Über einen Zweifelsfall einer Selbstbeteiligung: VA 1916 S. 113—114 (Einbruchdiebstahlv: „von den ... vten Objekten ... für 1000 M im Schaufenster").

Eine Mindestselbstbeteiligung und eine Höchstselbstbeteiligung lassen sich unterscheiden und möglicherweise kombinieren.

Die Schadensselbstbeteiligung kann ausgedrückt sein in einem absoluten Betrag oder durch eine relative Größe, z. B. einen Vomhundertsatz der (ohne Selbstbeteiligung zu zahlenden) Entschädigung oder des Schadens oder des Vswertes oder der Vssumme. Ist in dieser Beziehung eine Vereinbarung unklar, so wird sie zugunsten des Vmers auszulegen sein, da — ähnlich wie eine Ausschlußklausel — eine Selbstbeteiligung des Vmers einen Ausnahmetatbestand darstellt.

Die Schadensselbstbeteiligung kann — je nach Vereinbarung — berechnet werden auf die gesamte Geldleistung des Vers oder bei einer positionsweisen V auf einzelne (und mehrere) Positionen. Regelmäßig wird bei jedem Vsfall die Selbstbeteiligung in Abzug gebracht (Prölss-Martin[18] Anm. 2 zu § 56, S. 288), aber es gibt auch — besonders in der Krankenv — die Möglichkeiten, auf das ganze Vsjahr oder (für den Vmer ungünstiger) auf jeden Auszahlungsfall abzuheben.

Der Ausdruck Franchise wird öfters in ganz weitem Sinne für jede Schadensselbstbeteiligung benutzt. Es empfiehlt sich aber, den Begriff nur zu verwenden (wie traditionell in der See- und Transportv) für prozentuale Schadensselbstbeteiligungen, die vom Vswert her bestimmt werden. Speziell über solche Integral- oder Abzugsfranchisen vgl. Anm. 73.

Beispiele für absolute Selbstbeteiligungsbeträge: § 4 III Allgemeine Bedingungen für die V gegen Sturmschäden (Begründung: VA 1968 S. 286):

> „Bei der V von Gebäuden trägt der Vmer ... für jeden Schaden an jedem Gebäude 200 DM selbst."

Auch im Rahmen der Autokaskov wird durchweg eine absolut bezifferte Selbstbeteiligung vereinbart. Hierzu sowie zur Wildschadendeckung besagt § 13 VIII, IX AKB:

> „Eine vereinbarte Selbstbeteiligung gilt für jedes vte Fahrzeug besonders. Sie gilt aber nur für die Vollv, und hierbei auch nur insoweit, als der Vsschutz in der Vollv sich über die Teilv hinaus erstreckt.
>
> Bei einem Wildschaden ... wird in der Teilv und in der Vollv mit einer vereinbarten Selbstbeteiligung von 250 DM oder mehr nur der Teil des Schadens

ersetzt, der 250 DM übersteigt. In der Vollv ohne Selbstbeteiligung gilt diese Begrenzung nicht. In der Vollv mit einer Selbstbeteiligung unter 250 DM wird der Schaden abzüglich dieser Selbstbeteiligung ersetzt."

Soweit eine allgemeine Haftpflichtv Sachhaftpflichtv ist, besteht die Möglichkeit, eine Schadensselbstbeteiligung des Vmers für den Fall vorzusehen, daß ein Sachschaden geringen Ausmaßes eintritt. So der (vertraglich oft für unanwendbar erklärte: Johannsen AllgHaftpflichtv: G 52) § 3 II 1 Abs. 1 S. 2, 3 AHB:

„Für Sachschäden ist die Leistungspflicht des Vers bei jedem Schadenereignis auf den Ersatz desjenigen Teils des Schadens begrenzt, der den Betrag von DM 30,— übersteigt. Sind aus einem Schadenereignis nur Sachschäden entstanden und übersteigt die für Sachschäden beanspruchte Entschädigung insgesamt nicht den Betrag von DM 30,—, so sind die Ansprüche nicht Gegenstand der V".

Kombinationen von summenmäßigen und prozentualen Schadensselbstbeteiligungen sind häufig: Für die Maschinenv lautet die Klausel 120 (VA 1969 S. 8):

„Der Vmer trägt von jedem entschädigungspflichtigen Schaden 20%, mindestens aber den gemäß 4.4.1. AMB vereinbarten Selbstbehalt."

Die letztgenannte Vorschrift bringt Einzelheiten über die Berechnung des Selbstbehalts (VA 1969 S. 4):

„4.4. Selbstbehalt

4.4.1. Der Vmer trägt von jedem entschädigungspflichtigen Schaden den vereinbarten Selbstbehalt.

4.4.2. Werden durch ein Schadenereignis mehrere vte Sachen betroffen, so wird der Selbstbehalt von der Entschädigung für jede vte Sache einzeln abgezogen.

4.4.3. Wird eine vte Sache von mehreren Schadenereignissen betroffen, so wird der Selbstbehalt von jeder Entschädigung einzeln abgezogen, wenn kein ursächlicher Zusammenhang dieser Schadenereignisse untereinander besteht."

Dazu von Gerlach, Die Maschinenv, Karlsruhe 1971, S. 82—85, Martin VW 1969 S. 81—82.

Einfacher bestimmt § 3 IV AVB für die Bauwesenv von Wohngebäuden (VA 1969 S. 13):

„Der Vmer trägt von jedem Schaden 10 v. H., wenigstens aber DM 200,—."

Für die Montagev vgl. VA 1952 S. 88.

Auch § 10 III AFVB hält (für die Fahrradv) eine Schadensselbstbeteiligung für zweckmäßig:

„An jedem ersatzpflichtigen Schaden hat sich der Vmer mit 10 v. H. der Entschädigung, mindestens aber mit 10,— DM zu beteiligen."

Eine Sonderform der Selbstbeteiligung besteht bei einer Neuwertv mit Entwertungsstaffel, z. B. nach § 2 II Sonderbedingungen für die Neuwertv landwirtschaftlicher Gebäude (VA 1968 S. 301):

„Ist der Zeitwert eines Gebäudes niedriger als 80 v. H., aber noch mindestens 50 v. H. des Neubauwertes, so werden Schaden (§ 2 Abs. 1a) und Reparaturkosten (§ 2 Abs. 1b) bei einem Zeitwert

unter 80 v. H.—75 v. H. des Neuwertes mit 97,5 v. H.
unter 75 v. H.—70 v. H. des Neuwertes mit 95 v. H.
unter 70 v. H.—65 v. H. des Neuwertes mit 92,5 v. H.
unter 65 v. H.—60 v. H. des Neuwertes mit 90 v. H.
unter 60 v. H.—55 v. H. des Neuwertes mit 85 v. H.
unter 55 v. H.—50 v. H. des Neuwertes mit 80 v. H.

ersetzt."

Näheres zur Entwertungsstaffel bei Matzen, Die moderne Neuwertv im Inland und Ausland, Karlsruhe 1970, S. 69. Entspricht die Vssumme nicht dem vollen Neuwert, so ist dennoch bei der Schadensberechnung zunächst vom Neuwert auszugehen und die Staffel anzuwenden. Erst dann kommt die Proportionalitätsregel zum Zuge (so § 2 III Sonderbedingungen a. a. O.). Ist also ein landwirtschaftliches Gebäude mit einem Neuwert von 200 000 DM halb verbrannt, war es aber schon zu 62 v. H. entwertet und betrug die Vssumme nur 150 000 DM, so ist für die Entschädigungsberechnung auszugehen von 90 v. H. von 100 000 DM = 90 000 DM, und nunmehr ist die Proportion Vssumme = 150 000 zu Vswert = 200 000 = ¾ zu ermitteln. Die Entschädigung beträgt also ¾ von 90 000 DM = 67 500 DM. Die Berechnungsweise weicht also von jener ab, die normalerweise bei Zusammentreffen von Schadensselbstbeteiligung und Unterv geboten ist: Errechnung der Entschädigung auf Grund der Proportionalitätsregel und hiervon Abzug der Schadensselbstbeteiligung.

Bei der „großen" Feuerbetriebsunterbrechungsv will man durch Selbstbeteiligungen die Risiken leichter tragbar machen und zu schnellen Schadensminderungsmaßnahmen anregen. Bei Großrisiken (mit einer Vssumme von 50 Mio. DM) wird

„a) die Entschädigungsleistung je Schadenereignis begrenzt auf einen vom Vmer festzusetzenden Prozentsatz der Vssumme (Ausfallquote),
höchstens jedoch auf 50 Mio. DM (Regelhöchstentschädigung) . . .

b) eine Abzugsfranchise in Höhe von 50 000 DM vereinbart. Diese Abzugsfranchise kann auch gegen einen Prämienzuschlag nicht abgelöst werden."

So § 217 Prämienrichtlinien. Die „Ausfallquote" — ein recht unklarer neuer Begriff — begrenzt die Ersatzpflicht des Vers auf einen Prozentsatz, z. B. 30 v. H. der Vssumme, die hiernach ihre übliche eigenständig leistungsbegrenzende Funktion einbüßt, aber weiterhin prämienbestimmend bleiben soll. Wie die Vssumme bemessen wird, bleibt anscheinend der Parteivereinbarung überlassen: Durch eine (teure) hohe Vsumme, also im Wege der Überv, läßt sich die (unter a) geregelte Selbstbeteiligung vermeiden. Bei Ausfallquoten bis zu 25% können Prämienabschläge, bei solchen über 30% sollen Prämienzuschläge berechnet werden.

Bei der Speditionsv, welche vom Spediteur zugunsten des Auftraggebers genommen wird, besteht eine Besonderheit darin, daß der Spediteur (also der Vmer, nicht der Vte) gemäß § 14 I SVS am Schaden beteiligt wird, damit er Schäden möglichst vermeide:

„Der Spediteur hat den Vern . . . 10 v. H. desjenigen Betrags unverzüglich zu erstatten, den die Ver je Schadensfall bezahlt haben, höchstens jedoch DM 300,— zuzüglich einer festen Schadensbeteiligung von DM 10,— je Schadensfall."

Für den Bereich der Rückv ist 1971 nachstehende „Klausel für Schadensselbstbeteiligung" geschaffen worden:

„(1) Übersteigen die Gesamtschäden eines Geschäftsjahres einen Satz von . . % der verdienten Prämie, so beteiligt sich die Zedentin mit 20% an den über diesen Satz hinausgehenden Schäden, höchstens jedoch mit 8% der verdienten Prämie.

(2) Unter Gesamtschäden im Sinne der vorstehenden Bestimmung ist der Betrag der im Geschäftsjahr bezahlten Schäden zuzüglich der auf das folgende Jahr vorgetragenen und abzüglich der aus dem Vorjahr übernommenen Schadenreserve zu verstehen.

Der Schadensatz wird in der Weise berechnet, daß den Gesamtschäden die verdiente Prämie gegenübergestellt wird.

Unter verdienter Prämie ist die Prämieneinnahme des Geschäftsjahres zuzüglich der aus dem Vorjahr übernommenen Prämienüberträge abzüglich der für das folgende Jahr zurückgestellten Prämienüberträge zu verstehen.

(3) Eine Schadenselbstbeteiligung wird bei der Staffelprovisions- bzw. Gewinnanteilsberechnung berücksichtigt."

Anders als bei der obligatorischen Unterv (Anm. 71) darf man bei einer vereinbarten Schadensselbstbeteiligung nicht ohne weiteres annehmen, der Vmer habe eine anderweitige Abdeckung des Risikos zu unterlassen. Zur Begründung solcher Obliegenheit bedarf es einer Würdigung des Zweckes der Selbstbeteiligung, möglichst einer besonderen Vereinbarung, wie sie z. B. enthalten ist in § 9 VHB:

„Soweit Entschädigungsbegrenzungen vereinbart sind, ermäßigt sich bei mehrfacher V des Hausrats der Entschädigungsanspruch für Sachen, die der Entschädigungsbegrenzung unterliegen, in der Weise, daß der Vmer aus allen Vsverträgen insgesamt nicht mehr erhält, als wenn er die Gesamtsumme in einem Vertrage bei einem Ver in Deckung gegeben hätte."

Dazu vgl. auch Prölss, Das Recht der Einbruchdiebstahlv, 3. Aufl., München-Berlin 1966, S. 192—193. Über die Wegbedingung der Entwertungsstaffel bei der Neuwertv vgl. Matzen a. a. O. S. 69, Schröder VW 1948 S. 273, auch VW 1948 S. 25, 1949 S. 279, 1952 S. 471. Bei Verletzung einer obligatorischen Selbstbehaltsvorschrift konstruiert Korth ZVersWiss 1928 S. 217—218 eine positive Vertragsverletzung mit Schadensersatzpflicht des Vmers (aber worin besteht der Schaden des Vers?).

Auch in Höhe der Schadensselbstbeteiligung können Ersatzansprüche nicht auf den Ver übergehen (vgl. hierzu OLG Stuttgart 7. III. 1962 VersR 1962 S. 1196—1197). Im übrigen gilt das hinsichtlich der Vorteilsausgleichung in Anm. 71 Gesagte. Über einen Fall der Wiederherbeischaffung einbruchdiebstahlvter Sachen bei Selbstbehalt des Vmers: LG Freiburg 12. XII. 1960 VersR 1961 S. 409—410.

Über die Auswirkung einer Schadensselbstbeteiligung auf den Prozeßkostenersatz in der Haftpflichtv vgl. Johannsen AllgHaftpflichtv: G 53.

Über die Unanwendbarkeit einer (summenmäßigen) Schadensselbstbeteiligung bei Aufwendungsersatz: OLG Hamburg 29. III. 1935 JRPV 1935 S. 271—272.

[73] 7. Integral- und Abzugsfranchises.

Von der See- und Transportv herkommend bildet die Franchise einen Sonderfall der Schadensselbstbeteiligung (Hinz a. a. O. S. 154). Zu denken ist an prozentuale Schadensbeteiligungen, die vom Vswert her bestimmt werden (Anm. 72), bei taxierten Ven von der Taxe her (Anm. 28 zu § 57). Zur Geschichte: CruzigerAssJhrb Bd 32 II S. 31—51.

Bei der **Integralfranchise** ist die Beteiligung des Vmers bedingt. Übersteigt der Schaden einen bestimmten Prozentsatz des Vswertes, so wird der gesamte entstandene Schaden voll ersetzt. Hauptfall § 34 ADS:

„Schaden von weniger als 3%

(1) Der Ver haftet nicht für einen Schaden, wenn dieser 3% des Vswerts nicht erreicht.

(2) Der Ver haftet für Beiträge zur großen Haverei und Aufopferungen auch dann, wenn diese 3% des Vswerts nicht erreichen. Das Gleiche gilt von der Haftung für den durch einen Schiffszusammenstoß entstandenen mittelbaren Schaden und für die im § 32 Abs. 1 Nr. 1 und 2 und im § 95 Abs. 3 bezeichneten Aufwendungen. Schäden und Aufwendungen, für die der Ver hiernach unbeschränkt haftet, sowie die im § 32 Abs. 1 Nr. 3 bezeichneten Kosten kommen für die Berechnung der nach Absatz 1 maßgebenden Haftungsgrenze nicht in Betracht.

(3) Bei einer V, die sich auf das Schiff bezieht, ist für jede Reise besonders zu ermitteln, ob der Schaden in dem im Absatz 1 bezeichneten Verhältnisse zum Vswerte steht. Als Reise im Sinne dieser Bestimmung gilt jede Fahrt, zu der das Schiff von neuem ausgerüstet oder die auf Grund eines neuen Frachtvertrags oder nach vollständiger Löschung der Ladung angetreten wird, sowie jede Zureise in Ballast. Die zwischen zwei Reisen liegende Zwischenzeit wird der vorhergehenden Reise zugerechnet."

§ 34 ADS (vgl. auch §§ 845, 846 HGB) wird öfters abgeändert, z. B. durch § 6 Klauseln für Baurisiken. In genereller Form sagt § 117 ADS (ähnlich § 847 HGB) zu Integralfranchiseklauseln:

> **„Frei von gewissen Prozenten"**
>
> Die Bestimmungen des § 34 über die Haftung des Vers im Falle eines 3% des Vswerts nicht erreichenden Schadens finden entsprechende Anwendung."

Bei einer Tabakv „Frei von 10% Beschädigung" wäre ein Beschädigungsschaden von 9% nicht, von 11% voll zu ersetzen; für einen Schaden, der kein Beschädigungsschaden ist, z. B. für einen Diebstahl gilt § 34 ADS weiter, d. h. ein Diebstahl von 2% läßt den Ver nicht haften, ein Diebstahl von 4% läßt ihn voll haften (Ritter-Abraham Anm. 2 zu § 117, S. 1352—1353). Über Integralfranchisen in der Seekaskov vgl. Stelloh VW 1970 S. 159.

Integralfranchisen spielen auch in der Hagelv eine bedeutsame Rolle (Bruck S. 431). § 1 II AHagB besagt:

> „Schäden, die 8% des zu ersetzenden mengenmäßigen Ertrags eines jeden Feldstücks oder Feldstückteiles, getrennt nach Vsgegenständen, nicht erreichen, trägt der Vmer selbst."

Dazu Knoll, Hagelv, Wiesbaden 1964, S. 21—24 (zugleich über andere Franchiseformen), Lukis VW 1951 S. 12—13.

Im Gegensatz zur Integralfranchise führt die **Abzugsfranchise** (Decort-, Exzedentenfranchise) zu einem unbedingten Abzug. Diese (seltenere) Klausel ist geregelt in § 118 ADS:

> **„Frei von gewissen ersten Prozenten"**
>
> Der Ver haftet für einen Schaden nur, soweit dieser die im Vertrage bestimmten Prozente des Vswertes übersteigt."

Beträgt bei Vereinbarung der Klausel: „Frei von den ersten 10%" der Schaden 15%, so haftet der Ver nur für 5% (Näheres bei Ritter-Abraham Anm. 3—7 zu § 118, S. 1353—1354).

Sehr verbreitet sind Abzugsfranchisen bei allen Formen der Kreditv, damit bei der Kredithingabe der Vmer besondere Vorsicht walten läßt (Näheres bei von Halem, Kreditv, Wiesbaden 1964, S. 38, 47, 54, 55, 63, 64, 66—67, 70, auch für Ausfuhrgarantien und -bürgschaften, Korth ZVersWiss 1928 S. 217—218, ferner vgl. RAA VA 1928 S. 154—155 und aus Vsbedingungen VA 1938 S. 160 (§ 4), VA 1958 S. 51, 52 (§§ 7, 13 II). Zum vorgesetzlichen Recht: RG 4. VII. 1905 Gruchot Bd 50 S. 405—410 Nr. 28.

Integral- und Abzugsfranchisen, welche übrigens mit den Freigrenzen und Freibeträgen des Steuerrechts verglichen werden können, werden nicht selten anderweitig vert, besonders in der Kaskov (Ritter-Abraham Anm. 3 zu § 34, S. 574); solche anderweitige V ist dem Vmer im Zweifel nicht verboten. In der Kreditv ist allerdings dem Vmer die Abdeckung verwehrt, und zwar im Wege einer Obliegenheit mit Sanktion der vollen Leistungsfreiheit (dazu Bruck S. 525—526).

Regelmäßig haftet ein Seegüterver gemäß § 82 I 1 ADS für eine Beschädigung nur im Falle einer Strandung. Diese Regel soll nach § 82 II Ziff. 2 ADS bei besonderer Vereinbarung einer Franchise nicht gelten. Hierzu Ritter-Abraham Anm. 4 zu § 82, S. 1029.

Für die Binnentransportv von Schiffen enthalten Franchiseregelungen Ziff. 5 Besondere Bedingungen für das Rheingebiet, Ziff. 3 für das Wesergebiet, Ziff. 3, 7 für das Elbegebiet.

§ 57

Der Versicherungswert kann durch Vereinbarung auf einen bestimmten Betrag (Taxe) festgesetzt werden. Die Taxe gilt auch als der Wert, den das versicherte Interesse zur Zeit des Eintritts des Versicherungsfalls hat, es sei denn, daß sie den wirklichen Versicherungswert in diesem Zeitpunkt erheblich übersteigt. Ist die Versicherungssumme niedriger als die Taxe, so haftet der Versicherer, auch wenn die Taxe erheblich übersetzt ist, für den Schaden nur nach dem Verhältnis der Versicherungssumme zur Taxe.

Taxierte Versicherung.

Gliederung:

[1] Entstehung:

§ 57 ist unverändert geblieben. — Begr. I S. 64—65.

[2] Schrifttum:

Argus, Die taxierte Police, Frankfurter Diss. 1919, in: Festgabe für Otto Prange, Berlin 1926, S. 9—62 (praktisch identisch, zitiert nach Festgabe), Baur, Der vertragliche Vswert, Zürcher Diss. 1934, Berndt, Der Ersatzwert in der Feuerv, Weissenburg 1951, S. 91—98, Berndt-Luttmer, Der Ersatzwert in der Feuerv, 2. Aufl., Karlsruhe 1971, S. 71—73, Bruck S. 506—513, VuGeldwirtschaft 1926 S. 307—311, Buchwalter, Die sogenannte Taxe im Vsrecht, Berner Diss. 1940, Damm Mitt 1911 S. 811—824, Ehrenberg ZVersWiss 1906 S. 409—414, Ehrenzweig S. 244—245, Fick, Der Ersatzwert in der Feuerv, Zürich 1918, S. 250—253, Hagen I S. 471—476, 481—482, Hesse VersR 1963 S. 698—700, Hinz, Die Über- und Unterv im deutschen Privatvsrecht, Hamburger Diss. 1963, Hochgräber ZVersWiss 1926 S. 75—80, Kisch, Die Taxierung des Vswertes, Wien 1940, Kübel Zeitschrift für Vsrecht 1. Bd S. 387—395, Laffargue, La clause de valeur agréée dans les assurances terrestres et maritimes, Paris 1936, Lehmann ZVersWiss 1911 S. 785—792, Molt, Der Kreditvsvertrag, Berlin-Stuttgart-Leipzig 1913, S. 56—60, Rehm ZVersWiss 1911 S. 465—473, Ritter-Abraham Anm. 18—43 zu § 6, S. 220—234, Anm. 1—16 zu § 7, S. 234—239, Schlegelberger Anm. 4—11 zu § 6, S. 45—47, Anm. 1—7 zu § 7, S. 48—49, Voigt Neues Archiv für Handelsrecht 2. Bd S. 468—483, 3. Bd S. 68—76, 4. Bd S. 114—135, Wussow AFB Anm. 73—74 zu § 3, S. 278—280, Zippel, Die Taxe im Vsrecht, ungedruckte Hamburger Diss. 1924.

[3] I. Wesen der Taxe.

1. Begriff der Taxe.

Nach § 57¹ kann der Vswert kraft Vereinbarung auf einen bestimmten Betrag (Taxe) festgesetzt werden. Werte schwanken, auch läßt sich über Werte infolge des zuweilen breiten Bewertungsrahmens trefflich streiten. Eine Vereinbarung zwischen Vmer und Ver soll die Schwankungen — in Grenzen — unerheblich machen und Streit vermeiden helfen.

Die Festsetzung beansprucht Geltung nicht nur für den Zeitpunkt des Vsbeginns (Anfangswert), sondern für die gesamte Vsdauer (laufender Vswert), und speziell für den Zeitpunkt eines Vsfalles (Ersatzwert; § 57²). Allerdings gilt diese Regel nach der absolut zwingenden Norm des § 87 nicht für die Taxe in der Feuerv beweglicher Sachen; hier wird vielmehr nur der Vswert „zur Zeit der Schließung des Vertrags" (Anfangswert i. S. des formellen Vsbeginns) durch die Taxe fixiert, so daß besonders der Ver immer geltendmachen kann, der Wert habe sich seit dem Vertragsschluß verändert.

Die Taxe geht auf die Anfänge der Seev (Güter- und Kaskov) zurück, findet sich aber auch schon früh im Bereich der Feuerv von Gebäuden (zur Geschichte Argus a. a. O. S. 9—19, Baur a. a. O. S. 73—78, Berndt-Luttmer a. a. O. S. 5—15, 71—72, Buchwalter a. a. O. S. 79—84, Büchner VW 1970 S. 839—844, 913—918, Zippel a. a. O. S. 1—3).

Da die meisten Vsverträge in einer Polize verbrieft werden, spricht man bei einer V mit Taxvereinbarung von taxierter Polize (valued policy), bei einer V ohne Taxe von offener Polize (open policy); vgl. § 793 I, III HGB. Entsprechend redet man von einer ,,Öffnung" der Polize oder Taxe, wenn eine Taxe „angefochten" wird. Bedenklich ist es, beim Vswert „den gesetzlichen und den vertraglichen" zu unterscheiden (wie Argus a. a. O. S. 27, Rehm ZVersWiss 1911 S. 466); denn die Taxe setzt zwar den Vswert vertraglich fest, führt dann aber juristisch — auf anderer Begriffsebene — ein Eigenleben.

[4] 2. Zweck der Taxe.

Taxierte Polizen verfolgen den Zweck, nach Vsfällen die Feststellung der Höhe des vom Ver zu leistenden Schadensersatzes zu erleichtern (Begr. I S. 64). Besonders nach Totalschäden kann es für den Vmer schwierig sein, die Höhe des Schadens, also den Ersatzwert vor Eintritt des Vsfalls darzutun. Bei Vorliegen einer Taxvereinbarung trifft den Vmer solche Beweislast nicht, es ist vielmehr von der Richtigkeit der vereinbarten Taxe auszugehen. Es wird also „durch Abschneidung der . . . besonders schwierigen, zeitraubenden und kostspieligen Ermittelungen über den Vswert eine im beiderseitigen Interesse des Vten und des Vers liegende rasche und glatte Erledigung der Schadensvergütung" ermöglicht (RG 24. XI. 1883 RGZ Bd 11 S. 17).

Dieser Vorteil einer Taxvereinbarung ist so groß, daß der Gesetzgeber es sogar in Kauf nimmt, wenn die Regelung zu einer Bereicherung des Vmers führt, weil entweder die Taxe von vornherein zu hoch bemessen war oder weil nachträglich der Vswert abgesunken ist. Diese Durchbrechung des vsrechtlichen Bereicherungsverbotes (Anm. 47 vor §§ 49—80, Anm. 11 zu § 55) begegnet allerdings insofern einer Schranke, als der Ver sich darauf berufen kann, daß zur Zeit des Vsfalles die Taxe den Ersatzwert (den wirklichen Vswert) „erheblich übersteigt" (§ 57², Anm. 35—49). Insoweit trifft die Beweislast den Ver (Anm. 37). Über Taxe und Bereicherungsverbot vgl. auch Baur a. a. O. S. 63—72, Damm Mitt 1911 S. 816, Kisch a. a. O. S. 16, 43, Samwer, Das sogenannte Bereicherungsverbot im Privatvsrecht, Düsseldorf 1937, S. 47 und — mit irreführender Formulierung — RG 10. X. 1930 JRPV 1930 S. 379—380. Im Grunde bestätigen die Normen übcr die „Anfechtbarkeit" einer erheblich übersetzten Taxe die prinzipielle Geltung des Bereicherungsverbots für die Nichtpersonenv und jene Personenven, die nach Art der Schadensv betrieben werden (a. A. Gärtner, Das Bereicherungsverbot, Berlin 1970, S. 46); § 57² ist absolut zwingend (Anm. 48).

Berndt a. a. O. S. 91 hebt den Nutzen der Taxe auch für die richtige Prämienbestimmung hervor.

Baur a. a. O. S. 44, Ehrenberg ZVersWiss 1906 S. 413 weisen noch darauf hin, daß die Parteien in Fällen eines vereinbarten Selbstbehaltes (Anm. 71 zu § 56) mit der Taxe das Ziel verfolgen können, für die ganze Vsdauer die Relation Entschädigung: Gesamtschaden (= Vssumme: [höherer] Taxe) zu fixieren.

[5] 3. Anwendungsbereich der Taxe.

a) Negativ: Summen- und Passivenversicherung.

Da die Taxvereinbarung den Vswert festlegt und ein Vswert nur bei der Aktivenv (Interessev i. e. S.) Bedeutung besitzt (Anm. 14—21 zu § 52), kommt die Taxe nicht in der Summenv vor und im Bereiche der Schadensv nicht bei der V gegen die Entstehung von Passiven (Passivenv).

Allerdings kennt die private Unfallv die sog. Gliedertaxe: Es wird bei Teilinvalidität ein dem Grade der Invalidität entsprechender Teil der Invaliditätssumme geleistet, der für gewisse Fälle durch „feste Invaliditätsgrade" fixiert ist, z. B. bei Verlust eines

Armes im Schultergelenk mit 70 v. H., bei Verlust einer großen Zehe mit 5 v. H., einer anderen Zehe mit 2 v. H. (vgl. § 8 II. Abs. 1—4 AUB). Aber diese Gliedertaxe ändert nichts daran, daß die Invaliditätssumme eine Leistung im Rahmen abstrakter Bedarfsdeckung (Summenv) bleibt, und hier gibt es keinen Vswert (deshalb irrig die Anführung des § 57 beim AG Ansbach 19. VII. 1960 VersR 1960 S. 913—914). Die Gliedertaxe ist stets verbindlich.

Bei der Passivenv gibt es keinen Vswert (Anm. 15 zu § 52), folglich auch keine Taxe (a. M. Kisch a. a. O. S. 2). In den Fällen gegenständlich beschränkter Haftung — z. B. des Reeders mit Schiff und Fracht (§ 486 HGB) — läßt sich allerdings der Haftungsgegenstand bewerten und damit die Höchsthaftung, und hier kommt dann (analog) auch eine Taxe in Frage (so für die Frachthaftpflichtv: Argyriadis, Die Frachtv, Hamburg 1961, S. 126—127). Zuweilen ist auch mit einer Aktivenv eine Adhäsionshaftpflichtv gerade in jenen Fällen verbunden, in denen der Vmer gegenständlich beschränkt haftet; man denke an die Haftung für Havariegrossebeiträge oder mittelbaren Kollisionsschaden (§§ 133 I 1, 129 II 2, auch §§ 29 I 1, 30, 78 ADS, oben Anm. 42 vor §§ 49—80). Wenn hier für die Güter oder das Schiff ein taxierter Vswert zugrunde gelegt ist, gewinnt die Taxe auch für die Deckung der Adhäsionshaftpflichtschäden Bedeutung. Das betont für mittelbare Kollisionsschäden die „Schiffswertklausel bei Kollisionsfällen": „Als Schiffswert im Sinne des § 78 Abs. 2 ADS gilt die Gesamt-Kaskotaxe . . ." (dazu Argyriadis VersR 1963 S. 607, Ritter-Abraham Anm. 19 zu § 78, S. 1008—1009). Haftet der Seever für Havariegrossebeiträge, so deckt sich häufig nicht der taxierte Vswert mit dem in der Dispache zugrunde gelegten Beitragswert; die Taxe ist oft niedriger als der Beitragswert (Ritter-Abraham Anm. 28 zu § 30, S. 521). Das RG 24. XI. 1883 RGZ Bd 11 S. 10—18 hat dem Ver den Einwand versagt, die Taxe sei zu niedrig bemessen (1 Mio. anstelle von 1,2 Mio. bei einem Hapag-Schiff),aber § 30 VIII ADS hat diese Rechtsprechung wegbedungen: „Übersteigt der Beitragswert den Vswert, so haftet der Ver für Beiträge nur im Verhältnisse des Vswerts zum Beitragswert" (vgl. zum Problemkreis schon früh Voigt Neues Archiv für Handelsrecht 3. Bd S. 74—76, 4. Bd S. 114—135, ferner für einen Spezialfall Schiedsspruch HansRZ 1922 Sp. 129—131).

Über die Taxe in der Neuwertv, die zum Teil Passivenv ist, Matzen, Die moderne Neuwertv im Inland und Ausland, Karlsruhe 1970, S. 116, 289.

[6] b) Positiv: Aktivenversicherung.

aa) Sachversicherung.

Primär liegt der Anwendungsbereich der Taxe bei der Aktivenv, und zwar zunächst bei der Sachv, wo es gilt, den Vswert des Sachinteresses, den Sachwert (Anm. 18, 54 zu § 52) zu vereinbaren.

Von der nach § 87 sehr limitierten Bedeutung der Taxe bei der Feuerv beweglicher Sachen war schon in Anm. 3 die Rede; der Gesetzgeber hegte die Befürchtung, daß angesichts der Wertveränderungen beweglicher Sachen während einer oft langwierigen Vsdauer der Ver in einen Beweisnotstand geraten könne und das subjektive Risiko allzu sehr erhöht werde, falls hier die Taxe grundsätzlich auch für den Ersatzwert maßgeblich sei. Dem Ver wird der Beweis dafür aufgebürdet, daß die Wertverhältnisse bei dem Eintritt des Vsfalls noch dieselben waren wie zur Zeit des Vertragsschlusses (Begr. I S. 93—94).

Die einschränkende Norm gilt aber nur für die Feuerv beweglicher Sachen, sicherlich nicht für die Transportv, wo die Taxe seit jeher mit der vollen Tragweite des § 57¹, ² üblich ist. Der Transportv steht die Einheitsv so nahe, daß auch bei den stationären Risiken und bei Deckung der Brandgefahr eine Taxe nach § 57¹, ² zulässig sein muß, etwa bei Waren auf der Grundlage des Rechnungswertes (§ 4 I a EVB: VA 1960 S. 106). Obgleich die Allgemeinen Bedingungen für die Neuwertv des Hausrats gegen Feuer-, Einbruchdiebstahl-, Beraubungs-, Leitungswasser-, Strom- und Glasbruchschäden (VHB) stark an die Feuerv angelehnt sind, gilt doch auch hier z. B. für das Einbruchdiebstahlrisiko § 87 nicht, so daß insoweit eine Taxe die Tragweite des § 57¹, ² hätte. Erst recht greift bei einer isolierten Einbruchdiebstahlv oder sonstigen V stationierter beweglicher Sachen (nicht gegen Feuersgefahr) § 87 auch analog nicht ein, weil Ausnahmevorschriften nicht analog angewendet werden sollten, und zwar besonders dann nicht, wenn schon die Regelnorm für die Beseitigung von Mißständen sorgt (§ 57²: Unmaßgeblichkeit der Taxe bei erheblicher Übersetzung).

Über Taxen in der Tierv: Prölss VersR 1951 S. 219—220, KG 9. X. 1929 JRPV 1929 S. 383, OLG Augsburg 25. XI. 1930 VA 1930 S. 262 Nr. 2217 (bedenklich), OLG Oldenburg 9. VII. 1951 VersR 1951 S. 228—230 (wozu Kisch darlegt, daß keine Taxe vorliege) und OLG Stuttgart 2. XII. 1929 Praxis 1930 S. 87.

[7] bb) Versicherung von Forderungen und sonstigen Rechten.

Forderungsinteressen und Interessen an sonstigen Rechten, z. B. Grundpfandrechten, haben einen Vswert (Anm. 20 zu § 52), und deshalb ist Raum für eine taxierte V. Haben allerdings Geldforderungen einen Nennwert, so steht der Vswert regelmäßig fest, und es kann von einer Taxierung abgesehen werden. Wohl aus diesem Grunde bestimmen §§ 107 III, 108 III, 109 I ADS, daß bei der V gewisser Forderungen (auf Fracht, Schiffsmiete, Überfahrtsgeld) die Taxe nur als Vssumme gelte; aber in der Rechtswirklichkeit wird regelmäßig Abweichendes vereinbart (Argyriadis, Die Frachtv, Hamburg 1961, S. 124—126). Über Taxen bei Forderungsven: Argus a. a. O. S. 29—30, 53—55, Ehrenberg ZVersWiss 1906 S. 411, Kisch a. a. O. S. 2, 27—28.

[8] cc) Gewinnversicherung.

In der Seev imaginären Gewinns „gilt die Vssumme als Taxe" (§ 100 I ADS). Denn: „Untaxierte Gewinnpolicen wären eine Quelle von Streitigkeiten" (Ritter-Abraham Anm. 11 zu § 100, S. 1210). Im Falle einer gemeinschaftlichen V der Güter und des Gewinns gelten bei taxiertem Vswert 10 v. H. der Taxe als Taxe des Gewinns (§ 101² ADS). Vgl. für die Provisionsv auch § 104 ADS.

In der Binnenv verbietet die absolut zwingende (Einl. Anm. 46) Norm des § 89 die Vereinbarung einer Taxe bei der Feuerv entgehenden Gewinns: Der Gewinn lasse sich bei Vertragsabschluß nicht zuverlässig abschätzen, ein Anreiz zur Herbeiführung von Bränden dürfe nicht geschaffen werden (Begr. I S. 96). Die Verbotsnorm greift Platz bei der Mietverlustv infolge von Brand (soweit es sich nicht um den Verlust von Miete aus bereits bestehenden Mietverträgen handelt: Anm. 15 zu § 53; a. M. Kisch a. a. O. S. 2 Anm. 2), ferner bei der Feuerbetriebsunterbrechungsv (Begr. I S. 95). § 89 kann trotz § 187 II auch bei einer laufenden Feuergewinnv, genommen z. B. von einem Lagerhalter, nicht wegbedungen werden (Anm. 34 zu § 53).

Außerhalb der Feuerv kann auch für Gewinnven eine Taxe vereinbart werden.

[9] 4. Abgrenzung der Taxe.

Die Taxe ist zu unterscheiden:

[10] a) von der Versicherungssumme:

Da die Taxe eine Vereinbarung über den Vswert darstellt, unterscheiden sich Vssumme und Taxe ähnlich wie Vssumme und Vswert (dazu Anm. 44 vor §§ 49—80, Anm. 5 zu § 50, Anm. 22 zu § 52, auch Asmus VersR 1965 S. 638, Kisch a. a. O. S. 10—11). Die Vssumme wird als Höchstbetrag für die Leistung des Vers frei vereinbart, während der Betrag der Taxe durch die Bezogenheit auf den objektiven Vswert fixiert wird. Jedoch bestehen in praxi insofern Wechselwirkungen, als man normalerweise die Vssumme so wählen wird, daß sie mit dem Taxbetrag identisch ist. Eine überhöhte Vssumme bedeutet Prämienverschwendung durch Überv. Eine Vssumme, die niedriger als die Taxe bemessen ist, kann vorkommen und führt zu einer (gewollten) Unterv; § 57³ behandelt diesen Fall (vgl. dazu Anm. 46). In der Vereinbarung der Vssumme liegt noch nicht die Vereinbarung einer Taxe (Anm. 18; Ausnahmen §§ 100, 104¹ ADS: Anm. 8). Wohl aber ist in der Vereinbarung der Taxe in dubio auch die Vereinbarung einer Vssumme zu erblicken (Anm. 18). Trotzdem ist es irreführend, wenn Ritter-Abraham Anm. 10 zu § 6, S. 218 meinen, die Vssumme sei der Taxe verwandt; denn die Vssumme hat — anders als die Taxe — für die Ermittlung des Vswertes keine Bedeutung (Anm. 5 zu § 50, Begr. I S. 64, Baur a. a. O. S. 3).

Wird eine einheitliche Vssumme für die V mehrerer Interessen dadurch ermittelt, daß die Vswerte der verschiedenen Interessen festgestellt und addiert werden, so handelt es sich bei den Einzelwerten nicht etwa um Taxen, sondern nur um rechnerische Anhaltspunkte für die Ermittlung der Gesamtvssumme (Begr. I S 64, Baur a. a. O. S. 36, Kisch a. a. O. S. 6).

[11] b) von der „vorläufigen" Taxe:

Nach den §§ 793 III HGB, 6 III ADS ist ein als „vorläufig taxiert" bezeichneter Vswert als nicht taxiert zu behandeln (dazu Ritter-Abraham Anm. 39 zu § 6, S. 231, auch Baur a. a. O. S. 37).

[12] c) von der Vorschätzung:

Sie wird vereinbarungsgemäß häufig bei der Feuerv von Gebäuden und Maschinen durch Sachverständige vorgenommen. Die Klausel wurde früher Vortaxklausel genannt (Raiser Anm. 42 zu § 3, S. 136—137). Sie findet sich heute unter den von Fall zu Fall zugestandenen Feuerklauseln unter 5.05 und lautet mit Erläuterungen (Richtlinien für Vorschätzungen):

5.05 Vorschätzungen

(1) Die zur Versicherung der Gebäude/Maschinen eingereichte Vorschätzung des Herrn .... in .... vom .... gilt als Nachweis des Neuwertes und des Zeitwertes der darin verzeichneten Gegenstände zur Zeit der Schätzungsaufnahme und dient bis zum

(hier ist das Ablaufdatum der Gültigkeit einzufügen, das aber auf keinen späteren Zeitpunkt als längstens fünf Jahre nach Aufnahme oder vollständiger Nachprüfung der Vorschätzung gelegt werden darf)

.... im Schadenfalle als Grundlage für die Ermittlung des Schadens an den abgeschätzten Gegenständen.

(2) Im Schadenfalle haben die im Sachverständigenverfahren erwählten Sachverständigen zunächst zu prüfen und festzustellen, welche Wertveränderungen seit Aufnahme der Vorschätzung eingetreten sind:

a) durch Zu- und Abgang von Gegenständen, worüber der Versicherungsnehmer Buch zu führen hat,
b) durch Steigen oder Fallen der Arbeitslöhne und Materialienpreise,
c) durch besondere Umstände, wie Elementarereignisse, Maschinenbruch, Änderung des Fabrikationsverfahrens, Erfindungen und Entdeckungen, Erlöschen von Patenten, dauernde Betriebseinstellung,
d) durch den Gebrauch, soweit sein Einfluß nachweislich durch die Instandhaltung der Gegenstände und die Erneuerung schadhafter Teile seit Aufnahme der Vorschätzung oder ihrer Nachprüfung nicht ausgeglichen ist.

(3) Tatsächliche Unrichtigkeiten, die in der Vorschätzung unterlaufen sein sollten, sind von Sachverständigen zu berichtigen.

(4) Auf Grund dieser Prüfung haben die Sachverständigen festzustellen, ob der Neuwert und der Zeitwert der Gegenstände mit dem Neuwert und dem Zeitwert, der in der Vorschätzung angegeben ist, übereinstimmt, oder welche Änderungen daran vorzunehmen sind.

(5) Danach haben die Sachverständigen den an den Gegenständen entstandenen Schaden festzustellen. Soweit dies unter Ermittlung des Wertes der Reste erfolgt, ist die Wiederverwendbarkeit der Reste bei der Wiederherstellung zu berücksichtigen.

(6) Der Obmann hat im Falle der Nichteinigung der Sachverständigen innerhalb der durch ihre Gutachten gezogenen Grenzen zu entscheiden.

Hinweis:
Die Vorschätzungsklausel darf in die Vurkunde nur aufgenommen werden, wenn die zur V eingereichte Vorschätzung von einem dem Vr als zuverlässig und sachkundig bekannten Bau- oder Maschinensachverständigen aufgenommen ist, den „Richtlinien für Vorschätzungen" entspricht und bei dem führenden Vr verbleibt.

Erläuterungen zu Klausel 5.05 — Richtlinien für Vorschätzungen

1. Gebäudevorschätzungen industrieller Wagnisse

A. Gegenstand der Schätzung

Gebäude $\frac{\text{mit}}{\text{ohne}}$ Fundament, Grund- und Kellermauern, gemäß Gruppe 1 der Gruppenerläuterung*.

B. Kein Schätzungsgegenstand sind:

Grundstücke,
Hofpflasterungen,

Technische und kaufmännische Betriebseinrichtung gemäß Gruppe 2 der Gruppenerläuterung sowie die unter Gruppe 3—8 der Gruppenerläuterung zu versichernden Gegenstände.

C. Allgemeines

1. Abweichungen sollen in der Erläuterung, welche jeder Vorschätzung voranzustellen ist, angegeben werden. In zweifelhaften Fällen wird Klärung durch Aussprache zwischen Gebäude- und Maschinenschätzer und Versicherungsnehmer empfohlen**).
2. Die Gebäude sind so zu beschreiben und durch maßstäbliche und mit eingetragenen Maßen versehene Zeichnungen zu veranschaulichen, daß die Neuwertberechnung hiernach möglich ist. Die Vorschätzung muß genaue Massenberechnungen enthalten. Für jedes Gebäude ist möglichst das Alter anzugeben und der bauliche Zustand klar zu kennzeichnen (etwa: sehr gut, gut, mangelhaft, Anstrich mangelhaft, baufällig, abbruchsreif oder dgl.). Umbauten und Erneuerungsbauten sind zu kennzeichnen.
3. Unter Neubauwert ist der Wert zu verstehen, zu dem das abzuschätzende Gebäude bei gleicher Bauweise und unter gleicher Art der Ausführung unter Zugrundelegung der zur Zeit der Schätzung geltenden Materialienpreise und Arbeitslöhne neu errichtet werden kann. Wird als Berechnungsgrundlage eine andere Preisbasis gewünscht — etwa 1914 oder 1938 — so ist dies ausdrücklich in der Erläuterung zu sagen; die Vortaxe muß jedoch stets den Wert der Objekte am Tage der Schätzung oder bei Zugrundelegung der Klausel 6.02 die Höhe des Wertzuschlages auf die Preise von 1938 ersichtlich machen. (F 315/52.)
4. Zeitwert ist der Wert, den die abgeschätzten Gebäude unter Berücksichtigung ihres Alters und ihres baulichen Zustandes am Tage der Schätzung noch haben, wobei nicht außer acht gelassen werden darf, in welchem Maße für Instandhaltung der Gebäude Sorge getragen ist. Umstände, welche auf die Bemessung der Abschreibung von ungewöhnlichem Einfluß gewesen sind, müssen besonders erwähnt werden, wobei auch die Verwendungsmöglich-

*) Anmerkung zu Grund- und Kellermauern:
Fundamente, Grund- und Kellermauern sollten nur dann ausgeschlossen werden, wenn sie ein- bzw. mehrseitig im Boden liegen und nicht mit dem Aufbau verankert sind.
Unter Fundamenten oder Grundmauern oder Gründungen wird der gesamte allseitig vom Erdreich berührte Bauteil verstanden, der bei unterkellerten Gebäuden unter der Unterfläche Kellerboden liegt und bei nicht unterkellerten Gebäuden bis Unterfläche Erdgeschoßfußboden, höchstens jedoch bis zur Erdoberfläche, reicht.
Unter Kellermauern (Kellerwänden) sind die Umfassungswände zu verstehen, die zwischen der Unterfläche des Kellerbodens und der Erdoberfläche liegen.
Bei Ausschluß von Fundamenten oder Grundmauern oder Gründungen und Kellermauern (Kellerwänden), d. h. bei allen unter der Erdoberfläche liegenden Bauteilen sind mitversichert: alle über der Erdoberfläche liegenden Mauerteile sowie freistehende Innenmauern (Wände) im Kellergeschoß, äußerer und innerer Putz aller, auch der nicht versicherten Kellermauern, ferner Fenster, Türen, Kellerfußboden und Gewölbe im Verband mit Stahlbetonstützen und Mauern sowie sonstige Einbauten.

**) Die obigen Richtlinien sind entsprechend bei Anfertigung von Vorschätzungen für Wohn-, Warengeschäfts-, Büro- und Lagergebäude anzuwenden. Ist eine maschinelle Anlage, für welche eine Maschinenschätzung anzufertigen ist, nicht vorhanden, so sind bei derartigen Gebäuden auch die Zentralheizungsanlagen, die elektrischen Beleuchtungsanlagen und die Aufzugsanlagen in die Gebäudeschätzung mit aufzunehmen.

keit des Gebäudes zu beachten ist. Zum Abbruch bestimmte Gebäude sind nur noch mit ihrem etwaigen Abbruchswert zu schätzen. (Materialwert abzüglich der auf den Abbruch zu verwendenden Kosten).

5. Der Schätzer soll vorgefundene Mängel angeben und dann im übrigen danach verfahren, ob die Mängel beseitigt worden sind oder nicht.
6. Jeder Vorschätzung ist eine Erläuterung und ein maßstäblicher Lageplan beizufügen. In der Erläuterung ist auch der Gültigkeitstag der Vorschätzung anzugeben. Am Schlusse der Vorschätzung muß der Gesamtwert erscheinen, der durch eigenhändige Unterschrift des Schätzers zu beglaubigen ist.
7. Die Gebäudebezeichnung oder Raumbezeichnung soll übereinstimmen mit den entsprechenden Bezeichnungen des Versicherungsscheines und der Maschinenschätzung.

2. Maschinen-Vorschätzungen industrieller Wagnisse

A. Gegenstand der Schätzung:

Die technische und kaufmännische Betriebseinrichtung gemäß Gruppe 2 der Gruppenerläuterung.

B. Kein Schätzungsgegenstand sind:

1. Grundstücke und Hofpflasterungen,
2. Gebäude gemäß Gruppe 1 der Gruppenerläuterung.
3. Gegenstände zu den Gruppen 3—8 der Gruppenerläuterung, wenn nicht Ausnahmen gewünscht und in der Erläuterung ausdrücklich genannt sind.

C. Allgemeines

1. Abweichungen sollen in der Erläuterung, die jeder Vorschätzung voranzustellen ist, angegeben werden. In zweifelhaften Fällen wird Klärung durch Aussprache zwischen Gebäude- und Maschinenschätzer und Versicherungsnehmer empfohlen.
2. Sind die Gebäude bei einer öffentlich-rechtlichen Anstalt versichert, so sind deren Vorschriften über den Umfang der Haftung zu berücksichtigen.
3. Es empfiehlt sich, bei der Vorschätzung dem Gang der Fabrikation zu folgen, mit der Kraftanlage zu beginnen und mit Nebenbetrieben, zuletzt mit dem Hofe, zu schließen. Die Aufnahme soll gebäudeweise, innerhalb der Gebäude raumweise, mit dem untersten Stockwerk beginnend, erfolgen.
4. Maschinen, die durch mehrere Räume gehen, sollen in einem Raume ganz gerechnet werden. Dies gilt nicht für Rohrleitungen und lang durchgehende Transmissionen.
5. Die Gegenstände sind kurz und treffend und unter Angabe der technischen Hauptpunkte so zu beschreiben, daß eine Wertberechnung auf Grund der Beschreibung möglich ist. Bei Maschinen und Apparaten ist die Bezugsquelle und das Jahr der Beschaffung anzugeben. Für kleine Geräte, Utensilien und Werkzeuge genügt die einfache Benennung.
6. Neuwert ist der Wert, zu dem die Gegenstände zur Zeit der Vorschätzung in neuem, untadelhaftem Zustande frei Fabrik zu beschaffen sein würden, und zwar einschl. Aufstellungskosten. Siehe Raiser 2. Aufl. v. 1937 § 3, 10 (Seite 113). Von der Fabrik nachgewiesene Rechnungswerte gelten nicht ohne weiteres als Neuwert; bei der Durchsicht der Rechnungen hat der Schätzer vielmehr zu prüfen, ob und welche Veränderungen der darin angegebene Preis mit Rücksicht auf unterlaufene Irrtümer, inzwischen eingetretene Preisänderungen oder deswegen Platz greifen müssen, weil in der Rechnung Ausgaben mit berechnet sind, die bei einer nochmaligen Beschaffung der Gegenstände nachweislich erspart werden (Versuchs-, Modell-, Lizenzkosten und dergl.). Wird als Berechnungsgundlage eine andere Preisbasis gewünscht — etwa 1938 — so ist dies ausdrücklich in der Erläuterung

zu sagen; die Vortaxe muß jedoch stets den Wert der Objekte am Tage der Schätzung oder bei Zugrundelegung der Klausel 6.02 die Höhe des Wertzuschlages auf die Preise von 1938 ersichtlich machen. Die Preisbasis 1914 ist nicht empfehlenswert. (F 315/52).

7. Zeitwert ist der Wert, den die abgeschätzten Gegenstände unter Berücksichtigung ihres Alters, ihres Betriebszustandes und ihrer Bestimmung am Tage der Vorschätzung noch haben, wobei nicht außer acht gelassen werden darf, in welchem Maße für Instandhaltung der Gegenstände Sorge getragen ist. Umstände, die auf die Bemessung des Zeitwertes von ungewöhnlichem Einfluß gewesen sind (Ersatz wesentlicher Teile usw.), sollen besonders erwähnt werden. Siehe Raiser, 2. Aufl. § 3, 11. (S. 113/114).

   Dauernd ausrangierte Gegenstände, d. h. solche, bei denen das Interesse nur noch im Verkaufswert besteht, sollen auch nur mit dem Verkaufswert geschätzt werden.

   Die Schätzungsbeträge sollen auf ganze Mark abgerundet werden.

8. Jeder Vorschätzung ist eine Erläuterung und ein Lageplan mit Gebäudebezeichnung beizufügen.

9. Die Gebäude- und Raumbezeichnung sollen übereinstimmen mit den entsprechenden Bezeichnungen des Versicherungsscheines und der Gebäudeschätzung.

10. In der Erläuterung ist auch der Gültigkeitstag der Vorschätzung anzugeben. Am Schlusse der Vorschätzung muß der Gesamtwert erscheinen, der durch eigenhändige Unterschrift des Schätzers zu beglaubigen ist.

11. Verteilt sich die Einrichtung auf mehrere Gruppen (Pos.) des Versicherungsscheines, so empfiehlt es sich, die Schätzung nach diesen Gruppen (Pos.) zu gliedern.

12. Wird (bei großen Werken) die Schätzung als Kartei angefertigt, so muß bei Vorliegen der Vorschätzungsklausel zur Einreichung an den Versicherer eine Zusammenstellung in Buchform geliefert werden, welche die Erläuterung und den Lageplan enthält und ferner eine Zusammenstellung der Neu- und Zeitwerte in jedem Raum.

Die Vorschätzung legt also zunächst den Anfangswert fest; nach der Klausel können später festgestellte tatsächliche Unrichtigkeiten der Vorschätzung berichtigt werden (Raiser Anm. 42 zu § 3, S. 137 will § 16 I 3 AFB — offenbar erhebliche Abweichung im Sachverständigenverfahren — anwenden). Innerhalb einer bestimmten Frist — längstens fünf Jahre — soll die Vorschätzung „als Grundlage für die Ermittlung des Schadens an den abgeschätzten Gegenständen" dienen, aber auf dieser Basis bleibt Raum für die Berücksichtigung von zahlreichen Wertveränderungen, insbesondere Wertminderungen, die in der Klausel enumerativ, aber sehr weitreichend umschrieben sind. Die Klausel hat also für den Vmer längst nicht den Wert einer Taxe, bietet aber immerhin eine „abgeschwächte Beweishilfe" (Ehrenzweig S. 245).

Generell läßt sich sagen, daß in einer Schätzung des Vswertes, mag sie auch unter Beteiligung des Vers erfolgen, noch nicht eine Taxvereinbarung liegt. Die Schätzung dient regelmäßig nur der Ermittlung der Vssumme (Begr. I S. 64, RG 4. XI. 1930 JW 1931 S. 3194 [mit kritischer Anm. Ehrenzweig], KG 17. III. 1928 JRPV 1928 S. 122 bis 123). Letzteres gilt auch für Wertangaben (Baur a. a. O. S. 36, Buchwalter a. a. O. S. 77, Fick a. a. O. S. 251—253, Kisch a. a. O. S. 5—6, Ritter-Abraham Anm. 21 zu § 6, S. 222). Nicht selten wird die Feststellung des Vswertes durch einen Sachverständigen im untechnischen Sinne als Taxe bezeichnet (z. B. in Ziff. 6 Besondere Bedingungen für das Wesergebiet, Ziff 10 Besondere Bedingungen für das Elbegebiet [Binnenkaskov]).

[13] d) von der Schätzung bei öffentlichrechtlichen Versicherungseinrichtungen:

Solche einseitige, also nicht vertragliche Schätzung ist in den landesrechtlichen Quellen der öffentlichrechtlichen Sachv (§ 192 I) häufig vorgesehen und hat durchweg amtlichen Charakter, so daß die Schätzung auch außerhalb der Feuerv Bedeutung gewinnen kann (Näheres bei Schmidt-Sievers, Das Recht der öffentlichrechtlichen Sachv, Hamburg 1951, S. 65—66). Eine Überprüfung der Schätzung kennt in zwei Instanzen z. B. das die Hessische Brandvskammer Darmstadt behandelnde G, die Brandvsanstalt für Gebäude betreffend vom 18. IX. 1890 (Art. 11—14, abgedruckt bei Schmidt—Müller-Stüler, Das Recht der öffentlich-rechtlichen Sachv, 2. Aufl., Karlsruhe 1968, S. 227—229). In Hamburg wird bei der Ermittlung des Schätzungswerts der Durchschnittspreis vom August 1914 zugrunde gelegt, das Ergebnis der Schätzung wird in einem Schätzungsschein niedergelegt, gegen den Widerspruch eingelegt werden kann, über den evtl. das Verwaltungsgericht entscheidet (§§ 5 I—IV, 28—33 FeuerkassenG vom 19. XII. 1929 — abgedruckt bei Schmidt—Müller-Stüler a. a. O. S. 181—182, 188—190). Vgl. zur Schätzung bei öffentlichrechtlichen Vseinrichtungen auch Argus a. a. O. S. 21—23, Bruck VuGeldwirtschaft 1926 S. 307—311, Büchner VW 1970 S. 839—844, 913—918, Damm Mitt 1911 S. 815—816, 824.

[14] e) von der Schadenstaxe:

Sie wird erst nach Eintritt eines Schadensfalles bedeutsam. Man denkt dabei nicht so sehr an die richterliche Schadensschätzung (Anm. 36 zu § 55), sondern an ein Sachverständigengutachten, sei es im Verhältnis Ver/Vmer (§ 64 I 1; Anm. 37 zu § 55), sei es in der Haftpflichtv im Verhältnis Vmer/Drittgeschädigter. Von der erstgenannten Schadenstaxe spricht z. B. § 28[1] Allgemeine Bedingungen für die Vs-Police auf Kasko für die Schiffahrt auf Binnengewässern. Von der zweitgenannten Schadenstaxe, welche auf einem Schadensfeststellungsvertrag zwischen Schädiger und Geschädigtem beruht, handeln BGH 21. I. 1965 Hansa 1965 S. 1502—1503, OLG Hamburg 15. II. 1966 VersR 1966 S. 380—382, Wriede VW 1953 S. 492—493. Zur Geschichte Argus a. a. O. S. 20—21.

[15] f) von den Gewinnberechnungsbestimmungen:

In der Feuerv ist hinsichtlich des entgehenden Gewinns eine Taxe verboten (§ 89 I; Anm. 8). Jedoch können mit aufsichtsbehördlicher Genehmigung Bestimmungen über die Berechnung des entgehenden Gewinns in den Vsbedingungen getroffen werden (§ 89 II 1). Solche Bestimmungen wirken ähnlich wie eine Taxvereinbarung mit bestimmbarem Taxbetrag (Anm. 19); Prölss-Martin[18] Anm. 4 zu § 55, S. 287 sprechen sogar von einem Anwendungsfall des § 57. Über Einzelfälle von Gewinnberechnungsbestimmungen (auch außerhalb der Feuerv) vgl. Anm. 30 zu § 53, Anm. 12 zu § 55. Führt die Anwendung der Bestimmungen zu einem überhöhten Ergebnis, so sieht § 89 II 2 vor, der Ver habe nur den der wirklichen Sachlage entsprechenden Betrag zu ersetzen. Zwar wird in § 89 II 2 eine erhebliche Differenz zwischen Berechnungsergebnis und wirklichem Schaden nicht vorausgesetzt, aber nach dem Sinn und Zweck der Berechnungsbestimmungen wird auch hier — wie bei § 57[2] — eine Korrektur des Ergebnisses erst vorgenommen werden dürfen, wenn die Differenz erheblich ist (Anm. 34 zu § 53, Anm. 36; a. M. Argus a. a. O. S. 51). Gefährlich ist die Tendenz des BAA, auch außerhalb der Gewinnv und von Taxvereinbarungen großzügig pauschalierende, möglicherweise stark bereichernde Schadensberechnungsbestimmungen zuzulassen (dazu Anm. 12 zu § 55).

[16] II. Vereinbarung der Taxe.

1. Parteien.

Die Festsetzung der Taxe erfolgt durch Vereinbarung zwischen Vmer und Ver, meistens gleichzeitig mit dem Abschluß des Vsvertrages (Anm. 17), aber doch logisch gesondert zu denken, so daß es vorkommen kann, daß der Antrag für die Taxvereinbarung vom Ver ausgeht, während der Vmer den Vsvertrag beantragt hatte. Bei einer V für fremde Rechnung ist es theoretisch vorstellbar, daß der Vte mit dem Vmer die Taxvereinbarung trifft.

Häufig beruht die Vereinbarung auf einseitigen Angaben des Vmers, welche vom Ver nicht überprüft werden. Es handelt sich sodann um eine „Risikoerklärung" des Vers, an die er grundsätzlich gebunden ist. Es kommt aber auch häufig vor, daß ein Angestellter des Vers oder ein selbständiger Vsvertreter den Vmer beim Abschluß der Taxvereinbarung berät, insbesondere bei der Schätzung des Vswertes. In solchem

Falle hat der Ver möglicherweise für den Angestellten oder Vsvertreter als Erfüllungsgehilfen im Rahmen der culpa in contrahendo einzustehen (Anm. 35, 41—43 zu § 44), auch die Grundsätze über die Haftung aus der Vertrauensstellung des Vsagenten (Anm. 54—72 zu § 44) können zur Anwendung kommen. Wenn Sachverständige bei der Schätzung des Vswertes mitwirken, so sind sie doch nicht Parteien der Taxvereinbarung, sondern bereiten sie nur inhaltlich vor, wobei sie im Innenverhältnis für den Ver, den Vmer oder beide tätig sein können.

[17] **2. Zeitpunkt.**

Die Vereinbarung der Taxe erfolgt regelmäßig schon bei Abschluß des Vsvertrages. Aber eine „vorläufige" Taxe ist noch keine Taxe (Anm. 11). Es kann bei Vertragsschluß vereinbart werden, der Vmer dürfe einseitig nachträglich die Bestimmung vornehmen, dann gilt analog § 315 BGB, d. h. z. B. daß die Bestimmung nach billigem Ermessen zu treffen sei, und der Vmer kann die Taxe nicht mehr aufgeben, wenn er weiß oder wissen muß, das Risiko habe sich inzwischen verwirklicht (Kisch a. a. O. S. 3, Ritter-Abraham Anm. 20 zu § 6, S. 221 mit Hinweis auf § 102^2 ADS). Es kann ferner bei Vertragsschluß vereinbart werden, es solle das noch ausstehende Ergebnis einer Sachverständigenschätzung für die Taxe maßgebend sein. Dann gelten analog die §§ 317—319 BGB. Wird durch den Vmer oder Dritten in solchen Fällen der Betrag bestimmt, so wird man eine Rückwirkung auf den Zeitpunkt des Vertragsabschlusses annehmen müssen, z. B. hinsichtlich der Prämienbemessung, wenn Taxe und Vssumme übereinstimmen.

Nachträgliche Taxvereinbarungen sind nicht selten: Eine zunächst offene Polize wird nachträglich — ex nunc — zur taxierten gemacht. Ober bei einer vorläufig taxierten Polize wird die (endgültige) Taxe vereinbart, wobei letzterenfalls der Parteiwille meistens die Rückwirkung beabsichtigen wird (Kisch a. a. O. S. 3—4). Vgl. über nachträgliche Taxvereinbarungen auch Argus a. a. O. S. 26, Baur a. a. O. S. 8, Berndt a. a. O. S. 92, Prölss-Martin[18] Anm. 1 zu § 87, S. 395.

Eine bestehende Taxvereinbarung kann auch nachträglich verändert werden, z. B. kann der Taxbetrag erhöht werden; man denke an Geldwertschwankungen oder an Veränderungen im Bestand von Inbegriffsven, z. B. Ven von Warenlagern (dazu Anm. 31 zu § 54); generell vgl. Berndt a. a. O. S. 95, 96, Kisch a. a. O. S. 34. Möglicherweise wird eine ergänzende V bei einem zweiten Ver genommen (Argus a. a. O. S. 44, Berndt a. a. O. S. 96); sie könnte gleichfalls eine taxierte sein, mit einem höheren Taxbetrage.

[18] **3. Inhalt.**

a) Klarheit.

Es muß klar und eindeutig vereinbart werden, daß der Vswert auf einen bestimmten Betrag festgesetzt werden solle. Im Zweifel ist eine Polize keine taxierte, sondern eine offene (RG 26. XI. 1892 Bolze Bd 15 S. 263 Nr. 401, Argus a. a. O. S. 24, Baur a. a. O. S. 35, Bruck S. 507, Buchwalter a. a. O. S. 78—79, Kisch a. a. O. S. 6).

Die Vereinbarung einer Vssumme bedeutet noch nicht die Vereinbarung einer Taxe; es muß vielmehr dem Parteiwillen entsprechen, nicht nur eine Höchstgrenze für die Leistung des Vers zu bestimmen (§ 50), sondern den Vswert zu fixieren, mit der bindenden Folge, daß im Totalschadensfalle der Taxbetrag dem Schadensersatzbetrag gleichkommt (sofern die Vssumme ausreicht): Baur a. a. O. S. 11, Berndt a. a. O. S. 91 Anm. 2, Bruck S. 507, Ehrenzweig S. 244, Kisch a. a. O. S. 5. Es liegt also keine Taxe i. S. des § $57^{1,2}$ vor, falls der Ver befugt bleiben soll, nach Eintritt des Vsfalls vom Vmer den Nachweis des Ersatzwertes zu verlangen.

Das Wort „Taxe" braucht nicht benutzt zu werden (Argus a. a. O. S. 25, Bruck S. 507, Ehrenzweig S. 244, Kisch a. a. O. S. 6, Ritter-Abraham Anm. 21 zu § 6, S. 221 bis 222). Es entscheidet der irgendwie zum Ausdruck gebrachte Parteiwille, z. B.: „Als Schiffswert gilt die Vssumme" (OLG Hamburg 30. XI. 1967 VersR 1969 S. 227, BGH 15. XII. 1969 VersR 1970 S. 244) oder „auf Grundlage gegenseitiger Vereinbarung ohne weiteren Beweis" (RG 24. XII. 1883 RGZ Bd 11 S. 11, vgl. auch Argus a. a. O. S. 25,

Baur a. a. O. S. 7—8, Bruck S. 507 Anm. 12) oder „Der vereinbarte Vswert wird der Entschädigung zugrunde gelegt, es sei denn daß er den wirklichen Wert zur Zeit des Schadensfalles erheblich übersteigt" (KG 9. X. 1929 JRPV 1929 S. 383).

Wird der Ausdruck „Taxe" benutzt, so spricht eine tatsächliche Vermutung dafür, daß er im rechtstechnischen Sinne gemeint ist (Baur a. a. O. S. 35, Ritter-Abraham Anm. 21 zu § 6, S. 222). Jedoch kann die Vermutung widerlegt werden, z. B. wenn nur der Vmer in seinem Antrag das Wort gebraucht hat, z. B. um die Bemessung der Vssumme zu rechtfertigen (Baur a. a. O. S. 35, Bruck S. 507, Ehrenzweig S. 244, Kisch a. a. O. S. 6 Anm. 7, Ritter-Abraham Anm. 21 zu § 6, S. 222).

Es gibt keinen Gewohnheitsrechtssatz, wonach gewisse Polizen als taxierte zu behandeln sind. Kraft Handelsbrauchs werden im hansestädtischen Verkehr Seekaskoven als taxierte Ven abgeschlossen, so daß § 346 HGB eingreifen dürfte (Bruck S. 507 behauptet für sämtliche hansestädtischen Seevsverträge solchen Handelsbrauch, ebenso Buchwalter a. a. O. S. 78 Anm. 3, während Ritter-Abraham Anm. 21 zu § 6, S. 223 nur meinen, im hansestädtischen Vsverkehr bilde eine taxierte Polize die Regel). Offen bleibt die Frage in RG 29. I. 1887 RGZ Bd 19 S. 207—211 (Güterv).

Bei der selbständigen V von imaginärem Gewinn und Provision ist eine Taxierung besonders ratsam und deshalb häufig, so daß nach § 802 HGB „im Zweifel angenommen" wurde, daß die Vssumme als Taxe des Vswertes gelten sollte. Die §§ 100 I, 104[1] ADS haben die bloße Auslegungsregel zur schlechthin geltenden, aber abdingbaren Norm erhoben: Die Vssumme gilt hier als Taxe.

Ist eine Taxe vereinbart und ist keine Vssumme — insbesondere keine niedrigere — im Vsvertrag angegeben, so ist im Zweifel anzunehmen, daß die Vssumme mit dem Taxbetrag übereinstimmen soll (OLG Hamburg 8. XII. 1926 HansRZ 1927 Sp. 184, Argus a. a. O. S. 31, 36, 39, Baur a. a. O. S. 11).

Die Beweislast für das Zustandekommen einer Taxvereinbarung trifft denjenigen, der sich auf sie beruft, durchweg also den Vmer (Baur a. a. O. S. 41, Bruck S. 507 Anm. 11, Hagen I S. 473, Ritter-Abraham Anm. 23 zu § 6, S. 222).

[19] b) Bestimmbarkeit.

Der Taxbetrag muß in der Vereinbarung bestimmt oder doch kraft ihres Inhalts bestimmbar sein.

Wird die Taxe auf einen genau bestimmten Betrag festgesetzt, so ergeben sich keine Probleme. Über besondere Taxen vgl. Anm. 20. Bei der Bestimmung bedarf es keiner von Sachverstand getragenen Schätzung (Anm. 16), mag diese auch zweckmäßig sein.

Der Bestimmtheit der Taxe ist ihre objektive Bestimmbarkeit gleichzusetzen (RAA VA 1911 S. 116—117; Baur a. a. O. S. 8, Berndt a. a. O. S. 97, Bruck S. 508, Ritter-Abraham Anm. 20 zu § 6, S. 221, a. M. Fick a. a. O. S. 251). Deshalb wäre es zulässig, den Taxbetrag an einen Index zu knüpfen, z. B. bei Waren an notierte Preise des Warenmarktes. In der Autokaskov kämen die Listenpreise in Betracht. Häufiger ist bei laufenden Güterven die Bezugnahme auf den Fakturenwert, bei Fobgeschäften möglicherweise zuzüglich Seefracht und Seevsprämie, in allen Fällen meistens zuzüglich × Prozent imaginären Gewinns. Solche Vereinbarung ist dann bereits eine Taxvereinbarung, nicht nur eine Abrede darüber, wie künftig eine Taxe entstehen solle (Ritter-Abraham Anm. 38 zu § 6, S. 231, a. A. Argus a. a. O. S. 25, vgl. aber auch S. 50). Solchenfalls muß der Anspruchsteller beweisen, wie hoch im Einzelfall der Fakturenwert usw. war.

Über die Verwandtschaft einer nur bestimmbaren Taxe mit den nach § 89 II zulässigen Bestimmungen über die Berechnung des entgehenden Gewinns vgl. Anm. 15.

[20] c) Besondere Taxen.

Sind in einem einheitlichen Vsvertrag Interessen an mehreren Gütern vert, so kann auch die Vssumme eine differenzierte sein. Hier ist es notwendig, auch den Vswert gesondert — z. B. je Position — zu bestimmen, und entsprechend können auch besondere Taxen vereinbart werden. Möglicherweise ist eine Position taxiert vert, eine andere nicht.

Aber auch wenn eine einzige Vssumme für mehrere Interessen bestimmt ist, können doch die Vswerte einzelner Interessen besonders taxiert sein. Es kommt auch die besondere Taxierung von wesentlichen Bestandteilen und Zubehör vor (etwa bei der Maschine eines Schiffes: Ritter-Abraham Anm. 9 zu § 7, S. 236; RG 8. VII. 1891 HGZ 1891 Hptbl S. 235—236), ferner die besondere Taxierung von Objekten eines Inbegriffs (Taxe für ein zum Hausrat gehörendes Gemälde). Selbst bei gleichartigen Gegenständen (z. B. 1000 Sack Kaffee) ist es sinnvoll zu vereinbaren: „Jedes Kollo eine Taxe"; man spricht hier von einer Serientaxe (vgl. dazu § 7 I 2, II, III ADS). Hierzu auch Baur a. a. O. S. 30—31, Ritter-Abraham Anm. 5—7, 11—15 zu § 7, S. 235—236, 237—238.

Eine besondere Taxe hat nach § 7 I 1 ADS (§ 794 HGB) sowie in der Binnenv die Bedeutung, daß die besonders taxierten Gegenstände zugunsten des Vmers als besonders vert gelten, z. B. bei der Frage, ob Total- oder Teilschaden vorliegt, ob eine Franchise eingreift, ob Unterv gegeben ist, ob eine Obliegenheit verletzt wurde. Vgl. Ritter-Abraham Anm. 6 zu § 7, S. 235—236. Im Seevsrecht soll die Annahme einer besonderen V nur „zugunsten des Vmers" wirken (dazu Ritter-Abraham Anm. 7 zu § 7, S. 236). Man wird diese Einschränkung nicht auch in der Binnenv gelten lassen können.

Ergibt die Summe der besonderen Taxen (zuzüglich der Vswerte nicht taxierter Gegenstände) einen höheren Betrag als die Vssumme, so liegt insgesamt und für jeden Gegenstand separat eine Unterv vor; jedoch nimmt Ehrenberg ZVersWiss 1906 S. 413 hier an, daß die besonders taxierten Gegenstände auf erstes Risiko vert sein sollen.

[21] 4. Rechtsnatur.

Die nach § 57¹ zu treffende Vereinbarung steht in engem Zusammenhang mit einem Vsvertrag und bildet, wenn sie getroffen wird, dessen Teil, als Nebenabrede (Baur a. a. O. S. 8). Deshalb sind die Bezeichnungen Nebenvertrag (so Ritter-Abraham Anm. 19 zu § 6, S. 220) oder pactum adjectum (OLG Hamburg 4. VII. 1883 HGZ 1883 Hptbl S. 191) oder Sondervertrag (Damm Mitt 1911 S. 817) nicht glücklich. Richtig ist nur, daß die Taxvereinbarung nicht zu den essentialia negotii gehört, daß sie fehlen und auch nachträglich getroffen werden (Anm. 17) kann und daß sie eine gewisse Selbständigkeit besitzt, auch im Falle der „Anfechtung" (Anm. 43, 53): Ist die Taxierung hinfällig, so ist anzunehmen, daß der Vsvertrag auch ohne Taxe abgeschlossen wäre (vgl. § 139 BGB).

Ansonsten aber bildet die Taxe eine Vertragsabrede im Rahmen des Vsvertrages. Deshalb kann der Vmer nach § 3 I 1 verlangen, daß im Vsschein auch etwas über die vereinbarte Taxe gesagt wird. Aber es geht zu weit, wenn Prölss-Martin¹⁸ Anm. 1 zu § 57, S. 289 fordern, stets müsse die „Vereinbarung . . . aus dem Vsschein deutlich ersichtlich sein". Wird eine Taxe nachträglich vereinbart oder verändert (Anm. 17, 34), so ist auf Verlangen ein entsprechender Nachtrag zum Vsschein auszuhändigen. Wird von vornherein eine Taxierung vorgesehen, so wird im Zweifel der Vertrag nicht perfekt, bevor eine Vereinbarung über die Taxe zustande kommt (§ 154 I 1 BGB, Kisch a. a. O. S. 3).

Inhaltlich bedeutet die Festsetzung des Vswertes keine Leistung des Vers, auch ist der Ver nicht zur Mitwirkung bei einer Taxvereinbarung verpflichtet. Kommt sie aber zustande, so wird die Gefahrtragung des Vers, wird insbesondere eine Entschädigungsleistung nach Eintritt eines Vsfalles durch die Taxvereinbarung insofern beeinflußt, als von der Taxe als vereinbartem Vswert auszugehen ist, so daß sich eine anderweitige Ermittlung des Vswertes erübrigt. Kisch a. a. O. S. 5, 7—10 spricht von der konstitutiven Bedeutung der Taxe und davon, es werde durch die Taxe „eines der für jene Leistungspflicht erheblichen Tatbestandsmomente in bindender Weise festgelegt"; er vergleicht die Taxvereinbarung mit einer Abmachung über die Maßgeblichkeit einer bestimmten Rechtsordnung. Die Taxierung habe „nicht nur beweisersparende, sondern . . . normierende Kraft".

Um einen Vergleich (§ 779 I BGB) oder ein Schuldanerkenntnis (§ 781¹ BGB) handelt es sich schon deshalb nicht, weil die Taxierung „nicht unmittelbar eine Leistung festsetzt" (Kisch a. a. O. S. 8, auch Baur a. a. O. S. 6—7, Bruck S. 506 Anm. 10, Ritter-Abraham Anm. 19 zu § 6, S. 221, a. A. Molt a. a. O. S. 56—57).

Beruht jedoch ein Vergleich zwischen Ver und Vmer auf einer Verkennung der Bedeutung einer Taxe, so soll gemäß OLG Hamburg 30. XI. 1967 VersR 1969 S. 226—228 nach § 779 I BGB dieser Vergleich unwirksam sein.

Aus ihrer materiellrechtlichen Funktion ergibt sich nur sekundär die Bedeutung der Taxe für die Beweislage. „An sich ist es nach dem Eintritt eines Schadens Sache des Vmers, behufs Feststellung des Umfangs des Schadens darzutun, wie hoch sich der Wert des vten Interesses belaufen hat . . . Die Vssumme ist für den Vswert nicht maßgebend, sondern dient nur dazu, die Haftung des Vers zu begrenzen; der Vmer kann daher, selbst wenn ein völliger Verlust eintritt, vom Ver nicht ohne weiteres die Zahlung der Vssumme verlangen, sondern muß im Streitfalle beweisen, daß der Vswert die Vssumme wirklich erreicht hat. Die Beweislast ändert sich jedoch, wenn die Parteien den Vswert durch Vereinbarung auf eine bestimmte Summe (Taxe) festsetzen" (Begr. I S. 64). Jetzt ist bei der Schadensregulierung — vorbehaltlich des § 57² — der taxierte Vswert zugrunde zu legen: Argus a. a. O. S. 32 spricht von einer praesumptio juris et de jure, Baur a. a. O. S. 38—42, 55—56 (für das schweizerische Recht) von einer Vermutung mit Beweislastumkehr, Hagen I S. 472 aber weist mit Recht darauf hin, die Taxe bedeute „eine wirkliche, verbindliche Willenseinigung der Parteien, deren Bedeutung sich nicht in der Umkehr der Beweislast erschöpft. Sie ist schlechthin maßgebend", und Kisch a. a. O. S. 7 betont, die Taxe gehöre nicht in das Beweisrecht, sondern in das Vertragsrecht, sie erspare nicht nur einen Beweis, sondern sei ein rechtsgestaltender Tatbestand. Lehmann ZVersWiss 1911 S. 787 spricht von einer Fiktion oder unwiderleglichen Rechtsvermutung. RG 24. XI. 1883 RGZ Bd 11 S. 16—17 bemerkt, die Taxe bedeute keine „bloße Umkehrung der Beweislast, sondern . . . die gänzliche Ausschließung von Beweis- und Gegenbeweiserhebungen."

Die Taxe hat nur Bedeutung für den Vswert und damit die Schadenshöhe. Die Frage, ob jemand überhaupt — dem Grunde nach — Interessent und Geschädigter sei, wird durch die Taxvereinbarungen auch beweismäßig nicht beeinflußt (Anm. 32).

Dritten gegenüber — z. B. gegenüber einem Brandstifter — begründet die Taxe keine Änderung der Beweislage (Argus a. a. O. S. 27); allenfalls kann eine (neuere) Taxe als Indiz für den wirklichen Wert auch im Verhältnis zu Dritten dienen.

[22] III. Wirkungen der Taxe.

Wegen § 57² ist es von entscheidender Bedeutung, ob die Taxe den wirklichen Vswert erheblich übersteigt. Zunächst sind die Wirkungen der Taxe für den Normalfall (Anm. 23—32) zu schildern; erst sekundär ist der Ausnahmefall einer Unmaßgeblichkeit der Taxe zu erörtern (Anm. 33—55).

[23] 1. Normalwirkungen der Taxe.

a) Positiv: Festsetzung des Versicherungswertes.

aa) Grundsätze.

Ist der Vswert durch die Taxvereinbarung festgesetzt, so ist kein Raum mehr für Zweifel oder Streit über dieses Tatbestandsmoment; der Vswert steht bindend fest, die Vereinbarung zeitigt konstitutive Wirkung (Anm. 21). Die Taxe tritt an die Stelle des Vswertes, und zwar nach § 57¹,² an die Stelle des Anfangswertes, des laufenden Vswertes und des Ersatzwertes.

Das gilt auch dann, wenn von vornherein die Taxe zu niedrig oder zu hoch war, ferner dann, wenn nachträglich die Taxe zu niedrig wird (Wertsteigerung) oder zu hoch wird (Wertminderung). Die Taxe wird durch den Beweis ihrer Unrichtigkeit nicht entkräftet, verträgt überhaupt keinen Maßstab der Richtigkeit, nachdem sie vereinbart ist (immer vorbehaltlich einer Überschreitung der in Anm. 36 zu behandelnden Höchstgrenze einer erheblichen Übersetzung der Taxe nach oben).

Die Fixierung des Vswertes durch die Taxe wirkt für und gegen den Vmer, also auch gegen und für den Ver. Das Gesetz sieht keine Korrektur der Taxe durch Hinauf- oder Herabsetzung vor. § 51 I, II, betreffend die Herabsetzung der Vssumme bei erheblicher Überschreitung des Vswertes, findet keine Anwendung, solange der Vswert durch eine Taxe fixiert ist und die Vssumme diese Taxe nicht übersteigt (Anm. 11 zu § 51). Es bedarf also einer Vertragsänderungsvereinbarung, falls — entgegen dem Prinzip der Unveränderlichkeit (Argus a. a. O. S. 27) — eine Taxe den wirklichen Wertverhältnissen angepaßt werden soll.

[24] bb) Einzelheiten.

Überall dort hat der bindende, konstitutive Charakter der Taxe Bedeutung, wo es auf den Vswert ankommt.

[25] aaa) Fixierung des Anfangswertes.

Die Taxvereinbarung setzt den Anfangswert fest, der dann auch als Ersatzwert gilt (§ $57^{1,2}$). Bei der Feuerv beweglicher Sachen darf nach dem zwingenden § 87 nur der Anfangswert durch die Taxe fixiert werden (Anm. 3, 6, 51), wodurch hier die Taxe stark entwertet wird und entsprechend geringe Verbreitung gefunden hat. Immerhin kann die Taxe Bedeutung gewinnen, falls ein Vsfall bald nach dem Vsbeginn eintritt. Behauptet hier der Ver, der Vswert habe sich seit der Taxvereinbarung geändert, so wird dem Vmer der Nachweis gelingen, „daß die Verhältnisse bei dem Eintritte des Vsfalls noch dieselben waren wie zur Zeit des Vertragsschlusses" (Begr. I S. 93—94). Später wird dieser Beweis schwierig, und es spricht keine Vermutung für die Wertbeständigkeit.

Soweit in der Transport- und Seev die Fiktion des gleichbleibenden Vswertes gilt (Anm. 46 vor §§ 49—80, Anm. 25 zu § 52), wird sowieso unwiderlegbar vermutet, daß der Anfangswert mit dem Ersatzwert identisch sei. Hier ergibt sich also nicht nur aus § 57^2, daß eine Taxierung des Anfangswertes zugleich als Taxe des Ersatzwertes gilt. Nimmt der Vmer zur Ausgleichung einer wertmäßigen Lücke des Vsschutzes eine Mehrwertv, so kann diese ihrerseits als taxierte V genommen werden. Vgl. auch Anm. 52.

[26] bbb) Fixierung des Ersatzwertes.

Sieht man von der Feuerv beweglicher Sachen (§ 87) ab, so gilt die Taxe „auch als der Wert, den das vte Interesse zur Zeit des Eintritts des Vsfalls hat" (§ 57^2), also als Ersatzwert, logischerweise aber auch als laufender, jeweiliger Vswert (Baur a. a. O. S. 10).

Der Vmer braucht also — anders als bei einer offenen Polize (Anm. 42 zu § 52) — die Höhe des Ersatzwertes nicht zu beweisen. Auch wenn der Ersatzwert niedriger ist als die Taxe, so gilt die höhere Taxe als Ersatzwert. Umgekehrt muß der Vmer die Taxe auch gegen sich gelten lassen, wenn sie niedriger ist als der wirkliche Ersatzwert.

[27] ccc) Fixierung der Schadenshöhe.

Bei einem Totalschaden muß der Ver den vollen Ersatzwert als Schadensbetrag leisten (Anm. 29 zu § 55), vorausgesetzt daß die Vssume ausreicht. Bei einer taxierten Polize tritt an die Stelle des Ersatzwertes die Taxe. Bei besonderer Taxierung ist im Falle des Totalschadens hinsichtlich des gesondert taxierten Gegenstandes der Betrag der besonderen Taxe zu leisten. Verbleiben nach einem Totalschaden Reste und gehen diese auf den Ver über, so trifft dies auch dann zu, wenn die Taxe niedriger ist als der wirkliche Vswert (Ritter-Abraham Anm. 24 zu § 6, S. 223). Gehen die Reste nicht auf den Ver über, so mindert sich die Ersatzleistung um den Wert des Geretteten; dieser Wert ist nicht als entsprechender Bruchteil des Taxwertes zu berechnen, sondern selbständig zu bestimmen, und zwar als gemeiner Wert, als Verkäuflichkeitswert (Anm. 31 zu § 55; Ritter-Abraham Anm. 23 zu § 71, S. 884).

Bei einem Teilschaden (dazu Anm. 30 zu § 55) ist die Berechnung der Schadenshöhe am einfachsten, falls sie in Prozenten eines vorgestellten Totalschadens erfolgt; denn hier erhält der Vmer einen entsprechenden Prozentsatz der Taxe (vgl. hierzu Berndt a. a. O. S. 96 und für den Beschädigungsfall § 93 I ADS, § 140 III). Von der Taxe ist gleichfalls auszugehen, falls vom Ersatzwert der Wert der Reste abgezogen werden soll (dazu § 3 I 2, 3 AFB). Dagegen verliert die Taxe weithin ihre Bedeutung für die Schadensliquidation, falls der Ver die erforderlichen Kosten der Wiederherstellung zu erstatten hat. Hier besteht die Gefahr, daß Teilschäden einen relativ großen Teil des Taxbetrages aufzehren, weil die Taxe allzu niedrig bemessen ist (vielleicht um Prämien zu sparen). Nur diesen dritten Fall berücksichtigen Argus a. a. O. S. 30, 31, 36, Baur a. a. O. S. 21 (der die V mit einer solchen auf erstes Risiko vergleicht), Hagen I S. 475, Hinz a. a. O. S. 104 (wie Baur), Kisch a. a. O. S. 38—39, Ritter-Abraham Anm. 25 zu § 6, S. 224, RG 24. XI. 1883 RGZ Bd 11 S. 14—18, KG 22. XII. 1926 HansRZ 1927 Sp.

138, OLG Hamburg 4. VII. 1883 HGZ 1883 Hptbl S. 187—191, 14. XI. 1883 HGZ 1883 Hptbl S. 298—300, 8. XII. 1926 HansRZ 1927 Sp. 184.

In der Seev soll eine Kasko-Teilschaden-Klausel (DTV-Handbuch, Hamburg 1970, S. 187) dem Ver helfen:

> „Im Falle eines Teilschadens am vten Schiff haften die Ver, falls der wahre Wert des Schiffes größer ist als die Vstaxe, nur im Verhältnis der Vssumme zum wahren Wert des Schiffes. Als solcher gilt an Stelle der Taxe der Wert des Schiffes im beschädigten Zustande am Ort und zur Zeit des Beginns der endgültigen Reparatur, zuzüglich der Reparaturkosten."

Hier öffnet also die Klausel im Teilschadensfalle — und nur in ihm — die Taxe (Ritter-Abraham Anm. 9 zu § 70, S. 862—863).

Auch für die Frage, ob Reparaturunwürdigkeit (Anm. 30 zu § 55) vorliege, hat die Taxe insofern entscheidende Bedeutung, als zu prüfen ist, ob die Wiederherstellungskosten die Taxe überschreiten (Prölss-Martin[18] Anm. 1 zu § 57, S. 92). Für ein Binnenschiff vgl. OLG Hamburg 30. XI. 1967 VersR 1969 S. 226—228 (dazu Anm. Gundermann VersR 1970 S. 150), BGH 15. XII. 1969 VersR 1970 S. 243—245. Für ein Seeschiff RG 18. IV. 1891 SeuffArch Bd 47 S. 326—328 Nr. 222.

Über die Bedeutung der Taxe für die Adhäsionshaftpflichtven der Transport- und Seev vgl. schon Anm. 5.

[28] ddd) Anwendung von Franchisen.

Wenn bei der Berechnung einer Selbstbeteiligung des Vmers auszugehen ist von dem Vs- oder Ersatzwert (Anm. 73 zu § 56), so tritt bei einer taxierten Polize die Taxe an die Stelle dieser Werte (Bruck S. 508). Wenn z. B. § 34 I ADS sagt: „Der Ver haftet nicht für einen Schaden, wenn dieser 3% des Vswertes nicht erreicht", so ist bei der Anwendung dieser Integralfranchise maßgebend, ob der Schaden 3% des Taxbetrages erreicht (dann volle Entschädigung) oder nicht (dann keine Entschädigung): Ritter-Abraham Anm. 6 zu § 34, S. 574—575.

Ein Vorteil besonderer Taxen (Anm. 20) liegt darin, daß Franchisen im Blick auf jeden einzelnen taxierten Gegenstand zu berechnen sind. „Denn je größer die vte Ladung, um so kleiner ist an und für sich die Aussicht, die Franchise zu erreichen. Dies war daher auch der Anlaß zur Teilung der V" (Ritter-Abraham Anm. 6 zu § 7, S. 235). Vgl. auch RG 30. VI. 1917 RGZ Bd 90 S. 366—368.

[29] eee) Über-, Unter-, Doppelversicherung.

Der Vswert — auch als Ersatzwert — spielt begrifflich gemäß §§ 51 I, 56, 59 I bei der Über-, Unter- und Doppelv eine Rolle. Bei einer taxierten V tritt die Taxe an die Stelle des Vswertes.

Eine Überv liegt also nur vor, wenn die Vssumme die Taxe übersteigt, und das wird kaum vorkommen (Argus a. a. O. S. 38, Baur a. a. O. S. 15, 22—23, Kisch a. a. O. S. 12—13). Wegen der bindenden Wirkung der Taxe kann bei Übereinstimmung von Taxe und Vssumme normalerweise niemand geltend machen, die Taxe sei zu hoch (über den Ausnahmefall der Unmaßgeblichkeit der Taxe vgl. Anm. 33—55). So kann eine Taxe zur Durchbrechung des vsrechtlichen Bereicherungsverbots führen. Es ist nicht sinnvoll, bei allzu hoher Taxe von Überv zu sprechen (Baur a. a. O. S. 12, Berndt a. a. O. S. 92, 95, Lehmann ZVersWiss 1911 S. 787—788, dagegen Argus a. a. O. S. 39). Allenfalls kann man von einer latenten oder verschleierten Überv reden (Baur a. a. O. S. 13, Bruck S. 511, Buchwalter a. a. O. S. 97). Erst nach einer „Öffnung" der taxierten V wird die Überv offenbar, und ihre Beseitigung kann verlangt werden (Anm. 44).

Eine Unterv ergibt sich, falls die Vssumme niedriger ist als die Taxe. Hier greift gemäß § 57[3] die Proportionalitätsregel des § 56 ein (Anm. 46—54 zu § 56; § 6 III 3 ADS). Über eine Unterv bei obendrein untersetzter Taxe vgl. Argus a. a. O. S. 37—38 („Unterv in der Unterv"), auch Buchwalter a. a. O. S. 101.

Über die Frage, wann bei taxierten Ven oder beim Zusammentreffen einer offenen und einer taxierten Polize Doppelv vorliegt, vgl. Anm. zu § 59.

[30] fff) Fälle der Vorteilsausgleichung.

Der Übergang von Ersatzansprüchen (§ 67 I 1) findet eine Begrenzung in der Höhe der Leistung des Vers (Sieg in: Anm. 64 zu § 67), aber auch in der kongruenten Schadensersatzschuld des Dritten (Sieg in: Anm. 59—62 zu § 67). Wenn die Taxe überhöht ist, so kann es vorkommen, daß vsrechtlich der Schaden höher vergütet wird, als bürgerlichrechtlich eine (kongruente) Ersatzforderung gegen den Dritten entsteht. Bei einer zu niedrigen Taxe kann — umgekehrt — die Ersatzforderung den Taxbetrag übersteigen; auf den Ver geht die Ersatzforderung nur in Höhe der Leistung des Vers über (Argus a. a. O. S. 26).

Wird der auszugleichende Vorteil auf den Ver übertragen, z. B. das Eigentumsrecht des Vmers an dem total verlorenen oder verschollenen Schiff oder an entwendeten Silberwaren oder Uhren (vgl. Anm. 54 vor §§ 49—80), so kann sich ergeben, daß bei einer zu niedrigen Taxe der Vorteil wertvoller ist als die Entschädigung (Ritter-Abraham Anm. 24 zu § 6, S. 223).

[31] ggg) Einfluß auf Obliegenheiten.

Die Taxvereinbarung beeinflußt die vsrechtlichen Obliegenheiten.

Im Rahmen der vorvertraglichen Anzeigepflicht braucht es der Vmer nicht anzuzeigen, wenn er weiß, daß der vereinbarte Taxbetrag von dem wirklichen Vswert nach oben oder nach unten abweicht (Ritter-Abraham Anm. 25, 37 zu § 6, S. 224, 230, OLG Hamburg 14. XI. 1883 HGZ 1883 Hptbl S. 300, Schiedsspruch o. D. HansRZ 1922 Sp. 130—131.

Im Rahmen der Gefahrstandspflicht ist es bedeutsam, daß es an einer Gefahrerhöhung fehlt, wenn der Vswert sich erhöht (Anm. 6 zu § 23, Anm. 26 zu § 54) oder ermäßigt, so daß die Taxe unrichtig wird. Bei erheblicher Übersetzung der Taxe gilt die Spezialnorm des § 57².

Die Auskunfts- und Belegpflicht des Vmers (§ 34) werden insoweit als modifiziert angesehen werden müssen, als sie den Zweck verfolgen, den Ver über den Ersatzwert zu informieren; denn insoweit ist nach der getroffenen Taxvereinbarung eine Unterrichtung nicht erforderlich. Nur wenn der Ver die Taxe „anficht", leben die beiden Obliegenheiten wieder voll auf (so auch OLG Hamburg 19. III. 1925 HansRZ 1925 Sp. 433—434). A. M. Baur a. a. O. S. 43—44, der generell die Obliegenheiten für fortbestehend erachtet und nur dann eine Ausnahme gelten läßt, wenn etwa die Klausel vereinbart ist: „Ohne weiteren Beweis hinsichtlich der Taxe" oder „Der Ver verzichtet auf jeden Nachweis der Taxe"; ebenso wohl Ritter-Abraham Anm. 33 zu § 6, S. 228, Anm. 36, 38 zu § 43, S. 665—666, 667.

[32] b) Negativ: Wirkungsgrenzen der Taxe.

Die Taxe legt den Vswert fest, ergibt aber nichts für die Frage, ob der Vmer oder Vte ein Interesse, und zwar das vte Interesse besitze, so daß er im Schadensfall ohne weiteres als Geschädigter anzusehen wäre. Es ist unrichtig, wenn Argus a. a. O. S. 29, Gerhard-Hagen Anm. 6 zu § 51, S. 239, Hagen I S. 474 meinen, die Taxe begründe eine Vermutung nicht nur für die Höhe, sondern auch für das Vorhandensein des Interesses. Über Interessebeweisklauseln vgl. Anm. 126 zu § 49. Sie werden zuweilen verknüpft mit einer sachlich überflüssigen Taxbeweisklausel, z. B.: „ohne Beweis des Interesses und der Taxe" (Argus a. a. O. S. 29, auch Ritter-Abraham Anm. 34 zu § 43, S. 664—665). Mit Recht betont Baur a. a. O. S. 41—42, es bleibe „dem Vmer zu beweisen, daß der Vsfall eingetreten ist, d. h., daß der vte Gegenstand verloren ist und der Schaden durch die vte Gefahr herbeigeführt wurde". Wie hier auch Kisch a. a. O. S. 29—30 (unter Erstreckung auf den Fall, daß ein Interesse keinen Vermögenswert hat).

Personell wirkt die vom Vmer mit dem Ver vereinbarte Taxe bei einer V für fremde Rechnung auch für und gegen den Vten, bei einer Veräußerung der vten Sache auch für und gegen den Erwerber (Berndt a. a. O. S. 97, Kisch a. a. O. S. 30), nicht aber für und gegen sonstige Dritte (vgl. dazu § 793 I HGB: „unter den Parteien"). Deshalb richten sich Ersatzansprüche gegen Dritte, welche z. B. die vte Sache zerstört haben, nicht nach der Taxe, sondern nach bürgerlichrechtlichen Grundsätzen, und der

Geschädigte sowie der Schädiger können sich nicht auf die Beweiskraft der Taxe stützen. Allenfalls kann eine (neuere) Taxe als Indiz für den wirklichen Wert der Sache dienen. Wegen der grundsätzlich internen Wirkung der Taxe ist bei der Ermittlung „des Wertes des Schiffes und der Ladung und des Betrags der Fracht" zwecks Verteilung eines Havariegrosseschadens (§ 716 HGB) nicht ohne weiteres die Vstaxe entscheidend. Deshalb ist auch in den Fällen beschränkt-persönlicher Haftung, besonders bei Aussendung eines Schiffes zu einer neuen Haftungsreise (§ 774 I HGB) — etwa nach einer Kollision — der Wert des Schiffes nicht einfach nach Maßgabe der Vstaxe zu bemessen. Zu alledem Argus a. a. O. S. 26—27, Baur a. a. O. S. 32—34, 42, Berndt a. a. O. S. 97, Bruck S. 508, Kisch a. a. O. S. 30, Ritter-Abraham Anm. 24 zu § 6, S. 223. Gemäß Handelsgericht Hamburg 8. VII. 1876 Hamburgische Handelsgerichts-Zeitung 1877 S. 199—200 ist es einem Ladungsbeteiligten nicht verwehrt, eine Reederei für den überschießenden Betrag in Anspruch zu nehmen, wenn seine taxierte V zur Deckung seines wirklichen Schadens nicht ausreicht.

Immerhin kann eine Taxe eine gewisse „Fernwirkung" im Verhältnis zu Dritten zeitigen, wenn z. B. beim Verkauf einer Mühle der Verkäufer darauf hinweist, der Wert sei für Zwecke der Feuerv von sachverständiger Seite in bestimmter Höhe geschätzt (vgl. RG 1. IV. 1903 RGZ Bd 54 S. 222—223: zugesicherte Eigenschaft). Geht der Ver nicht nach § 67 I 1, sondern ausnahmsweise aus eigenem Recht gegen einen Dritten, z. B. einen Brandstifter vor, so könnte der Ersatzanspruch des Vers den Wert der Sache überschreiten, falls die Taxe (nicht erheblich) übersetzt war (Raiser VersR 1951 S. 3).

[33] 2. Unmaßgeblichkeit der Taxe.

Die Taxvereinbarung soll normalerweise dazu dienen, Ermittlungen über den Vswert überflüssig zu machen und die Schadensliquidation zu erleichtern (Anm. 4); eine eventuelle Bereicherung des Vmers wird dabei in Kauf genommen. Aber solche Bereicherung darf dennoch keine Ausmaße annehmen, welche die Grundlagen des Schadensvsrechtes — speziell das vsrechtliche Bereicherungsverbot (Anm. 45 vor §§ 49—80, Anm. 6—8 zu § 55) — erschüttern. Hier muß es Korrekturen geben, sei es im Rahmen des Vsvertragsrechtes (Anm. 35—52), sei es nach allgemeinem bürgerlichem Recht (Anm. 53—55). Dabei ist auch an den (umgekehrten) Fall einer allzu niedrigen Taxe zu denken (Anm. 34).

Greift keiner der zu behandelnden Rechtsbehelfe durch, so gilt der Grundsatz der Unveränderlichkeit der Taxe (Berndt a. a. O. S. 93), und es ist dem Ver verwehrt, eine etwaige Bereicherung des Vmers unter dem Gesichtspunkt der ungerechtfertigten Bereicherung (§ 812 I 1 BGB) zurückzufordern, denn dann fehlt es nicht an einem rechtlichen Grund für die Erlangung des den Schaden übersteigenden Betrages; diesen Grund bildet vielmehr der Vsvertrag in Verbindung mit der Taxvereinbarung.

[34] a) Versicherungsrechtliche Rechtsbehelfe.

aa) Hinaufsetzung der Taxe.

Erweist sich eine Taxvereinbarung insofern als unrichtig, als (vom Vsbeginn an oder später) der wirkliche Vswert höher ist als der Taxbetrag — ein Gebäude im Werte von 300 000 DM ist mit 200 000 DM taxiert — so ist diese Diskrepanz sowohl für den Vmer als auch für den Ver mißlich: Der Vmer erhält im Totalschadensfalle nur den Taxbetrag; der Ver muß im Teilschadensfalle möglicherweise die erforderlichen Kosten der Wiederherstellung begleichen, obgleich er in der Prämie nicht das entsprechende Äquivalent empfangen hat (Anm. 27). Juristisch handelt es sich nicht um eine Unterv, da Vssumme und (taxierter) Vswert übereinstimmen (Argus a. a. O. S. 35—36; Baur a. a. O. S. 13, der von einer latenten Unterv spricht).

Dennoch sieht das Vsrecht hier keine Korrektur der Taxe vor; weder der Vmer noch der Ver kann die Beseitigung der Diskrepanz verlangen (es gibt nur die Beseitigung einer Überv: § 51 I und einer Doppelv: § 60). Der Ver kann die Hinaufsetzung der Taxe (und der Vssumme) deshalb nicht verlangen, weil der Vmer nicht gegen seinen Willen mit einer Mehrprämie belastet werden kann. Der Vmer kann das Verlangen nicht einseitig stellen, weil den Ver kein Kontrahierungszwang belastet. Zu alledem auch Argus a. a. O. S. 36—37, Baur a. a. O. S. 54—56, Bruck S. 509—510, Hinz a. a. O. S. 104—105, Kisch a. a. O. S. 37—39, Ritter-Abraham Anm. 25 zu § 6, S. 223—224, RG 24. XI. 1883 RGZ Bd 11 S. 10—18, Schiedsspruch o. D. HansRZ 1922 Sp. 129—131 und (bedenklich) Voigt Neues Archiv für Handelsrecht 3. Bd S. 68—76.

Nach alledem ist eine Hinaufsetzung der Taxe nur im Wege der nachträglichen Vereinbarung möglich (Anm. 17). Die Vereinbarung solcher Nachv wirkt im Zweifel von ihrem Zustandekommen an auf die Gefahrtragung des Vers ein; die sich ergebende Mehrprämie ist vom Tage der Vereinbarung an geschuldet und ist als Folgeprämie zu behandeln (Anm. 128 zu § 1). Der Vmer kann verlangen, daß die Erhöhung der Taxe in einem Nachtrag zum Vsschein verbrieft wird (Anm. 21). Kommt eine Vereinbarung nicht zustande, so kann der Vmer bei einem anderen Ver eine Zusatzv nehmen (Anm. 17).

Über den Fall der Erweiterung der vten Interessen: Berndt a. a. O. S. 96 mit Anm. 18, wo jedoch der Tatbestand des Größerwerdens eines Bestandes bei einer Inbegriffsv fälschlich als Entstehung eines neuen Interesses behandelt wird (richtig Kisch a. a. O. S. 39—40).

[35] bb) „Herabsetzung" der Taxe.

aaa) Tatbestand der Übersetzung.

α) Taxe übersteigt Versicherungswert.

Nicht selten ist von vornherein der vereinbarte Taxbetrag übersetzt: Der Vmer rechnet mit Geldwertschwund, bei einer Inbegriffsv mit Zugängen (z. B. bei einem vten Warenlager); vielleicht will er auch die Differenz von Neu- und Zeitwert bei einer Zeitwertv dadurch überbrücken, daß er den Zeitwert übersetzt; möglicherweise handelt es sich sogar um eine betrügerische Übersetzung (dazu speziell Anm. 50). Außer diesen Vorsatzfällen können Irrtümer zur Übersetzung der Taxe führen, insbesondere Schätzfehler, auch bei herangezogenen Sachverständigen. Auf ein Verschulden des Vmers oder Vers kommt es nicht an (Hochgräber ZVersWiss 1926 S. 80). Der Ver schließt die Taxvereinbarung häufig auf Grund der Angaben des Vmers allzu sorglos ab; zuweilen sollen prämienhungrige Ver übersetzte Taxen angeregt haben (vgl. dazu Anm. 40). Alles das verkennt Argus a. a. O. S. 39.

Eine Übersetzung der Taxe liegt nicht nur vor, wenn die Taxe den Anfangswert übersteigt, sondern auch, wenn sie den laufenden Vswert und speziell den Ersatzwert überschreitet. Ein nachträgliches Übersteigen des Vswertes ergibt sich z. B., wenn der Wert des vten Interesses geringer wird, etwa wegen des Alterns, der Abnutzung vter Sachen, bei Geldwerterhöhungen, bei Absinken von Marktpreisen, bei Abgängen in Inbegriffsven.

Gemäß § 57² kommt es nur darauf an, ob zur Zeit des Eintritts des Vsfalls die Taxe den Vswert übersteigt. Zu vergleichen sind also Taxe und Ersatzwert. Dabei ist der Ersatzwert entsprechend den Grundsätzen zu bestimmen, die ohne Vereinbarung einer Taxe maßgeblich sind (Prölss-Martin[18] Anm. 2 zu § 57, S. 290, verkannt von LG Berlin 6. X. 1930 JRPV 1931 S. 357—358). Vor dem Vsfall ergeben sich aus der Übersetzung der Taxe im Binnenvsrecht (anders für die Seev: Anm. 52) keine Rechtsfolgen, insbesondere kann weder der Ver noch der Vmer eine Herabsetzung der Taxe verlangen, auch nicht unter dem Gesichtspunkt einer Beseitigung einer Überv; denn die Taxe hat den Vswert festgesetzt, so daß die Vssumme (wenn sie dem Taxbetrag entspricht) den festgesetzten Vswert nicht übersteigt (Anm. 29). Erst wenn die Taxe im Vsfall „geöffnet" wird, kann sich nunmehr eine (herabsetzbare) Überv ergeben (Anm. 11 zu § 51, Anm. 44).

Der Eintritt des Vsfalls, auf den § 57² zeitlich abstellt, macht die Ermittlung des wirklichen Vswerts im Zeitpunkt des Schadenseintritts erforderlich, bei gedehnten Vsfällen wird man auf den Beginn der Interessebeeinträchtigung abheben müssen (zur Problematik: Anm. 34 vor §§ 49—80). Der Zeitpunkt der Geltendmachung der Übersetzung der Taxe ist unerheblich, mag auch inzwischen — während langjähriger Entschädigungsverhandlungen — der Geldwert stark abgesunken sein. Nur wenn der Ver zum Nachweis ersatzpflichtiger Wiederherstellungskosten faktische Wiederherstellung fordert (vgl. Anm. 34, 43 zu § 52), kann es geboten sein, die Taxe am Wert zur Zeit der Wiederherstellung zu messen.

[36] β) Taxübersetzung ist erheblich.

Nach § 57² kommt es — wie nach § 51 I bei der Überv im Verhältnis Vssumme zu Vswert (Anm. 16 zu § 51) — darauf an, ob die Taxe den Vswert erheblich übersteigt (§ 793 II HGB spricht von „wesentlicher" Übersetzung, was das gleiche bedeutet: Lehmann ZVersWiss 1911 S. 787). Sinn und Zweck der Taxe verbieten die Beachtung nichterheblicher Taxübersetzungen; das Bereicherungsverbot gebietet die Beachtung erheblicher Diskrepanzen.

Die Grenze zwischen Nichterheblichkeit und Erheblichkeit ist nicht strikt gezogen; sie dürfte in der Regel dann übertreten sein, wenn sie 10 v. H. überschreitet: Bis zu 10 v. H. Bereicherungsausmaß können noch hingenommen werden; bei mehr als 10 v. H. wanken die Festen des Bereicherungsverbots, das subjektive Risiko kann beträchtlich werden.

Im Schrifttum billigen die Grenze von 10 v. H.: Baur a. a. O. S. 47—49, Bruck S. 510, Hinz a. a. O. S. 19. Berndt a. a. O. S. 94 will die Frage „letzten Endes dem Ermessen des Richters überlassen". Hagen, Seevsrecht, Berlin 1938, S. 84 meint, man werde „‚unschuldige', dem wirtschaftlichen Zweck entsprechende Übersetzungen auch in der Rechtsprechung durchlassen müssen", Kisch a. a. O. S. 17 verweist auf das „pflichtmäßige Ermessen des Gerichtes", Ritter-Abraham Anm. 28 zu § 6, S. 225—226 gehen von dem „Zweck der Einrichtung" Taxe aus (wohl: Überschreitung eines weiten Bewertungsrahmens).

In der Rechtsprechung hat RG 29. I. 1887 RGZ Bd 19 S. 215 eine Überschreitung mit 6⁶/₁₀ v. H. für nicht wesentlich erklärt; hier sei nicht „das Wesen des Vsvertrages . . . geändert", im übrigen müsse der Richter seine Ermessensausübung begründen. Das OLG Stuttgart 2. XII. 1929 Praxis 1930 S. 87 hält sogar eine Übersetzung von 11, 25 v. H. für nicht wesentlich in einem Fall, in welchem 106 Pferde mit einer Durchschnittstaxe von je 1800 RM vert waren; es komme darauf an, ob „die Taxe eben als Durchschnittstaxe erheblich übersetzt ist" (Sachverständige hatten den Durchschnittswert mit 1600 RM geschätzt); es dürfe bei der Beurteilung der Erheblichkeit „nicht kleinlich" verfahren werden.

Das Allgemeine Landrecht (§ 2170 II 8 ALR) ließ eine Abweichung bis zu 10 v. H. zu (vgl. Argus a. a. O. S. 40).

Hat der Ver einen Selbstbehalt zu tragen, so ändert dies doch nichts an der Beurteilung der Erheblichkeit der Übersetzung einer Taxe (a. M. Berndt a. a. O. S. 93 Anm. 8, Prölss-Martin[18] Anm. 2 zu § 57, S. 290, OLG Stuttgart 2. XII. 1929 Praxis 1930 S. 87). Denn es kommt — genau genommen — nicht auf das Bereicherungsausmaß, sondern auf das Verhältnis von Taxe und Ersatzwert an.

Über die Rechtslage bei Vorliegen einer Unterv vgl. Anm. 46.

[37] γ) Beweislast und Beweisführung.

Angesichts der getroffenen Taxvereinbarung ist von deren Richtigkeit auszugehen. Wer sich also darauf beruft, die Taxe übersteige den Vswert erheblich, muß dies beweisen (§ 57²: „es sei denn"). In der Regel wird der Ver die Taxe „öffnen" wollen, so daß ihn die Beweislast trifft (RG 10. X. 1930 JRPV 1930 S. 380 mit der für den Totalschadensfall zutreffenden Formulierung, der Ver müsse beweisen, daß der Vmer einen erheblich geringeren Schaden erlitten hätte als den Betrag der Taxe). Es steht also dem Ver trotz der von ihm getroffenen Taxvereinbarung frei darzutun, der wirkliche Ersatzwert sei niedriger als der (feststehende) Taxbetrag, und zwar erheblich niedriger (Argus a. a. O. S. 40, Berndt a. a. O. S. 94, Bruck S. 511, Kisch a. a. O. S. 18, Ritter-Abraham Anm. 33 zu § 6, S. 228).

Hat der Ver seine „Behauptungen nicht zur Begründung des Einwandes aus § 57 VVG, sondern unter anderen rechtlichen Gesichtspunkten beigebracht", so muß doch das Gericht die rechtliche Prüfung selbständig vornehmen, auch im Blick auf § 57² (RG 10. X. 1930 JRPV 1930 S. 380).

Bei der Beweisführung ist für den Richter § 286 ZPO, nicht § 287 ZPO zu beachten: Es geht nicht um einen Schadensbeweis, sondern um den Beweis des wirklichen Vswertes, also um einen Wertbeweis (vgl. Anm. 42 zu § 52; Hagen I S. 475 Anm. 7, Kisch a. a. O. S. 17, Ritter-Abraham Anm. 28 zu § 6, S. 226; RG 19. III. 1904 RGZ Bd 58 S. 35—36). Die Beweisführung wird dem Ver dadurch erleichtert, daß im Fall der „Anfechtung" der Taxe die Auskunfts- und Belegpflicht des Vmers wiederaufleben (Anm. 31).

[38] bbb) Geltendmachung der Übersetzung.

α) Beteiligte.

§ 57² macht die Entkräftung der Taxe nicht von einer Willenserklärung des Vers abhängig; denn sobald ihre erhebliche Übersetzung feststeht, verliert sie ex lege ihre maßgebliche Kraft (Kisch a. a. O. S. 19). Der Richter hat die erhebliche Übersetzung von Amts wegen zu berücksichtigen, falls sie für ihn feststeht, und zwar auch dann, wenn der Ver sich untätig verhält, sogar im Versäumnisverfahren (Kisch a. a. O. S. 20). Möglicherweise ergibt sich die erhebliche Übersetzung aus dem eigenen Vortrag des Vmers.

Steht aber die erhebliche Übersetzung nicht fest, so muß sich der Ver darauf berufen, er muß sie geltendmachen, einen „Einwand" (RG 10. X. 1930 JRPV 1930 S. 380) erheben (vgl. auch Baur a. a. O. S. 45—46). Denn zunächst ist von der Richtigkeit der getroffenen Taxvereinbarung auszugehen. Zur Beweislast und Beweisführung Anm. 37.

Der Einwand ist gegenüber demjenigen zu erheben, der sich auf die Taxe beruft. Das wird regelmäßig der Vmer sein, besonders nach Eintritt eines Total- oder Teilschadens (Anm. 27). Bei der V für fremde Rechnung kommt der Einwand auch gegenüber dem Vten in Betracht, nach einer Veräußerung der vten Sache gegenüber dem Erwerber.

Gibt ein Vsfall Anlaß zur Feststellung des Ersatzwertes, so könnte sich primär auch der Vmer auf die erhebliche Übersetzung berufen, mit dem Ziel, die Taxe als unmaßgeblich herauszustellen, zu „öffnen" und nunmehr zwecks künftiger Prämienersparnis die Beseitigung der Überv, also die Herabsetzung der Vssumme gemäß § 51 I zu verlangen (Anm. 11 zu § 51).

[39] β) Zeitpunkt.

Die Taxvereinbarung hat den Zweck einer vertraglichen Fixierung des Vswertes für die gesamte Vsdauer. Die bindende, konstitutive Kraft der Taxe besteht selbst dann fort, wenn sich ihre (anfängliche oder nachträgliche) Übersetzung herausstellt. § 57 sieht einen Rechtsbehelf des Vers oder Vmers, ein (jederzeit erhebbares) Herabsetzungsverlangen nicht vor (Ehrenzweig S. 244 Anm. 5, Kisch a. a. O. S. 12, 34—35, unrichtig Argus a. a. O. S. 42, Bruck S. 510—511, Hinz a. a. O. S. 25—26, Prölss-Martin[18] Anm. 2 zu § 57, S. 290).

Lediglich an den Zeitpunkt des Eintritts des Vsfalls knüpft § 57² die Prüfung der Frage an, ob die Taxe den Ersatzwert erheblich übersteige. Der Anfangswert, der (bis zum Vsfall) laufende Vswert werden also nicht an der Taxe gemessen. Nur dann, wenn die Gefahrtragung des Schadensvers durch den Vsfall in ein akutes Stadium tritt, wenn es um die Entschädigung des Vmers geht, wenn also das vsrechtliche Bereicherungsverbot in Frage steht, ist zu untersuchen, ob die Taxe den Ersatzwert erheblich überschreitet (Baur a. a. O. S. 50—51, Berndt a. a. O. S. 95).

Solange die Entschädigungsfrage nach einem Vsfall schwebt, kann der Ver (und zwecks künftiger Prämienersparnis der Vmer; Anm. 38) die erhebliche Taxübersetzung geltend machen, auch noch z. B. in einem gerichtlichen Verfahren, sogar in der Revisionsinstanz (vgl. Anm. 40). Dauert nach einem Vsfall der Vsschutz fort, ohne daß sich der Ver auf § 57² berufen hat, so bindet weiterhin die Taxe, auch wenn durch den Vsfall die vte Sache erheblich beschädigt und nicht repariert ist. Erst bei einem neuen Vsfall wird die Prüfung der erheblichen Übersetzung wieder akut; möglicherweise ist inzwischen die Taxe „richtig" geworden, z. B. wegen Geldentwertung, durch Zugänge bei Inbegriffsven.

Als Vsfall, der die Überprüfung der Taxe gestattet, kommt für den Ver auch ein Fall in Betracht, in welchem er zu Unrecht in Anspruch genommen wird, z. B. weil sich herausstellt, daß der Vmer den Vsfall vorsätzlich oder grobfahrlässig herbeigeführt hat (§ 61). Gerade hier kann ein Bedürfnis bestehen, für die Zukunft die Taxe zu „öffnen" und das subjektive Risiko durch Beseitigung der Überv zu mindern.

Von der Übersetzung der Taxe ist der Tatbestand des teilweisen Wegfalls des vten Interesses zu unterscheiden, der in § 68 II—IV behandelt ist und mittelbar auch zu einem Unwirksamwerden der ehemaligen Taxe für das volle bisherige Interesse führt (Baur a. a. O. S. 51—52, Berndt a. a. O. S. 95—96, Hagen I S. 474, Kisch a. a. O. S. 35—37, Ritter-Abraham Anm. 24 zu § 6, S. 223).

[40] γ) Rechtsnatur.

§ 57² setzt der privatrechtlichen Taxvereinbarung aus Gründen des ordre public eine gesetzliche Schranke, welche krasse Durchbrechungen des vsrechtlichen Bereicherungsverbots verhindern soll. Der Privatautonomie werden bindende, konstitutive Vereinbarungen über den Vswert gestattet, aber bei Eintritt eines Vsfalls übernimmt das Gesetz eine Überwachungsfunktion und entkleidet eine erheblich übersetzte Taxe ihrer maßgeblichen Kraft: An die Stelle der „übersetzt" vereinbarten Taxe tritt wieder der wirkliche Vswert und Ersatzwert.

Die Taxe ist — sofern sie erheblich übersetzt ist — als nicht mehr existent zu behandeln, und zwar kraft Gesetzes, ohne daß eine Willenserklärung des Vers (oder Vmers) eine Rolle spielt (Berndt a. a. O. S. 94, Kisch a. a. O. S. 19), mag auch die Vspraxis immer wieder fälschlich von der „Anfechtung" der Taxe sprechen (Argus a. a. O. S. 41 nimmt auch für die Binnenv fälschlich ein „Recht der Herabsetzung" an). Eine feststehende erhebliche Übersetzung der Taxe hat der Richter von Amts wegen zu berücksichtigen, wenn sie sich aus dem Sachverhalt ergibt (Anm. 38), auch im Versäumnisverfahren und in der Revisionsinstanz.

In praxi wird allerdings meistens der Ver den Richter auf die Übersetzung der Taxe hinweisen müssen, und auch außergerichtlich macht der Ver einen „Einwand" geltend (Anm. 38). Diesem Einwand könnte in Ausnahmefällen ein Gegeneinwand entgegenstehen, z. B. wenn — bei unveränderten Umständen — gerade der Ver oder sein Vertreter (z. B. Schätzer) es gewesen war, der auf die Festsetzung der Taxe in dieser Höhe gedrungen hatte (venire contra factum proprium), oder wenn in langen Schadensverhandlungen der Ver den Einwand erst sehr verspätet hervorkehrt (Verwirkung). Angesichts der Rolle des ordre public wird man allerdings solche Gegeneinwände nur selten zulassen dürfen, und der Richter wird besonders dann dem Bereicherungsverbot zum Siege verhelfen müssen, wenn infolge des Einwandes die erhebliche Übersetzung der Taxe ohne weiteres feststeht, so daß weitere Beweiserhebungen nicht vonnöten sind.

Hagen, Seevsrecht, Berlin 1938, S. 84 Anm. 3 meint, der Einwand sei wegen der zwingenden Kraft des Gesetzes auch zulässig, „wenn der Ver bei der Vereinbarung der Taxe mit der wesentlichen Übersetzung einverstanden war" (sehr „fein" ist solchenfalls das Verhalten des Vers nicht, vgl. hierzu auch Buchwalter a. a. O. S. 65—66, Hochgräber ZVersWiss 1926 S. 77—78, 80). RG 8. I. 1919 RGZ Bd 94 S. 271 führt aus, es komme „nicht darauf an, ob auch der Ver sich der Übersetzung der Taxe bewußt war und aus welchen Gründen er sich damit einverstanden erklärt hat" (vgl. dazu auch Vorinstanz: OLG Hamburg 5. VI. 1918 HGZ 1918 Hptbl S. 135—136).

[41] δ) Inhalt.

Wird die erhebliche Übersetzung der Taxe nicht von Amts wegen berücksichtigt, so kann der Ver sie nach einem Vsfall geltend machen. Dieser Einwand kann ausdrücklich oder stillschweigend, möglicherweise auch konkludent erfolgen, sofern nur für den Vmer (oder Vten oder Erwerber der vten Sache: Anm. 38) erkennbar wird, der Ver wolle sich auf die erhebliche Diskrepanz zwischen Taxe und Vswert berufen.

Es ist unschädlich, wenn der Ver — juristisch ungenau — von einer „Anfechtung" der Taxe spricht oder ein „Verlangen" der Herabsetzung äußert. Ist der Vsfall eingetreten und verlangt nunmehr der Ver „Beseitigung der Überv", so liegt darin zugleich die Geltendmachung der Taxübersetzung; denn die Überv läßt sich nach § 51 I erst beseitigen, wenn vorher die Taxe „geöffnet" ist (Anm. 11 zu § 51). Verweigert im Totalschadensfalle der Ver die Leistung der Entschädigung in Höhe des Taxbetrages, weil der Schaden bedeutend niedriger sei, so liegt hierin die Geltendmachung des Einwandes aus § 57².

Der Einwand ist vom Ver inhaltlich zu substantiieren, d. h. es müssen Behauptungen darüber aufgestellt werden, daß die Taxe den Ersatzwert übersteige, und zwar erheblich, d. h. um mehr als 10 v. H. Diese Behauptungen sind vom Ver durch nähere Angaben zu stützen und im Bestreitensfalle zu beweisen.

[42] **ε) Form.**

Die Geltendmachung des Einwandes der erheblichen Übersetzung der Taxe bedarf keiner Form, auch dann nicht, wenn für Willenserklärungen der Parteien des Vsvertrages eine Form vertraglich vorgesehen ist; denn die Geltendmachung setzt keine Willenserklärung voraus.

Bestreitet der Vmer die Berechtigung des Einwandes aus § 57², so kann der Ver auf Feststellung der Unmaßgeblichkeit der Taxe klagen, sofern er — z. B. nach einem Totalschadensfalle — seine über den wirklichen Ersatzwert hinausgehende Leistungspflicht bestreitet (vgl. Ritter-Abraham Anm. 30 zu § 6, S. 226). Der Vmer wird solchenfalls eine Leistungsklage auf Zahlung der vollen Entschädigung anstrengen müssen, kann aber in anderen Fällen auch ein rechtliches Interesse daran haben, daß für die Zukunft das Bestehen der Taxvereinbarung — eines Rechtsverhältnisses (§ 256 ZPO) — festgestellt wird.

[43] **ccc) Folgen der Geltendmachung**

α) hinsichtlich der Taxe.

Wird mit Erfolg der Einwand der erheblich übersetzten Taxe geltendgemacht, so beeinträchtigt dies nicht den Vsvertrag im ganzen; hier zeigt sich, daß die Taxvereinbarung nicht zu den essentialia negotii gehört; es ist stets anzunehmen, daß der Vsvertrag auch ohne Taxe abgeschlossen sein würde (vgl. § 139 BGB: Argus a. a. O. S. 40, Ehrenberg ZVersWiss 1906 S. 412).

Die Teilbedeutung der erheblichen Übersetzung der Taxe wirkt sich nicht dahin aus, daß die Taxe korrigiert, also herabgesetzt wird, sei es auf den wirklichen Ersatzwert, sei es gar auf den Taxbetrag, der noch gerade unbeanstandbar gewesen wäre, also auf den wirklichen Ersatzwert zuzüglich 10 v. H. Wird eine Sache mit einem Taxwert von 250 000 DM, die in Wahrheit einen Wert von 200 000 DM hat, total zerstört, so erhält der Vmer weder 250 000 DM noch 220 000 DM, sondern 200 000 DM, und zwar letztere deshalb, weil der Ersatzwert 200 000 DM beträgt, nicht aber deshalb, weil die Taxe auf 200 000 DM „herabgesetzt" wird.

Es wird also aus der taxierten Polize eine offene Polize, eine V ohne Taxe. An die Stelle der Taxe tritt der wirkliche Vswert, d. h. für den vorliegenden Vsfall der wirkliche Ersatzwert, für die Zukunft der wirkliche laufende Vswert (unrichtig sprechen Argus a. a. O. S. 42—43, 45, Bruck S. 511 von einer herabgesetzten Taxe).

Die „Öffnung" der Polize wirkt zurück auf den eingetretenen Vsfall, nicht aber wirkt sie für die Vergangenheit, auch nicht, falls von Anfang an die Taxe erheblich übersetzt war.

[44] **β) hinsichtlich der Versicherungssumme.**

Die Vssumme pflegt bei einer taxierten V dem Taxbetrag genau zu entsprechen. Erweist sich die Taxe als erheblich übersetzt, so tritt zwar an die Stelle der Taxe der Vswert (Anm. 43), aber die Vssumme bleibt unverändert hoch. Die Vssumme verliert de facto hier jedoch ihre Bedeutung als Leistungsbegrenzung, weil der nunmehr maßgebliche Vswert niedriger liegt als die Vssumme.

Es ergibt sich also eine Überv, deren Beseitigung nunmehr sowohl der Vmer als auch der Ver nach § 51 I verlangen kann (Anm. 11 zu § 51). Der Ver wird hieran regelmäßig kein Interesse haben, denn die Herabsetzung der Vssumme mindert die Prämie. Beim Vmer ist die Interessenlage nicht so eindeutig: Einerseits kann er die derzeitige Überv bestehen lassen wollen, z. B. weil er mit einem Anwachsen des Vswertes rechnet (Vorsorgegedanke); hat andererseits ausnahmsweise der Vmer die Polize „geöffnet", so kann darin zugleich das Verlangen nach Beseitigung der Überv im Interesse der Prämienersparnis liegen. Allzu generell Hinz a. a. O. S. 26—27, der stets im Verlangen des Vers oder Vmers „nach Herabsetzung der Taxe zugleich auch ein Verlangen auf Herabsetzung der Vssumme erblicken" will. Richtig Kisch a. a. O. S. 18—19 Anm. 26, Lehmann ZVersWiss 1911 S. 789, Ritter-Abraham Anm. 32 zu § 6, S. 227.

[45] γ) hinsichtlich der Gefahrtragung

αα) im Allgemeinen.

Entfällt die Taxe, so tritt an ihre Stelle der objektiv zu bestimmende Vswert, und hierdurch wird die Gefahrtragungsleistung des Vers beeinflußt, und zwar sowohl die durch den Vsfall aktualisierte Gefahrtragung als auch — für die Zukunft — die latente Gefahrtragung.

Was den eingetretenen Vsfall anlangt, so ist der Schaden wie bei einer offenen Polize zu liquidieren. Die vorhandene Überv tritt zutage. Im Totalschadensfall braucht der Ver nicht den Taxbetrag zu leisten, sondern höchstens den wahren Ersatzwert. Im Teilschadensfall darf man nicht mehr von Prozenten der Taxe ausgehen oder von der Taxe den Wert der Reste abziehen, sondern auch hier ist der Schaden vom wirklichen Ersatzwert her zu ermitteln. Bei Prüfung der Reparaturunwürdigkeit sind die Wiederherstellungskosten nicht mehr mit der Taxe, sondern mit dem wahren Ersatzwert zu vergleichen. Vgl. dazu Anm. 27.

Beruft sich der Ver nicht auf die Unmaßgeblichkeit der Taxe, sondern erbringt er nach dem Vsfall seine volle Geldleistung, so kommt es darauf an, ob er gewußt hat, daß die Taxe erheblich übersetzt ist. Hat er dies gewußt, so entfällt gemäß § 814 BGB ein Bereicherungsanspruch (Kisch a. a. O. S. 46, vgl. auch Ritter-Abraham Anm. 34 zu § 6, S. 228, OLG Hamburg 21. XI. 1896 HGZ 1897 Hptbl S. 13—19).

[46] ββ) bei Unterversicherung.

Es kommt bei taxierten Ven vor, daß die Vssumme den Taxbetrag nicht erreicht. Gemäß § 57[3] haftet hier der Ver nur nach dem Verhältnis der Vssumme zur Taxe, also nach der sogen. Proportionalitätsregel. Der Vmer ist mit einem Selbstbehalt belastet, der möglicherweise ein obligatorischer ist (Baur a. a. O. S. 24—26).

Erweist sich bei solcher Unterv mit Taxe, daß die Taxe erheblich übersetzt ist, so soll nach § 57[3] trotzdem für die Leistungspflicht des Vers das Verhältnis der Vssumme zur Taxe maßgebend bleiben (ebenso § 6 II 3 ADS). Es soll also nicht das Verhältnis der Vssumme zum wirklichen Ersatzwert entscheiden. Ist eine Ware, deren wirklicher Ersatzwert 200 000 DM beträgt, mit 300 000 DM taxiert und mit einer Vssumme von 100 000 DM vert, und wird nach einem Totalschadensfall die erhebliche Übersetzung der Taxe geltend gemacht, so erhält der Vmer nicht 1 : 2 des Schadens = 100 000 DM ersetzt, sondern nur 1 : 3 = 66 666 DM. „Die Bestimmung erscheint gerechtfertigt, weil in der Vereinbarung einer Taxe, die höher ist als die Vssumme, jedenfalls die Absicht der Parteien zum Ausdruck kommt, daß der Vmer nach dem Verhältnisse des nicht gedeckten Teiles des Wertes selbst Ver sein soll; hierbei muß es verbleiben, auch wenn sich die Taxe als übersetzt erweist und deshalb im übrigen für den Vswert nicht maßgebend ist" (Begr. I S. 64—65). Vgl. hierzu Argus a. a. O. S. 42—43, Baur a. a. O. S. 26—30, 50, Berndt a. a. O. S. 94—95, Hinz a. a. O. S. 104, Kisch a. a. O. S. 25—27, Ritter-Abraham Anm. 32 zu § 6, S. 227, Schlegelberger Anm. 8 zu § 6, S. 46 und für das vorgesetzliche Seevsrecht Voigt Neues Archiv für Handelsrecht 2. Bd S. 468—483.

Die Vorschrift des § 57³ zeigt, daß sogar eine „angefochtene“ Taxe für die Gefahrtragung des Vers noch in gewisser Beziehung bedeutsam bleibt. Es bedürfte einer besonderen Vereinbarung zwischen Vmer und Ver, wenn bei gewollter Unterv künftig das Verhältnis Vssumme : Ersatzwert (im obigen Beispiel 1 : 2) für die Entschädigungsberechnung maßgebend sein soll.

[47] **δδ) hinsichtlich der Prämienzahlung.**

Die „Öffnung“ der Polize läßt die Prämienzahlungspflicht des Vmers grundsätzlich unberührt; denn die Prämie richtet sich primär nach der Vssumme (Anm. 30 zu § 50), und diese bleibt unverändert (unrichtig Argus a. a. O. S. 43).

§ 57² sieht keine Prämienkorrektur vor, aber die Unmaßgeblichkeit der Taxe läßt ja eine Überv hervortreten, so daß nach § 51 I eine Herabsetzung der Vssumme und damit eine verhältnismäßige Minderung der Prämie mit sofortiger Wirkung verlangt werden kann (Näheres Anm. 33—35 zu § 51). § 51 II (Überv durch ein Kriegsereignis mit rückwirkender Prämienermäßigung) kann bei taxierten Polizen deshalb nicht ohne weiteres angewendet werden, weil von einer Überv vor der „Öffnung“ der Polize nicht gesprochen werden kann. Man wird hier doch § 51 II analog anwenden müssen.

[48] **ddd) Unabdingbarkeit des § 57.**

α) Erschwerung der „Anfechtung“.

§ 57² ist absolut zwingend. Die Korrektur der erheblich übersetzten Taxe erfolgt kraft Gesetzes und angesichts des vsrechtlichen Bereicherungsverbots sowie des ordre public sind Vereinbarungen rechtsunwirksam, welche die Taxe „unanfechtbar“ machen oder die Geltendmachung des Einwandes der erheblichen Übersetzung beschränken oder erschweren wollen. Das gilt auch für Vszweige, in denen die (relativen) Beschränkungen der Vertragsfreiheit nicht gelten (§§ 187 I, II, 192 II; unrichtig für die öffentlichrechtliche Feuerv Argus a. a. O. S. 47, Damm Mitt 1911 S. 821).

Deshalb sind Klauseln, wie sie sich besonders in Maklerbedingungen finden, nichtig, welche besagen: „Die Taxe ist unanfechtbar“, „Ohne weiteren Beweis hinsichtlich der Taxe“, „feste Taxe“, „Der Ver verzichtet auf jeden Nachweis der Taxe“, „Unter Verzicht auf alle Rechte der Anfechtung gegen den taxierten Wert“, „Die vereinbarten Taxen sind geschätzt ohne weiteren Nachweis und unter Verzicht auf alle Rechte der Anfechtung“.

Deshalb wären auch Vereinbarungen nichtig, wonach eine Übersetzung der Taxe als nicht erheblich gelten soll, wenn sie z. B. 25 v. H. des Vswertes nicht überschreitet, oder wonach der Ver den Einwand der erheblichen Übersetzung nur innerhalb einer Frist soll geltendmachen können.

Wie hier Baur a. a. O. S. 56—59, Berndt a. a. O. S. 97, Bruck S. 511, Hochgräber ZVersWiss 1926 S. 75—80, Kisch a. a. O. S. 42—46, Lehmann ZVersWiss 1911 S. 789—792, Prölss-Martin[18] Anm. 5 zu § 57, S. 290 (mit unverstandener Einschränkung), Ritter-Abraham Anm. 36 zu § 6, S. 228—230; RG 19. III. 1904 WallmannsZ Bd 39 S. 740—743, 8. I. 1919 RGZ Bd 94 S. 270—271, OLG Hamburg 7. XI. 1934 HansRGZ 1934 A Sp. 716. Gegenteiliger Auffassung nur Buchwalter a. a. O. S. 65—67, Molt a. a. O. S. 59, Rehm ZVersWiss 1911 S. 465—473, OLG Hamburg 5. VI. 1918 HGZ 1918 Hptbl S. 135—136 (in einem Fall, in dem der Ver „in voller Kenntnis des geringeren wirklichen Wertes“ die Taxe kontrahiert hatte; das Urteil ist vom zitierten Urteil des RG 8. I. 1919 RGZ Bd 94 S. 270—271 aufgehoben worden).

Die absolut zwingenden Gesetzesvorschriften, welche auf dem Bereicherungsverbot beruhen (Anm. 4), können auch nicht dadurch umgangen werden, daß man eine Sachv zuläßt, für die das klassische Entschädigungsprinzip nach dem Parteiwillen nicht gelten soll, also eine „Sachsummenv“. Wenn Gärtner, Das Bereicherungsverbot, Berlin 1970, S. 35—46 die Normen betreffend Überv und Taxe auf solche Weise zu überspielen versucht, so verkennt er die wohlerwogenen Grundsätze des geltenden (und hoffentlich auch in Zukunft gültig bleibenden) Rechts und die Grenzziehung zu Spiel und Wette, mag er auch seinerseits in Ausnahmefällen eine Anfechtbarkeit seiner Sach-„Summenvereinbarungen“ „unter Spielgesichtspunkten“ konzedieren (S. 75). Ähnlich wie Gärtner schon Winter, Konkrete und abstrakte Bedarfsdeckung in der Sachv, Göttingen 1962, S. 114 (Sachv mit abstrakter Bedarfsdeckung = Sachsummenv, bei welcher „man bei einer erheblichen Übersetzung der Taxe lediglich nicht mehr von einer Taxe sprechen kann").

In der Gewinnv — besonders bei der V imaginären Gewinns — sind Taxen de facto nur selten „anfechtbar" (Beispiel: RG 26. X. 1892 Bolze Bd 15 S. 262—263 Nr. 400). Deshalb ist es auch besonders schwierig, eine erhebliche Übersetzung der Taxe dann nachzuweisen, wenn „Güter einschließlich imaginärem Gewinn, gleichviel wie hoch" vert sind. Denn hier kann der Vmer behaupten, zwar seien die Güter nicht sehr wertvoll, aber er habe einen sehr hohen Gewinn erwartet. Fehlt der Zusatz: „gleichviel wie hoch", so gelten 10 v. H. der Taxe als Taxe des Gewinns (§ 101^1 ADS). Ist also eine Ware mit einem wirklichen Vswert von 100 000 DM mit 200 000 DM einschließlich imaginärem Gewinn taxiert vert, so entfallen 20 000 DM auf imaginären Gewinn, und der Ver kann geltend machen, daß mit 180 000 DM die auf die Güterv entfallende Taxe erheblich übersetzt sei. Im Totalschadensfalle erhält der Vmer also 100 000 + 20 000 = 120 000 DM, während bei Einschluß von Gewinn „gleichviel wie hoch" der Ver wohl nicht umhin könnte, 200 000 DM zu zahlen. Nach Argus a. a. O. S. 56, Kisch a. a. O. S. 18 Anm. 25, RG 29. I. 1887 RGZ Bd 19 S. 213—214 soll bei gemeinschaftlicher, prozentualer V von Güter- und Gewinninteresse die „Anfechtung" der Gütertaxe automatisch auch die Taxe des imaginären Gewinns ergreifen, so daß im Beispielsfall der zu vergütende imaginäre Gewinn sich von 20 000 DM auf 11 111 DM ermäßigen würde.

[49] β) Erleichterung der „Anfechtung".

Angesichts des Zweckes von § 57^2 bestehen keine Bedenken dagegen, Vereinbarungen zu treffen, die zugunsten des Vers vom Gesetz abweichen. So könnte vereinbart werden, daß schon eine Diskrepanz von mehr als 5 v. H. zwischen Ersatzwert und Taxe als erheblich gelten solle (vgl. Baur a. a. O. S. 59) oder daß eine Taxe nur für eine bestimmte Zeit maßgeblich sein solle, z. B. bei einer zehnjährigen V nur für fünf Jahre (vgl. Argus a. a. O. S. 27, Baur a. a. O. S. 72) oder daß (außerhalb der Mobiliarfeuerv) einer Taxe nur die Bedeutung nach § 87 zukommen solle (vgl. Anm. 51; Begr. I S. 94, Ehrenzweig JW 1931 S. 3194) oder daß Ver und/oder Vmer schon vor Eintritt eines Vsfalls eine Herabsetzung der Taxe sollen verlangen können (ähnlich wie nach § 51 I eine Beseitigung der Überv). Vgl. zu alledem auch Berndt a. a. O. S. 97, Bruck S. 511, Hagen I S. 472—473, Kisch a. a. O. S. 41—42, Ritter-Abraham Anm. 35 zu § 6, S. 228.

§ 57^3 ist insofern abdingbar, als eine Vereinbarung getroffen werden kann, wonach die Proportionalitätsregel bei Unterv mit „angefochtener" Taxe angewendet werden soll unter Zugrundelegung des Verhältnisses Vssumme : Ersatzwert (also nicht Vssumme : Taxe); vgl. Anm. 46, a. M. Berndt a. a. O. S. 97 Anm. 20.

[50] εεε) Rechtslage bei betrügerischer Übersetzung.

Es fehlt eine gesetzliche Bestimmung, wonach eine betrügerische erhebliche Überhöhung der Taxe den Vsvertrag nichtig macht. Solche Normen gibt es für die betrügerische Überv (§ 51 III) und die betrügerische Doppelv (§ 59 III). Auch eine V mit stark überhöhter Taxe kann aber vom Vmer in der Absicht genommen werden, sich einen rechtswidrigen Vermögensvorteil zu verschaffen (Näheres über diesen Tatbestand Anm. 44—47 zu § 51).

Obgleich eine Überv vor „Öffnung" der Taxe begrifflich nicht vorliegt und obgleich bei der Taxvereinbarung der Ver mitwirkt, kann doch § 51 III mit seiner Nichtigkeitsfolge als zivilrechtliche Norm analog angewendet werden (dazu auch Anm. 46 zu § 51), sofern der Vmer den Ver bei Abschluß der Taxvereinbarung absichtlich über die Höhe des wirklichen Vswertes täuscht, z. B. ein „unechtes" Gemälde mit Hilfe von gefälschten Expertisen als echt ausgibt und eine entsprechende Taxe herbeiführt. Hierzu vgl. Argus a. a. O. S. 45, Baur a. a. O. S. 59—60, Hinz a. a. O. S. 62, OLG Hamburg 7. XI. 1934 HansRGZ 1934 A Sp. 715—716 (wonach ein Beweis ersten Anscheins für die Betrugsabsicht genügt), LG Hamburg 11. IX. 1959 VersR 1960 S. 316—317 (nach Öffnung der Taxe); ablehnend nur Buchwalter a. a. O. S. 110—111, Kisch a. a. O. S. 11. Eine absichtliche Übersetzung der Taxe wegen erhoffter Wertsteigerung, befürchteten Geldwertschwundes, erwarteter Zugänge bei Inbegriffsven löst keine analoge Anwendung des § 51 III aus.

Als Rechtsfolge betrügerischer erheblicher Übertaxierung ergibt sich analog § 51 III die Nichtigkeit des gesamten Vsvertrages, nicht nur der Taxvereinbarung (Argus a. a. O. S. 45); dem Ver gebührt dennoch grundsätzlich die Prämie (Näheres: Anm. 48 bis 49 zu § 51).

Ist die Taxe zunächst irrtümlich übersetzt und zeigt der Vmer dies nach Kenntniserlangung dem Ver nicht an, so wird dadurch die V nie zu einer betrügerischen und nicht nichtig (a. A. Argus a. a. O. S. 45).

Strafrechtlich ist eine vorsätzliche erhebliche Übersetzung der Taxe unter dem Gesichtspunkt des allgemeinen Betrugstatbestandes zu würdigen (vgl. Anm. 51 zu § 51).

[51] fff) Rechtslage in besonderen Versicherungszweigen.

α) Feuergewinn- und Mobiliarfeuerversicherung.

§ 89 I verbietet absolut zwingend (Einl. Anm. 46) die Vereinbarung einer Taxe bei einer Feuerv entgehenden Gewinns. Nach Auffassung der Begr. I S. 96 könnte solche V „ein Anreiz zur Herbeiführung von Bränden werden", besonders in Zeiten wirtschaftlicher Depression. Die Norm ist nur für die Gewinnv im Bereich der Feuerv erlassen, gilt hier aber trotz § 187 II auch bei einer laufenden V (Anm. 34 zu § 53). Außerhalb der Feuerv ist § 89 I auch analog nicht anzuwenden; deshalb wäre bei einer Einbruchdiebstahlv (man denke an Juwelen oder Pelze) die Mitv eines taxierten entgehenden Gewinns juristisch zulässig, wirtschaftlich allerdings gefährlich. Bei der Mietverlustv handelt es sich, soweit Mietverträge bereits laufen, trotz Begr. I S. 95 nicht um eine Gewinn-, sondern um eine Forderungsv (Anm. 8, 15 zu § 53), so daß hier eine Taxierung stets zulässig erscheint (a. M. Kisch a. a. O. S. 2 Anm. 2). Die Härten des § 89 I versucht im übrigen § 89 II zu mildern, der aufsichtsbehördlich genehmigte Vertragsbestimmungen über die Berechnung des entgehenden Gewinns zuläßt (dazu Anm. 15; Begr. I S. 96).

§ 87 schränkt für die Feuersachv beweglicher Sachen die Bedeutung der Taxe sehr ein — gleichfalls absolut zwingend (Einl Anm. 46). so daß die Vorschrift auch bei laufenden und öffentlichrechlichen Ven trotz §§ 187 II, 192 II Beachtung erheischt (a. M. Bruck VuGeldwirtschaft 1926 S. 310, Buchwalter a. a. O. S. 87). Über Tragweite und Anwendungsbereich des § 87 vgl. schon Anm. 6. Nach § 87[1] ist die Taxe von vornherein unmaßgeblich, wenn sie den wahren Anfangswert des vten Interesses zur Zeit der Schließung des Vertrags erheblich übersteigt. Zum Begriff der Erheblichkeit vgl. Anm. 36. Eine Taxvereinbarung im Blick auf erwartete Wertsteigerungen, Inbegriffsvermehrungen ist in der Feuerv beweglicher Sachen hiernach sinnlos. Überhaupt führt § 87 dazu, daß die Taxe bei der Feuerv beweglicher Sachen kaum vorkommt (Berndt a. a. O. S. 93, Bruck S. 512). Sie könnte aber z. B. bei Kunstwerken, deren Wert eher zunimmt als sinkt, sinnvoll sein (Argus a. a. O. S. 48). Im Falle der Unterv gilt auch hier § 57[3] (Begr. I S. 94; Argus a. a. O. S. 48—49). Vgl. im übrigen Begr. I S. 93—94, RAA VA 1911 S. 116—117, 1913 S. 120, KG 25. VII. 1936 JRPV 1937 S. 12.

[52] β) See- und Binnentransportversicherung.

In der See- und Binnentransportv spielen taxierte Polizen eine besonders große Rolle. Aus § 6 II ADS ergeben sich einige wichtige Abweichungen im Vergleich zur Binnenv und speziell zu § 57:

Die Taxvereinbarung, die den Anfangswert festsetzt, muß hier ohne weiteres auch für den laufenden Vswert und den Ersatzwert Bedeutung besitzen, weil die See- und auch die Binnentransportv von der Fiktion des gleichbleibenden Vswertes ausgehen (Anm. 46 vor §§ 49—80, Anm. 25 zu § 52). Wird die vte Sache wertvoller und soll eine ergänzende V genommen werden, so nennt man diese im Bereich obengenannter Fiktion Mehrwertv. Diese kann gleichfalls taxiert genommen werden (Beispiel: RG

28. VIII. 1942 RGZ Bd 169 S. 368—376, LG Hamburg 25. VII. 1941 HansRGZ 1941 B Sp. 393—399 = JRPV 1941 S. 217—219).

Nach § 6 II 2 ADS kann der Ver „eine Herabsetzung der Taxe verlangen, wenn die Taxe den wirklichen Vswert erheblich übersteigt". Hier besteht insofern ein Unterschied zu § 57², als nicht abgehoben wird auf den Eintritt eines Vsfalles. Als wirklicher Vswert ist hier nicht der Ersatzwert zu ermitteln, sondern der Wert zu Beginn der V (vgl. §§ 70 I 1, II, 90 ADS, auch §§ 140 I, II, 141 I; Argus a. a. O. S. 38, Ehrenberg ZVersWiss 1906 S. 412, Rehm ZVersWiss 1911 S. 469—470, Ritter-Abraham Anm. 27 zu § 6, S. 225). Dabei ist zu beachten, daß eine Mehrwertv erst mit ihrem Abschluß beginnt.

Bei erheblicher Übersetzung der Taxe tritt die Vertragskorrektur in der Seev — anders in der Binnentransportv wegen § 57² — nicht kraft Gesetzes ein, vielmehr setzt § 6 II 2 ADS (wie § 793 II HGB) ein Herabsetzungsverlangen des Vers voraus, d. h. eine einseitige Willenserklärung, die jederzeit abgegeben werden kann, nicht nur nach Eintritt eines Vsfalles; das Verlangen führt hier nicht nur zur „Öffnung" der Polize, sondern zur Herabsetzung der Taxe (Näheres Kisch a. a. O. S. 21—23, Ritter-Abraham Anm. 30—34 zu § 6, S. 226—228).

Dieses Herabsetzungsrecht des Vers kann auch in der Seev nicht beschränkt oder ausgeschlossen werden (Argus a. a. O. S. 57—59, Lehmann ZVersWiss 1911 S. 789—792, Ritter-Abraham Anm. 36 zu § 6, S. 228—230 mit treffenden Argumenten gegen Rehm ZVersWiss 1911 S. 465—473).

Nach Sondervorschriften gilt zuweilen eine Vssumme in der Seev als Taxe (§§ 100, 104¹ ADS) oder — umgekehrt — eine Taxe nur als Vssumme (§§ 107 III, 108 III, 109 I ADS). Treten Güter die vte Reise im beschädigten Zustande an, so ist im Verlustfalle die Taxe nicht maßgebend (§ 84³ ADS; Bruck S. 508—509, Ritter-Abraham Anm. 5 zu § 84, S. 1042).

[53] b) Bürgerlichrechtliche Rechtsbehelfe.

aa) Irrtumsanfechtung.

Prölss-Martin[18] Anm. 4 zu § 57, S. 290 leugnen die Anfechtbarkeit der Taxe wegen Irrtums (oder Betruges), weil „der Ver durch das Herabsetzungsrecht des § 57 genügend geschützt" sei. Es geht aber auch um die Frage, ob der Vmer anfechten kann (Prämieninteresse), und ob beide Vertragsteile schon vor Eintritt des Vsfalls anfechten können. Die Taxvereinbarung muß anfechtungsrechtlich isoliert betrachtet werden. Hat sich der Ver oder Vmer bei der Abschätzung des Vswertes geirrt, so liegt kein Fall des § 119 I vor (Kisch a. a. O. S. 4—5). Wohl aber kann der wahre Vswert im Vsverkehr bei der Taxvereinbarung als wesentliche Eigenschaft der vten Sache i. S. des § 119 II BGB angesehen werden. Die allgemeine Auffassung, der Wert als solcher sei keine Eigenschaft (Palandt BGB[29] Anm. 4 zu § 119, S. 75 m. w. N.), hat für die Taxvereinbarung keine Bedeutung, weil hier gerade die Festsetzung des Wertes den Gegenstand des Rechtsgeschäftes bildet; bei einer taxierten Polize ist der wahre Vswert wesentlich für die Qualifizierung des vten Interesses. Wie hier aber wohl nur Gerhard-Hagen Anm. 8 zu § 57, S. 269—270; dagegen die h. M.: Baur a. a. O. S. 61, Berndt a. a. O. S. 95 Anm. 14, Bruck S. 508, Kisch a. a. O. S. 5 Anm. 5, Prölss-Martin[18] Anm. 4 zu § 57, S. 290, Ritter-Abraham Anm. 19 zu § 6, S. 221, RG 24. XI. 1883 RGZ Bd 11 S. 16, OLG Hamburg 4. VII. 1883 HGZ 1883 Hpbl S. 191). Auf den Einzelfall abstellend Argus a. a. O. S. 46 (vgl. aber auch S. 37), Hagen I S. 473—474.

Die Irrtumsanfechtung der Taxvereinbarung berührt nicht notwendig den Vsvertrag im ganzen (vgl. § 139 BGB; unterscheidend Argus a. a. O. S. 46, Hagen I S. 474).

Schlegelberger Anm. 4 zu § 6, S. 45—46 lehnt die Anfechtbarkeit wegen Irrtums ab unter Berufung auf RG 2. II. 1939 RGZ Bd 162 S. 201—202 (Wesen und Zweck eines „Vergleiches").

Der Charakter des § 57² als lex specialis verbietet es, von einer Irrtumsanfechtung dann Gebrauch zu machen, wenn die Diskrepanz von Vswert und Taxe 10 v. H. nicht überschreitet. Solche Irrtümer sind bei Bewertungsfragen naheliegend und sollen durch die Taxe gerade unmaßgeblich gemacht werden.

[54] bb) Arglistanfechtung.

Hat der Vmer den Ver zum Abschluß der konkreten Taxvereinbarung durch arglistige Täuschung bestimmt (oder umgekehrt), so besteht kein Grund, dem Getäuschten das Anfechtungsrecht aus § 123 I BGB (mit Prölss-Martin[18] Anm. 4 zu § 57, S. 92) zu versagen (richtig Bruck S. 507—508, Kisch a. a. O. S. 5, RG 24. XI. 1883 RGZ Bd 11 S. 18).

Ist der Vsvertrag nichtig wegen betrügerischer Übersetzung der Taxe (Anm. 50), so ist dennoch — nach der Lehre von den Doppelwirkungen im Recht — die Anfechtung nach § 123 I BGB statthaft.

Der Ver kann auf sein Anfechtungsrecht nicht wirksam im voraus verzichten.

[55] cc) Erschütterung der Geschäftsgrundlage.

Die Lehre vom Fehlen oder vom Wegfall der Geschäftsgrundlage geht davon aus, daß die Geschäftsgrundlage nicht in das Rechtsgeschäft einbezogen ist. In der Taxvereinbarung wird aber der Vswert ausdrücklich fixiert; überdies ist die Korrektur in § 57[2] vorgesehen. Deshalb ist für die Anwendung der allgemeinen Lehre von der Erschütterung der Geschäftsgrundlage kein Raum.

Speziell § 779 I BGB ist nicht anwendbar, weil eine Taxvereinbarung nicht als Vergleich zu qualifizieren ist (Anm. 21).

Lieferung 2d

§§ 68—68a

S. 793—834

bearbeitet von:

Prof. Dr. jur. KARL SIEG

§ 68

[1] Besteht das versicherte Interesse bei dem Beginn der Versicherung nicht oder gelangt, falls die Versicherung für ein künftiges Unternehmen oder sonst für ein künftiges Interesse genommen ist, das Interesse nicht zur Entstehung, so ist der Versicherungsnehmer von der Verpflichtung zur Zahlung der Prämie frei; der Versicherer kann eine angemessene Geschäftsgebühr verlangen.

[2] Fällt das versicherte Interesse nach dem Beginn der Versicherung weg, so gebührt dem Versicherer die Prämie, die er hätte erheben können, wenn die Versicherung nur bis zu dem Zeitpunkt beantragt worden wäre, in welchem der Versicherer von dem Wegfall des Interesses Kenntnis erlangt.

[3] Fällt das versicherte Interesse nach dem Beginn der Versicherung durch ein Kriegsereignis oder durch eine behördliche Maßnahme aus Anlaß eines Krieges weg oder ist der Wegfall des Interesses die unvermeidliche Folge eines Krieges, so gebührt dem Versicherer nur der Teil der Prämie, welcher der Dauer der Gefahrtragung entspricht.

[4] Fällt das versicherte Interesse weg, weil der Versicherungsfall eingetreten ist, so gebührt dem Versicherer die Prämie für die laufende Versicherungsperiode.

Interessemangel

Gliederung:

[1] **Entstehung:**

Die Vorschrift ist durch Art. I Ziff. 2 Zweite VO zur Ergänzung und Änderung des VVG vom 6. IV. 1943 (RGBl I S. 178) neu gefaßt worden. Ursprünglich lautete § 68:

„Besteht das Interesse, für welches die Versicherung genommen ist, bei dem Beginne der Versicherung nicht oder gelangt, falls die Versicherung für ein künftiges Unternehmen oder sonst für ein künftiges Interesse genommen ist, das Interesse nicht zur Entstehung, so ist der Versicherungsnehmer von der Verpflichtung zur Zahlung der Prämie frei; der Versicherer kann eine angemessene Geschäftsgebühr verlangen.

Fällt das Interesse, für welches die Versicherung genommen ist, nach dem Beginne der Versicherung weg, so gebührt dem Versicherer die Prämie für die laufende Versicherungsperiode."

§ 68 I ist also lediglich redaktionell geändert worden, während die Neufassung von § 68 II—IV eine Besserstellung des Vmers gegenüber dem vorangehenden Rechtszustand bedeutet. — Begründung zur ursprünglichen Fassung: Begr. I S. 77—78, zur Zweiten VO; DJustiz 1943 S. 268.

[2] **Schrifttum:**

Bruck S. 494—503, Ehrenzweig S. 223—226, Evers, Interesse- und Gefahrfortfall in der Kraftfahrv, Hamburger Diss. 1954, von Gierke II S. 181—185, Johannsen AllgHaftpflichtv: D 28, Kisch III S. 200—234, Lenski, Zur Veräußerung der vten Sache, Karlsruhe 1965, Ottow, Interessen- und Gefahrenwegfall, Hamburger Diss. 1965, Prölss-Martin[18] Anm. 1—9 zu § 68, S. 352—356, Puhl, Der Prämienanspruch bei Risikomangel oder -wegfall (§ 68 VVG), Erlanger Diss. 1936; Ritter-Abraham Anm. 1—19 zu § 4, S. 185—190, Sasse, Die fehlende Gefahrtragung des Vers in § 68 VVG, Hamburger Diss. 1952, Stiefel-Wussow[8] Anm. 1—20 zu § 6, S. 226—248, Thees DJustiz 1943 S. 280—282.

[3] **I. Grundlegung.**

1. Rechtsquellen.

a) Binnenversicherung.

Im Bereich der Binnenv bildet § 68 die grundlegende Norm für den Einfluß des Interessemangels auf das Vsverhältnis. Er findet nicht nur auf die im VVG ausdrücklich geregelten Zweige Anwendung, sondern auf die Schadensv schlechthin, mag der betreffende Zweig bei Schaffung des VVG schon vorhanden gewesen, mag er erst später eingeführt worden sein (BGH 24. IV. 1967 VA 1967 S. 181).

In der Tierv tritt dem § 68 II—IV der § 128 I 1 VVG an die Seite. In dieser Vorschrift wird entgegen §§ 69—72 die Veräußerung als Interessewegfall im Sinne des § 68 behandelt, das Prämienschicksal ist wie in § 68 IV geordnet.

[4] **b) Seeversicherung.**

Für die Seev gilt § 68 laut § 186 nicht. Hier bilden §§ 894—897 HGB ein Analogon. Diese Bestimmungen sind in praxi durch § 4 ADS verdrängt. § 4 I 1, 3 ADS entspricht tatbestandlich dem § 68 I, § 4 II ADS dem § 68 II—IV. Die Rechtsfolgen stimmen nicht überein.

Das wirkt sich weniger bei § 4 I ADS aus (die Ristornogebühr, deren Höhe durch § 18 ADS festgelegt ist, ist mit der Geschäftsgebühr des § 68 I zu vergleichen) als bei § 4 II: Die Verpflichtung zur Prämienzahlung wird durch den Interessewegfall nicht berührt. Die Differenzierungen des § 68 II—IV entfallen hier.

Bemerkenswert ist schließlich, daß nach § 50 II ADS die V endet (also nicht übergeht), wenn ein vtes Schiff außerhalb der Reise veräußert wird. § 50 II ADS entspricht also § 128 I VVG (vgl. oben Anm. 3).

[5] c) Versicherungsverhältnisse bei öffentlich-rechtlichen Versicherern.

Soweit die Individualv durch öffentlich-rechtliche Ver betrieben wird, ist § 192 I einschlägig. Danach findet Landesrecht Anwendung, soweit Vsverhältnisse bei einer nach Landesrecht errichteten öffentlich-rechtlichen Anstalt unmittelbar kraft Gesetzes entstehen oder infolge gesetzlichen Zwanges bei solcher Anstalt genommen werden. Auf sonstige Ven bei öffentlich-rechtlichen Vsträgern findet das VVG subsidiär Anwendung, d. h. soweit nicht Satzungen oder AVB Abweichungen von ihm enthalten: § 192 II (vgl. zum Anwendungsbereich von § 192 I, II: Büchner in: Rechtsfragen der Individualv, Festgabe zum 50. Geburtstag von Erich R. Prölss, Karlsruhe 1957, S. 20—24).

Die meisten partikularen Normen regeln den Tatbestand des § 68 nicht (dann greift die Übung oder sogar die Observanz ein, das Gesetz so anzuwenden, wie es dem VVG entspricht, vgl. Büchner a. a. O. S. 29). Eine Ausnahme macht das G über die Braunschweigische Landesbrandvsanstalt vom 9. V. 1913, § 19 I (Schmidt—Müller-Stüler, Das Recht der öffentlich-rechtlichen Sachv, 2. Aufl., Karlsruhe 1968, S. 280f.). Hiernach wird der Vsvertrag nicht aufgehoben, wenn das vte Gebäude ganz oder teilweise abgebrochen, zerstört oder beschädigt wird; der Vertrag gilt mit der ursprünglichen Vssumme so lange für das Ersatzgebäude als fortbestehend, bis ein neuer Vsvertrag abgeschlossen worden ist. Die Bestimmung ist durch § 192 I VVG gedeckt (vgl. unten Anm. 114).

[6] 2. Interessemangel im System des Schuldrechts.

a) Zweckfortfall nach bürgerlichem Recht.

In den Fällen des § 68 kann der Ver als Schuldner seine Leistung, die Gefahrtragung, nicht erbringen, weil auf Gläubiger (= Vmer-)seite der Zweck hierfür fortgefallen ist. Während man früher geneigt war, den Wegfall des Gläubigerinteresses (durch Zweckerreichung oder Zweckfortfall) als eigenständigen Erlöschensgrund für die Forderung oder für das ganze Schuldverhältnis anzusehen (vgl. etwa Möller, Allgemeines Schuldrecht, Studienbehelf, Hamburg 1947, S. 64), geht heute die überwiegende Ansicht dahin, die auftauchenden Zweifelsfragen unter Zugrundelegung der Unmöglichkeitsregeln (wenn auch mit gewissen Modifikationen unter dem Gesichtspunkt der Risikoverteilung) zu lösen (vgl. Wieacker in: Festschrift für H. C. Nipperdey zum 70. Geburtstag, Bd I, München-Berlin 1965, S. 810f., Esser, Schuldrecht, Bd 1, 4. Aufl., Karlsruhe 1970, S. 222f., Blomeyer, Allgemeines Schuldrecht, 4. Aufl., Berlin-Frankfurt/M. 1969, S. 251, Beuthien, Zweckerreichung und Zweckstörung im Schuldverhältnis, Tübingen 1969, S. 306—308, Brox, Allgemeines Schuldrecht, 2. Aufl., München 1971, S. 189, OLG Frankfurt 16. IX. 1971 VersR 1972 S. 306 = JZ 1972 S. 245—248 m. Anm. Beuthien).

Aus diesem Schrifttum zeichnet sich folgende große Linie ab: Der Gläubiger wird frei oder (wenn der Schuldner schon zum Teil geleistet hatte) teilweise frei, wenn der Fortfallsgrund nicht zu seiner Sphäre gehört, vor allem, wenn er als höhere Gewalt anzusehen ist (§ 323 I BGB). Andernfalls behält der Schuldner seinen Geldanspruch, muß sich aber anrechnen lassen, was er infolge Befreiung von der Leistung erspart (§ 324 I BGB).

Stark gehen die Meinungen darüber auseinander, ob der Schuldner in ersterem Fall seine Aufwendungen ersetzt verlangen kann. Diese Frage wird bei Zweckerreichung eher bejaht als bei Zweckfortfall, unserem Tatbestand (Blomeyer a. a. O. S. 251, Wieacker a. a. O. S. 811. Weitergehend: Palandt-Heinrichs[31] Anm. 1 zu § 323, S. 327).

[7] **b) Beziehung zu § 68.**

aa) Im allgemeinen.

Auch Sasse a. a. O. S. 30, 36f. und Ritter-Abraham Anm. 4 zu § 4, S. 185 vergleichen § 68 mit bürgerlich-rechtlichen Unmöglichkeitsvorschriften (Kisch III S. 225f. führt den Gesichtspunkt der Zweckerreichung an). Auch § 68 I [anfänglicher Interessemangel] ist mit der nachträglichen Unmöglichkeit zu vergleichen, weil es bei letzterer anders als bei § 68 I [s. unten Anm. 46] auf den Vertragsschluß ankommt: Palandt-Heinrichs[31] Anm. 2 zu § 306, S. 304, Anm. 3 zu § 275, S. 261.

Den zivilrechtlichen Zweifelsfragen, die im Zusammenhang mit dem Zweckfortfall auftreten, braucht hier nicht nachgegangen zu werden, weil in Gestalt des § 68 eine ausgeformte Regelung vorliegt. Wegen der dadurch erzielten Rechtssicherheit ist es zu begrüßen, daß sich das VVG ausdrücklich dieses Tatbestands angenommen hat. Immerhin ist es lehrreich und für die Auslegung des § 68 nützlich, ihn an den Maßstäben des bürgerlichen Rechts zu messen.

Vorgezogen werden sollen hier § 68 III und IV, weil diese Absätze unproblematisch sind: Das Ergebnis des § 68 III entspricht völlig dem, das auch aus § 323 I BGB herzuleiten wäre. — Die Lösung des § 68 IV ist gerecht, weil hier der Ver die aus der Konkretisierung der Gefahrtragung resultierende Entschädigungsleistung voll erbracht hat.

[8] **bb) Beziehung zu § 68 I und II.**

§ 68 I und II kann (bis auf die Abstellung auf die Kenntniserlangung des Vers) generalisierend als systemgerechte Lösung betrachtet werden. Das VVG unterscheidet nicht, ob der Interessemangel dem Vmer zuzurechnen ist oder nicht (vgl. unten Anm. 38). Würde er in casu nicht zur Gläubigersphäre gehören, wäre nach § 323 I BGB pro rata abzurechnen, nicht nach Kurztarif, wie in § 68 II; ob dem Ver die Geschäftsgebühr (vgl. § 68 I) zustände, wäre sehr fraglich (vgl. oben Anm. 6 a. E.). In diesem Fall steht sich also der Vmer schlechter. Wenn hingegen der Interessewegfall dem Vmer zuzurechnen ist, würde er nach § 324 I BGB in der Regel mehr zu zahlen haben, als es nach § 68 I, II der Fall ist (vgl. Grieshaber, Das Synallagma des Vsvertrages, Mannheim-Berlin-Leipzig 1914, S. 48, 53).

Das Absehen vom Merkmal des Vertretenmüssens führt also zu einer Lösung, die zwischen den Ergebnissen der §§ 323 I und 324 I BGB liegt. Allerdings steht sich der Vmer insofern schlechter als nach bürgerlichem Recht, als der entscheidende Zeitpunkt für die Prämienreduktion nach § 68 II nicht der Interessefortfall selbst, sondern erst die Kenntnis davon beim Ver ist.

Zusammenfassend kann gesagt werden, daß die Lösungen des § 68, auf dem Hintergrund des BGB gesehen, eher ver- als vmerfreundlich erscheinen.

[9] **c) Wegfall der Geschäftsgrundlage?**

Feyock VersR 1969 S. 7 sieht im Interessemangel nach § 68 einen Wegfall der Geschäftsgrundlage. Das ist indes nicht zutreffend. Bei diesem Institut handelt es sich um das Problem, ob und inwieweit die Leistung dem Schuldner noch zuzumuten ist (Blomeyer, Allgemeines Schuldrecht, 4. Aufl., Berlin-Frankfurt/M. 1969, S. 138—142, Brox, Allgemeines Schuldrecht, 2. Aufl., München 1971, S. 131). So liegt es hier aber nicht. Es ist keine Rede davon, daß dem Ver die Leistung aus irgendeinem Grunde nicht anzusinnen wäre. Die Störung tritt vielmehr auf der Gläubigerseite ein. Gegen die Rechtsfigur des Wegfalls der Geschäftsgrundlage im Zusammenhang mit Zweckfortfall spricht sich auch Beuthien, Zweckerreichung und Zweckstörung im Schuldverhältnis, Tübingen 1969, S. 308 aus.

[10] **d) Schicksal des Versicherungsvertrages.**

aa) Grundsatz.

Wenn sich die im Zweckfortfall liegende Unmöglichkeit nicht nur auf eine Leistung innerhalb eines umfassenden Schuldverhältnisses bezieht, sondern überhaupt keine Hauptleistungen erbracht werden können, ist das ursprüngliche Schuldverhältnis beendet, d. h. hier, der Vsvertrag erlischt (ebenso Ehrenzweig, Die Rechtslage des Vsvertrages und die klassische Logik, Hamburg 1954, S. 47, RG 5. VI. 1943 RGZ Bd 171 S. 120, 121, AG Stuttgart 11. XI. 1953 VersR 1954 S. 35; anders Prölss-Martin[18] Anm. 1 zu § 68, S. 353, Sasse S. 149f., OLG Hamburg 7. XII. 1955 VersR 1956 S. 42f.). Deshalb zessiert in solchen Fällen das Klarstellungserfordernis des § 6 I 2 VVG: BGH 17. XI. 1955 BGHZ Bd 19 S. 32, 35, OLG Celle 19. XI. 1956 VersR 1957 S. 176f. Neue Rechtsfolgen können nicht entstehen.

Das schließt selbstverständlich nicht aus, daß noch Verbindlichkeiten aus dem erloschenen Vertrage vorhanden sein können, auf seiten des Vmers etwa in Gestalt rückständiger Prämie, auf seiten des Vers etwa in Gestalt noch nicht vergüteter Schäden.

[11] bb) Zweifelsfälle.

Die Beendigung des Vsvertrages tritt dann nicht ein, wenn trotz des Interessemangels noch primäre Leistungspflichten des Vers entstehen können, wie im Falle des § 128 oder aufgrund der Nachv etwa nach § 6 (1) AVB Tierv: AG Hildesheim 13. I. 1953 VersR 1953 S. 495. Andererseits zwingt § 6 III letzter Satzteil AKB (Anrechnung der unverbrauchten Prämie auf einen Vsvertrag für ein Ersatzfahrzeug desselben Vmers) entgegen OLG Schleswig 31. V. 1958 VersR 1960 S. 591f. nicht dazu, den Vsvertrag bis dahin als fortbestehend anzusehen (wie hier im Ergebnis Stiefel-Wussow[8] Anm. 18 zu § 6 AKB, S. 246): Es handelt sich lediglich um eine auf die Prämie bezügliche Folge aus dem alten Vertrag für den neuen.

Über weitere Fälle, in denen der Vsvertrag trotz Eingreifens des § 68 nicht erlischt, vgl. unten Anm. 92, 93, 100.

[12] 3. Anwendungsbereich des § 68.

a) Schadensversicherung.

aa) Passivenversicherung.

§ 68 gilt nach seiner Stellung im Gesetz (vgl. die Überschriften zum 2. Abschnitt und zum 1. Titel des 2. Abschnitts des VVG) für die gesamte Schadensv. Er spricht vom Nichtbestehen bzw. vom Wegfall des Interesses. Daher mag es auf den ersten Blick so scheinen, als sei diese Vorschrift nur auf die Aktivenv gemünzt. Es ist indes ein weiterer Interessebegriff, gerade für den Bereich des § 68, anerkannt, so daß auch die Passivenv unserer Vorschrift unterfällt (Möller Anm. 6 vor §§ 49—80, Anm. 38, 43, 47, 48 zu § 49, Sasse a. a. O. S. 22, 27, Evers a. a. O. S. 32, Johannsen AllgHaftpflichtv: D 28, S. 157, Ottow a. a. O. S. 48ff., Prölss-Martin[18] Anm. 4 zu § 68, S. 355, BGH 14. XI. 1960 VersR 1960 S. 1107f.). Vgl. ferner unten Anm. 35—37.

[13] bb) Insbesondere: Rückversicherung.

Zur Passivenv gehört die Rückv. Für sie gilt § 68 wegen § 186 VVG nicht. Auch fehlt es hier, anders als bei der Seev (vgl. oben Anm. 4), an Surrogatsnormen. Es ist Sache der Rückvsverträge, die Folgen des Interessemangels zu regeln. Schweigen sie, so ist m. E. § 68 nicht analog anzuwenden (anders die h. L., vgl. Kisch III S. 203, Ehrenberg, Die Rückv, Hamburg-Leipzig 1885, S. 173, Obermayer, Die Rückv, Erlanger Diss. 1912, S. 70f. Wie hier: Behrendt, Studien zu den Schadenexzedenten-Rückvsverträgen, Hamburger Diss. 1967, S. 132).

Das liegt daran, daß die Rückvsverträge individuell ausgestaltet sind und im Einzelfalle mehr oder minder starke gesellschaftsrechtliche Züge hineinspielen können (Prölss-Martin[18] Anm. 2 zu § 186, S. 1013f., Sieg Anm. 19 zu § 67, ZVersWiss 1969 S. 513). Tatbestandlich liegt ein Interessemangel in der Rückv nicht nur dann vor, wenn im Erstvsvertrage die Voraussetzungen des § 68 gegeben sind, sondern z. B. auch dann, wenn der Erstvsvertrag nichtig oder angefochten ist.

Die Rechtsfolgen sind dem BGB zu entnehmen, was gegenüber § 68 keinen allzu großen Unterschied bedeutet, vgl. oben Anm. 8.

[14] cc) Personenversicherung.

Wenn auch das Anwendungsgebiet des § 68 vornehmlich bei den Zweigen der Nichtpersonenv liegt, so verschließt er sich doch der Personenv nicht, soweit diese schadensvartig ausgestaltet ist (anders nur Thees DJustiz 1943 S. 281 N. 4). So etwa ist er anwendbar auf die Heilkosten in der Unfallv, die Krankheitskosten in der Krankenv, auf die Lizenzverlustv von Luftfahrern, auf die Filmausfallv (Möller in Wirtschaft und Recht der V, Festschrift zum 66. Geburtstag von P. Braeß, Karlsruhe 1969, S. 193). Vgl. unten Anm. 34, 37.

[15] b) Summenversicherung.

Auf die Summenv ist § 68 seiner Stellung im Gesetz nach nicht anwendbar. Auch bei ihr können aber Konstellationen entstehen, wie sie § 68 für die Schadensv regelt. Beispiele: Eine Lebens-, Kranken- oder Unfallv war für eine bestimmte Reise abgeschlossen worden, von der der Vmer Abstand nimmt; der Vmer hat eine Unfallv für einen bestimmten Beruf oder eine bestimmte Veranstaltung abgeschlossen, er übt diesen Beruf nicht mehr aus, er nimmt an der betreffenden Veranstaltung nicht teil. § 15 Musterbedingungen des Verbandes der privaten Krankenv (MBKK) enthält mehrere Fälle vorzeitiger Beendigung des Vsvertrages: Tod des Vmers oder Wegzug aus dem Tätigkeitsgebiet des Vers. Anscheinend soll dasselbe gelten hinsichtlich der Gefahrsperson.

M. E. bestehen keine Bedenken, in Fällen dieser Art § 68 analog anzuwenden (ebenso wohl Ottow a. a. O. S. 59f.). Freilich kennt die Summenv kein Interesse in noch so weitem Sinne und daher auch keinen Interessemangel, wie ihn § 68 voraussetzt. Es wird indes zu zeigen sein (unten Anm. 25), daß diese Bestimmung auch den Gefahrmangel deckt, und ein solcher kann auch in der Summenv relevant werden. Das Ergebnis steht im Einklang mit der Ansicht Gärtners, Das Bereicherungsverbot, Berlin 1970, S. 81, 136, 158, wonach die Zurechnung eines bestimmten Vertrages zur Summen- oder Schadensv auf Parteivereinbarung beruht, also nicht zwingend vorgegeben ist.

Die hier vertretene Ansicht hat auch für sich, daß der Kranken- oder Unfallvsvertrag einheitlich behandelt werden kann, mag er summenvsmäßige, mag er schadensvsmäßige Bestandteile haben, vgl. oben Anm. 14.

[16] c) Vorgehende Normen.

aa) Allgemeines.

Das vsmäßig erhebliche Interesse besteht in der Beziehung des Vmers zum vten Gut. Veräußerung des vten Gutes würde daher einen Wegfall des Interesses im Sinne des § 68 II darstellen. Von dem Geltungsbereich dieser Vorschrift sind jedoch die Fälle der Veräußerung und der Zwangsversteigerung wegen der §§ 69—73 VVG auszuklammern. Auch die Gesamtrechtsnachfolge geht der Regelung des § 68 vor.

Im folgenden gilt es, den Anwendungsbereich dieser Vorschrift grundsätzlich abzustecken. Die Tragweite im einzelnen wird sich aus den Erläuterungen zu §§ 69—73 ergeben: Was beim Einzelrechtserwerb nicht vom Veräußerungs- oder Zwangsversteigerungsbegriff erfaßt wird, ist nach § 68 zu beurteilen, wenn nicht § 80 II hilft.

[17] bb) Einzelrechtserwerb: Aktivenversicherung.

In der Aktivenv wird also von § 68 nur derjenige Rechtserwerb betroffen, der nicht auf Rechtsgeschäft oder auf Zwangsversteigerung beruht, also auf privatrechtlichem Gebiet z. B. Ersitzung, Fund, Vermischung, Verbindung, Verarbeitung, Fruchterwerb; auf öffentlich-rechtlichem Gebiet z. B. Enteignung, Leistungsanforderung zu Eigentum nach § 2 I Ziff. 2, § 10 BLeistungsG, Eigentumserwerb auf Grund Requisition, prisenrechtlicher Kondemnation, Auslieferung von Sachen an den Feind auf Grund Waffenstillstandsabkommens. Schließlich fällt unter § 68 die strafrechtliche Einziehung auf Grund der §§ 40—41b StGB sowie die Überweisung an den Landesfiskus bzw. an den Berger nach § 35 StrandungsO.

In manchen dieser Fälle bedeutet nicht erst Eigentumsverlust, sondern schon Besitzverlust Interessewegfall, siehe unten Anm. 35, 72, 73.

Manche dieser öffentlich-rechtlichen Eingriffe können auch Forderungen erfassen. Sind sie vert, findet § 68 Anwendung.

[18] Da § 68 durch die §§ 69ff. verdrängt wird, greift er auch dann nicht ein, wenn die letztere Normengruppe analog angewendet wird, so in der Forderungs- und in der Gewinnv (vgl. Möller Anm. 40 zu § 53, Bericht über die Deutsche Rechtsprechung zum Binnenvsrecht in den Jahren 1937—1938, Rom 1940, S. 272, in: Wirtschaft und Recht der V, Festschrift für P. Braeß zum 66. Geburtstag, Karlsruhe 1969, S. 197 und die dort Genannten). Die Anwendbarkeit der §§ 69ff. ist hier namentlich für die Gewinnv umstritten (ablehnend Lenski S. 65—67 mit weiteren Zitaten).

Die Zweifel sind berechtigt. Anders als die Sach- und Forderungsven bezieht sich die Gewinnv nicht auf bestimmte Gegenstände, sondern auf die Sicherung des Vermögenszuwachses. Sie ist somit das Spiegelbild der Passivenven, die gegen Vermögensbeeinträchtigungen schützen (auf den Zusammenhang weist Hax, Vswirtschaftliches Studienwerk, Wiesbaden o. J., B I 2 S. 4—11 hin). Gleichwohl halte ich es für vertretbar, §§ 69ff. eingreifen zu lassen, für die Sachgewinnv deshalb, weil hier das Gewinninteresse nur als Anhang des Sachinteresses empfunden wird, für die Betriebsunterbrechungsv wegen der dominierenden Rolle, die der Betrieb arbeitsrechtlich und vsrechtlich (vgl. § 151 II VVG) spielt (vgl. Sieg DB 1965 S. 1585 und unten Anm. 37).

[19] **cc) Einzelrechtserwerb: Passivenversicherung.**

Für die Passivenv gelten die §§ 69—73 nicht, so daß hier auch der rechtsgeschäftliche Erwerb des beziehungsverknüpften Objekts dem § 68 zu subsumieren ist, soweit nicht die Ausnahmevorschriften der §§ 151 II, 158h eingreifen.

[20] **dd) Gesamtrechtsnachfolge.**

Das Prinzip der Universalsukzession beruht auf der Fiktion der Identität von Rechtsvorgänger und Rechtsnachfolger im vermögensrechtlichen Bereich. Daher ändert sie grundsätzlich nichts an dem vsrechtlichen Interesse, d. h. § 68 findet keine Anwendung. Der Sukzessor setzt also den Vertrag fort, wie er mit seinem Vormann bestanden hat. Dabei spielt es keine Rolle, ob die Universalsukzession nach einer natürlichen Person (Erbfall, Nacherbfolge) oder durch Verschmelzung zweier juristischer Personen oder durch übertragende Umwandlung einer Kapitalgesellschaft in eine Personalgesellschaft oder in ein Einzelunternehmen (vgl. A. Hueck, Gesellschaftsrecht, 15. Aufl., München 1970, S. 263f.) eintritt. Auch die öffentlich-rechtliche Gesamtnachfolge (z. B. Eingemeindung) gehört hierher.

§ 68 greift hingegen ein, wenn z. B. die vte Forderung unvererblich ist oder wenn sich in der Haftpflichtv die Gefahr, an die der Vsvertrag anknüpft, beim Erben nicht verwirklichen kann, wie etwa bei einer Berufshaftpflichtv: vgl. RG 3. II. 1939 RGZ Bd 159 S. 337, 341, Sieg HansRGZ 1938 A Sp. 169f., JRPV 1938 S. 129, Johannsen AllgHaftpflichtv: D 28, S. 157f., Richter, Das rechtliche Schicksal der Haftpflichtv im Erbgang, Freiburger Diss. 1970, S. 140—151. Auch bei der Privathaftpflichtv würde der Vertrag mit dem Tode des Vmers nach § 68 II oder III erlöschen, wenn nicht durch Besondere Bedingung [VA 1971 S. 212] der Weiterbestand zugunsten Angehöriger vereinbart wäre.

Wenn hingegen ein Betrieb vererbt wird, den der Erbe alsbald nach dem Anfall an ihn einstellt (vgl. § 27 HGB), so sind die damit zusammenhängenden Vsverhältnisse zunächst auf ihn übergegangen. Interessewegfall ist bei solcher Gestaltung die Einstellung des Betriebes, nicht der Erbfall.

[21] **II. Interessemangel.**

1. Begriff.

a) Elemente des Interessemangels, insbesondere Subjektmangel.

aa) Mangel am Versicherungssubjekt.

§ 68 kennt zwei Grundtatbestände: Das Interesse besteht bei Beginn der V nicht (§ 68 I), das Interesse fällt nach Beginn der V fort (§ 68 II—IV). Gemeinsames Merkmal ist also der Interessemangel. Unter Interesse verstehen wir die Beziehung des Vmers zu seinem vten Gut. Daraus ergibt sich, daß es am Interesse mangeln kann, weil entweder der Vmer oder das Gut oder die Beziehung beim Beginn der V nicht vorhanden ist bzw. nach dem Beginn fortfällt.

Von diesen Komponenten ist der Mangel des Vssubjekts relativ unproblematisch. Theoretisch ist an den Fall zu denken, daß V für jemanden genommen wird, der bei Abschluß des Vertrages nasciturus ist und später nicht lebend zur Welt kommt, oder daß der Vsvertrag für eine künftige juristische Person abgeschlossen wird, die wider Erwarten nicht entsteht. In diesen Fällen wird oft eine Auslegung des Vsvertrages dahin, daß Vmer derjenige sein soll, der statt der erwarteten Person Interesseträger ist (bei juristischen Personen etwa der nichtrechtsfähige Verein, die Vorgesellschaft, der Stifter), helfen, so daß § 68 dann nicht anwendbar ist (Kisch III S. 201).

[22] Der Tod einer natürlichen Person ist in der Nichtpersonenv nur ausnahmsweise Anwendungsfall von § 68, weil das Vsverhältnis meist im Wege der Gesamtnachfolge auf den Erben übergeht (Ausnahmen oben Anm. 20). Hierbei macht es keinen Unterschied, ob der Tod vor oder nach dem materiellen oder technischen Beginn der V eintritt, denn die Gesamtsukzession erfolgt nicht nur in bestehende Rechte und Pflichten, sondern in Rechts- und Pflichtlagen.

In der Personenv, sei sie Schadens-, sei sie Summenv, bedeutet hingegen der Tod des Vmers oder der Gefahrsperson Interessemangel im Sinne unserer Vorschrift (vgl. oben Anm. 14, 15). — Bei der Verschmelzung juristischer Personen liegt Gesamtnachfolge vor, § 68 gilt nicht.

Bei der Auflösung der juristischen Person im Wege der Liquidation finden auf die Aktivenv §§ 69ff. (vgl. oben Anm. 18), auf die Passivenv § 68 Anwendung, soweit nicht der gesamte Betrieb oder Kraftfahrzeuge veräußert werden (§§ 151 II, 158h).

[23] **bb) Mangel an Verfügungsgewalt.**

Verliert der Vmer die Verfügungsgewalt über sein Vermögen, etwa durch Konkurseröffnung, so liegt weder ein Fall des § 68 noch der §§ 69ff. vor. Das Vsverhältnis bleibt unverändert bestehen, nur werden die Rechte vom Konkursverwalter ausgeübt. Dasselbe gilt überall, wo eine Partei kraft Amtes den Vmer einschränkt, also bei Nachlaßverwaltung, Testamentsvollstreckung, Zwangsverwaltung, Vermögenskontrolle durch einen Treuhänder (vgl. KG 11. II. 1952 VersR 1952 S. 124, eine etwas widersprüchliche Entscheidung; Vorinstanz: LG Berlin 22. X. 1951 VersR 1952 S. 50 mit Anm. Hähnel).

Umgekehrt gilt dasselbe: Hat die Partei kraft Amtes einen Vsvertrag in bezug auf ihrer Verwaltung unterliegende Gegenstände abgeschlossen, so ändert sich an diesem nichts, wenn die Partei kraft Amtes fortfällt. Hiermit geht lediglich die Verfügung auf den Vermögensinhaber über.

[24] **cc) Verwandte Fälle.**

Man kann sich fragen, ob es am Vssubjekt fehlt, wenn der Vmer nach der Satzung des VVaG die persönlichen Voraussetzungen für die Mitgliedschaft nicht erfüllt. In diesem Falle ist m. E. § 68 nicht anwendbar. Die satzungsmäßigen Voraussetzungen mögen aufsichtsrechtlich von Bedeutung sein; Verstöße gegen den genehmigten Geschäftsplan (wozu die Satzung gehört) berühren nicht die privatrechtliche Wirksamkeit des Vertrages (vgl. aber Lenski a. a. O. S. 97f.).

Wenn sich lediglich die Rechtsform (im Unterschied zur Identität) bei Gesellschaftsverhältnissen ändert, liegt weder ein Fall des § 68 noch ein Fall des § 69 vor. Beispiele bieten die verschiedenen Umwandlungsmöglichkeiten bei Kapitalgesellschaften untereinander, die Umwandlung einer bürgerlich-rechtlichen Gesellschaft in eine oHG bzw. KG oder umgekehrt (BGH 19. V. 1960 BGHZ Bd 32 S. 307, 310) sowie einer oHG in eine KG oder umgekehrt (vgl. A. Hueck, Gesellschaftsrecht, 15. Aufl., München 1970, S. 251f.).

[25] b) Gefahrmangel.

Mit dem Fehlen des Subjekts oder des Objekts oder der Beziehung ist der Tatbestand des § 68 nicht erschöpft. § 68 I stellt die V für ein künftiges Unternehmen der V für ein künftiges Interesse gleich und geht davon aus, daß alsdann das Interesse nicht zur Entstehung gelangt. Diese Gleichsetzung von Unternehmen und Interesse zeigt, daß § 68 von einem weiteren Interessebegriff ausgeht als andere Vorschriften des VVG, er schließt nämlich den Gefahrmangel mit ein, sofern er ein dauernder ist.

Nach der hier vertretenen Ansicht ist also der Gefahrmangel unmittelbar von § 68 erfaßt (ebenso Hagen I, S. 371, 675), während andere auf diesen Sachverhalt § 68 analog anwenden wollen (Bruck S. 498, Ehrenzweig S. 114, 223; v. Gierke II S. 164, 176, Johannsen AllgHaftpflichtv: D 28, S. 157, Kisch III S. 205—207, Prölss-Martin[18] Anm. 1 zu § 68, S. 353, Sasse a. a. O. S. 7, 31, 33; LG Hamburg 5. VII. 1951 VersR 1951 S. 210 für § 4 ADS). Ein praktischer Unterschied ergibt sich daraus nicht. Der Sinn des § 68 liegt darin, die Leistungen des Vmers für den Fall zu ordnen, daß sich ein ersatzpflichtiger Schaden nicht mehr ergeben kann. Da ein solcher voraussetzt, daß die vte Gefahr das vte Interesse beinträchtigt, ist es gleichgültig, ob das eine oder das andere dauernd fehlt.

Eine Gleichstellung ist auch aus praktischem Gesichtspunkt erforderlich, da sich oft Interesse- und Gefahrmangel kaum voneinander abgrenzen lassen (Kisch III S. 207, Ehrenzweig S. 223).

Über die Bedeutung des Gefahrmangels für § 68 siehe unten Anm. 27.

[26] c) Abgrenzung zur Doppelversicherung.

Für § 68 kommt es nach dem oben Anm. 25 Ausgeführten darauf an, ob der Ver noch zu einer Leistung verpflichtet sein kann. Interessemangel liegt deshalb nicht vor, wenn lediglich der Vmer nicht mehr an der V interessiert ist, etwa weil er sich bei einem anderen Ver Deckung verschafft hat (LG Mannheim 27. II. 1963 VersR 1963 S. 572 = MDR 1963 S. 504 = BetrBer 1964 S. 13. Unter diesem Gesichtspunkt hat auch AG München 5. IX. 1966 VA 1968 S. 166 richtig entschieden, wenngleich die Begründung nicht befriedigt). § 59 zeigt, daß dadurch der erste Ver nicht leistungsfrei geworden ist. Doppelv kann also mit Interessemangel nicht zusammentreffen.

Der Fall des § 68 ist ferner nicht gegeben, wenn der Vmer oder die Gefahrsperson in der privaten Krankenv den Schutz der gesetzlichen Krankenv genießt (Sasse VersR 1956 S. 72). — Die AVB sehen hier vor, daß der Vmer in solchem Fall eine Anwartschaftsv beantragen kann, wodurch die Hauptv ruht; vgl. unten Anm. 110.

[27] 2. Bedeutung der Einbeziehung des Gefahrmangels.

Daß auch der Gefahrmangel den Tatbestand des § 68 erfüllt, hat vor allem für die Haftpflichtv (vgl. oben Anm. 12) und für die Summenv (vgl. oben Anm. 15) Bedeutung, aber nicht allein für diese.

Wenn etwa im Vsvertrage die Lagerung der Sachen an einem anderen als dem Vsort zu den objektiven sekundären Risikobeschränkungen oder der Verbleib der Sachen am Vsort zur Bedingung der Deckung gemacht worden ist, so liegt Interessemangel im Sinne des § 68 vor, wenn die vten Sachen überhaupt nie an den Vsort verbracht werden sollen oder von diesem dauernd weggeschafft worden sind, obwohl das Interesse im engeren Sinne (Beziehung des Vmers zu dem vten Gut) nach wie vor vorhanden ist. Bedenklich daher LG Bremen 20. VI. 1957 VersR 1958 S. 282. Wie hier: Ehrenzweig S. 75, Prölss, Das Recht der Einbruchdiebstahlv, 3. Aufl., München-Berlin 1966, S. 152, Wussow AFB Anm. 9 zu § 8, S. 361; AG Stuttgart 11. XI. 1953 VersR 1954 S. 35 mit Anm. Sasse VersR 1954 S. 556; vgl. auch AG Ebingen 28. XI. 1958 VersR 1959 S. 221.

Anders ist es dann, wenn der Vmer nach dem Vertrage gehalten ist, Wertgegenstände nachts unter sicherem Verschluß aufzubewahren. Hier haben wir es mit einer Obliegenheit zu tun (vgl. Möller Anm. 39, 40 zu § 32). Deren Verletzung kann Gefahrerhöhung nach §§ 23ff., aber nicht Interessemangel nach § 68 sein. Dasselbe gilt für die subjektiven Risikoausschlüsse der §§ 61, 152, 181 (vgl. hierzu BGH 3. III. 1966 VA

1967 S. 33). Der Vmer kann sich ja jederzeit wieder vertragsgemäß verhalten, und demgemäß ist die Deckungspflicht des Vers nicht endgültig aufgehoben.

Alles, was soeben zum Vsort ausgeführt worden ist, gilt auch für die Reiseroute, wenn diese zur objektiven Risikobeschreibung gehört. Die Begründung zu § 68 nennt als weiteres Beispiel, daß Sachen während einer Ausstellung vert werden sollten, die Ausstellung aber nicht stattfindet oder der Vmer von ihrer Beschickung Abstand nimmt.

Zu Unrecht hat AG Hildesheim 22. XII. 1953 VersR 1954 S. 80 Gefahrmangel angenommen, weil die als Zuchttier deklarierte Stute niemals zur Zucht verwendet werden sollte. Indes war das Tier trotz der falschen Bezeichnung vert, denn es lag offensichtlich keine spezielle Deckschadenv von weiblichen Tieren vor (vgl. hierzu Vassel und Hinne VA 1969 S. 225). Vmer und Agent haben aus vstechnischen Gründen in gegenseitigem Einverständnis das Tier falsch bezeichnet, das verdeckte Geschäft (V eines Zugtieres) war nach § 117 II BGB wirksam (vgl. Lange, BGB Allgemeiner Teil, 13. Aufl., München 1970, S. 274, Lehmann-Hübner, Allgemeiner Teil des Bürgerlichen Gesetzbuches, 15. Aufl., Berlin 1966, S. 213). Die Entscheidung wird zu Recht von Prölss-Martin[18] Anm. 2 zu § 68, S. 353 kritisiert.

[28] 3. Weitere Beispiele.

a) Aus der Sachversicherung.

aa) Nichtbestehen der Sache bei Eigentumsinteresse.

In der Sachv bedeutet das Nichtentstehen oder der Untergang der Sache, aus welchem Grunde auch eintretend (z. B. durch Naturereignisse, durch Verschrottung, durch anderweitige Zerstörung), Interessemangel. Dasselbe gilt bei Abriß des Gebäudes, selbst wenn dieses wieder aufgebaut wird (Ottow a. a. O. S. 21; abweichend Vassel ZfV 1954 S. 492). Beim Umbau eines Gebäudes kommt es auf die Erheblichheit der Veränderung an. Je größer sie ist, desto mehr spricht für Anwendung von § 68. Ottow a. a. O. S. 21 will stets den Umbau als nicht von § 68 betroffen ansehen.

Beispiele zur Kraftfahrv siehe unten Anm. 35, wobei aber hier zu bemerken ist, daß in der Kaskov bereits die Reparaturunwürdigkeit zur Anwendung von § 68 ausreicht: BGH 14. XI. 1960 VersR 1960 S. 1107, AG Neu-Ulm 29. V. 1956 VersR 1957 S. 56; Ottow a. a. O. S. 20.

[29] bb) Nichtbestehen der Sache bei anderen als Eigentumsinteressen.

Ohne Bedeutung ist ein etwaiges anderes Interesse, das sich hinter dem Eigentumsinteresse verbirgt, etwa das Kreditinteresse des Abzahlungsverkäufers, der die verkaufte Ware auf eigene Rechnung vert hatte; vgl. Goldberg VA 1967 S. 38.

Es macht auch keinen Unterschied, ob das Eigentumsinteresse gedeckt war oder das Pfandinteresse (vgl. § 105 VVG und die Klausel der Feuerv 5.07, VA 1970 S. 16) oder das Anwartschaftsrechtsinteresse etwa des Vorbehaltkäufers, des Sicherungsgebers (vgl. BGH 28. X. 1953 NJW 1953 S. 1825 = VA 1954 S. 26 = VersR 1953 S. 448) oder das Gebrauchsinteresse etwa des Mieters (der Mieter ersetzt die alte Verglasung durch eine neue, Fall des § 68: LG Köln 24. XI. 1953 VersR 1954 S. 115, AG Grünberg 13. XI. 1925 NeumannsZ 1926 S. 48; vgl. aber auch § 10 (2) AVB Glas), des Pächters, des Nießbrauchers oder das Interesse, nicht haftpflichtig gemacht zu werden (hierzu gehört nach Möller Anm. 75 zu § 49 und Haidinger, Die Rechtsnatur der Bauwesenv, Hamburger Diss. 1971, die Bauwesenv; vgl. zur Streitfrage Sieg BetrBer 1964 S. 18 [Forderungsv], Lorenzen BetrBer 1965 S. 732, Martin VW 1971 S. 94, 150—152, 216f., [beide treten für Sachv ein]). Vgl. zum letzteren Kisch III S. 41.

Der Begriff Sachv wurde hier weit gefaßt im Sinne „als Sachv betriebene V". Für § 68 braucht zu der streitigen Frage, ob es sich hier in Wirklichkeit um Forderungs-, Chancen- oder Haftpflichtven handelt, nicht Stellung genommen zu werden (vgl. hierzu Bischoff ZVersWiss 1963 S. 193—219, VersR 1963 S. 9—14, der nur dann Sachv annehmen will, wenn zwischen Vmer und Eigentümer ein sachenrechtliches Verhältnis vorhanden ist).

Um keine Mißverständnisse aufkommen zu lassen, sei hier betont, daß bisher nur von der V eigener beschränkter Interessen für eigene Rechnung die Rede war. Wegen der V solcher Interessen für fremde Rechnung (dazu kritisch Bischoff ZVersWiss 1963 S. 200—202) vgl. unten Anm. 90, 91.

Zusammenfassend ist zu sagen: Durch den Untergang der Sache entfallen all die erwähnten Nichteigentumsinteressen (vgl. Ottow a. a. O. S. 26, Molt, Der Kreditvsvertrag, Berlin-Stuttgart-Leipzig 1913, S. 61, Prölss ZVersWiss 1933 S. 218).

[30] cc) Besonderheiten bei anderen als Eigentumsinteressen.

Bei der V solcher beschränkter Interessen kann ein Interessemangel ferner dann vorliegen, wenn das zwischen Vmer und Sacheigentümer zugrunde liegende Rechtsverhältnis erlischt, beim Pfandgläubiger = Vmer also die zugrunde liegende Forderung untergeht, der Pfandvertrag aufgehoben wird; beim Nutzungsinteressenten = Vmer das Miet-, Pacht oder Nießbrauchverhältnis nicht oder nicht mehr besteht; beim Bauunternehmer = Vmer der Bauvertrag gelöst wird. Vgl. Prölss-Martin[18] Anm. C zu Zusatz II zu §§ 81—107c, S. 477.

Sofern der Vmer beschränkter Interessen kein dingliches Recht an der vten Sache hat, kann ein Interessemangel auch dadurch eintreten, daß der Eigentümer über die Sache verfügt, ohne daß der Rechtsnachfolger an dessen schuldrechtliche Abmachungen gebunden ist. Dasselbe Ergebnis würde übrigens eintreten, wenn der Vmer zwar ein dingliches Recht hat, dem Rechtsnachfolger des Eigentümers aber § 936 BGB zustatten kommt. — Vgl. auch unten Anm. 31 a. E.

[31] dd) Nichtbestehen des Eigentums.

Interessemangel liegt, sofern Eigentumsinteresse gedeckt war, vor, wenn das Eigentum des Vmers nicht entsteht oder aufhört, ohne daß ein Fall der §§ 69ff. oder der Gesamtnachfolge vorliegt (vgl. oben Anm. 17—20). Schließlich gehört hierher die Dereliktion (aus diesem Gesichtspunkt hat LG Detmold 8. II. 1957 VersR 1957 S. 243 = NJW 1958 S. 552 richtig entschieden).

In den letztgenannten Fällen kann aber zuweilen der Vertrag bei Bestand bleiben, wenn nicht das Eigentumsinteresse gedeckt war, sondern ein begrenztes der in Anm. 29 genannten Art.

[32] b) Aus der Forderungsversicherung.

aa) Nichtbestehen der Forderung.

Zunächst ist an den Fall zu denken, daß die Forderung wider Erwarten nicht entsteht oder zwar entstanden ist, aber rückwirkend durch Anfechtung oder Rücktritt vernichtet wird (Argyriadis, Die Frachtv, Hamburg 1961, S. 58, 60f.). Geht hingegen die einmal entstandene Forderung durch Erfüllung oder Erfüllungssurrogate unter, so liegt § 68 tatbestandlich nicht vor: Hier ist ein typischer Verlauf gegeben, den die Parteien des Vsvertrages von vornherein einkalkuliert hatten. Bürgerlich-rechtlich gesprochen: Der Zweck der V ist anderweitig erreicht worden, er ist nicht fortgefallen. Nur für den letzteren Tatbestand schafft § 68 eine Sonderregelung (siehe oben Anm. 6), abweichend Sasse a. a. O. S. 83.

Anders ist es, wenn keine Forderungsv für den Gläubiger besteht, sondern sein Interesse am Sicherungsgegenstand (Pfandobjekt) gedeckt ist; vgl. hierzu oben Anm. 30.

[33] bb) Sonstige Fälle.

Verwandelt sich die ursprüngliche Forderung in einen Schadensersatzanspruch, so ist Identität zu bejahen, d. h. § 68 greift nicht ein (vgl. § 767 I BGB); anders Ottow a. a. O. S. 25; wie hier: Molt, Der Kreditvsvertrag, Berlin-Stuttgart-Leipzig 1913, S. 91.

Sofern sich die V darauf bezieht, daß eine Forderung nicht durch Sachgefahren beeinträchtigt wird (Frachtv), ergibt sich ein Interessemangel im Sinne des § 68 daraus, daß jene Sache (Schiff oder Gut) untergeht (Argyriadis a. a. O. S. 174; Ottow a. a. O. S. 26, Molt a. a. O. S. 61).

Der gesetzliche Forderungsübergang ist Interessemangel im Sinne unserer Vorschrift. — Bei alledem ist zu beachten, daß § 68 II—IV nur bei einer Zeitv praktikabel ist (Amtliche Begründung zur Zweiten VO zur Ergänzung und Änderung des VVG vom 6. IV. 1943, DJustiz 1943 S. 269).

[34] c) Aus der Gewinnversicherung.

Wie die Frachtv, so kann auch die Gewinnv mit einer Sachgefahr verknüpft sein, sei es, daß sie sich an eine bestimmte Sache anschließt (an eine Ware, an ein Schiff, an ein Haus), sei es, daß ihr ein Inbegriff zugrunde liegt (Betriebsunterbrechungsv); Näheres: Möller Anm. 10—20 zu § 53. Der Untergang der verknüpften Sache oder des verknüpften Sachinbegriffs (es genügt Untergang so vieler Sachen aus dem Inbegriff, daß eine Gewinnchance nicht mehr realisiert werden kann) führt auch hier den Interessemangel herbei (Ottow a. a. O. S. 30), ferner die Abstandnahme von der Unternehmung oder Veranstaltung, aus der sich der Gewinn ergeben sollte: Die gewinnvte Ware tritt die Reise nicht an, der Betrieb, für den die Betriebsunterbrechungsv lief, wird aufgegeben (Ottow a. a. O. S. 30), vielleicht deshalb, weil er in gepachteten Räumen stattfand, das Pachtverhältnis aber erlischt.

Bei den Gewinnnven, die an eine Personengefahr anknüpfen (vgl. oben Anm. 14), kann der Interessemangel in der Filmausfallv etwa in der Abstandnahme vom Filmvorhaben liegen; in der Lizenzverlustv für Luftfahrer in der Berufsaufgabe (vgl. Möller in Wirtschaft und Recht der V, Festschrift zum 66. Geburtstag von P. Braeß, Karlsruhe 1969, S. 192—196). Daß in der Personenv der Tod des Vmers oder der Gefahrsperson Interessemangel bedeutet, ist oben Anm. 22 bereits erwähnt.

Die Realisierung des Gewinnes bedeutet hier so wenig Interessemangel nach § 68 wie in der Kreditv die Erfüllung der Forderung (vgl. oben Anm. 32), anders Sasse a. a. O. S. 83, Ottow a. a. O. S. 29.

[35] d) Aus der Haftpflichtversicherung.

aa) Beziehungsverknüpftes Objekt: Fahrzeug, Grundstück.

Hier kommt es für § 68 darauf an, daß die Entstehung von gesetzlichen Passiven aus dem im Vertrage umschriebenen Deckungsbereich unmöglich ist. Deshalb genügt nicht die Abmeldung oder Stillegung des Kraftfahrzeugs (BGH 17. XI. 1955 BGHZ Bd 19 S. 31, 35 = VersR 1955 S. 754, OLG Hamm 8. XII. 1964 VersR 1966 S. 333, OLG Düsseldorf 4. VII. 1934 VA 1934 Nr. 2740 = JRPV 1935 Zusatzheft S. 21, OLG Celle 14. VI. 1954 VersR 1954 S. 453, OLG Schleswig 31. V. 1958 VersR 1960 S. 591f., LG Lüneburg 26. VI. 1952 VersR 1952 S. 271; LG Lüneburg 3. IX. 1953 VA 1953 S. 246, LG Limburg 21. I. 1959 VersR 1959 S. 330), auch nicht der Eintritt eines Totalschadens im Sinne der Kaskov (BGH 14. XI. 1960 VersR 1960 S. 1107, AG Neu-Ulm 29. V. 1956 VersR 1957 S. 56), wohl aber völliger Untergang des Fahrzeugs oder dessen Diebstahl ohne Aussicht auf Wiedererlangung (Feyock VersR 1969 S. 8, Stiefel-Wussow[8] Anm. 18 zu § 6 AKB, S. 245). Entsprechendes gilt für sonstige Fahrzeuge, an die die Haftpflichtv anknüpft.

Nicht ist der Tatbestand des § 68 erfüllt, wenn bei abgeschlossener Grundstückshaftpflichtv das Gebäude zerstört wird, denn die Haftpflichtgefahren sind damit nicht beseitigt (BGH 24. I. 1951 LM Nr. 1 zu § 41a VVG mit Anm. H. = NJW 1951 S. 314 mit Anm. Prölss = VersR 1951 S. 76 mit ablehnender Anm. Oberbach; Vorinstanz: OLG Hamm 9. III. 1950 VersR 1950 S. 85 mit Anm. Wehn VersR 1950 S. 99; Feyock VersR 1969 S. 7f. Zu Unrecht meint OLG Hamm 9. III. 1950 VersR 1950 S. 85 als obiter dictum, der Vmer habe nach einem totalen Kriegsschaden am Haus die Grundstückshaftpflichtvsprämie nach § 68 III zurückverlangen können).

[36] bb) Restfälle.

Sofern die Haftpflichtv nur an die Tierhaltung anknüpft, ist Nichtanschaffung des Tieres, dessen Veräußerung oder Tod Interessemangel (Kisch III S. 203). § 68 ist ferner verwirklicht, wenn der Vmer sich gegen die Haftpflichtgefahr aus einer bestimmten Berufsbetätigung gedeckt hat, die er nie aufnimmt oder endgültig aufgibt, oder wenn der Vsschutz an sonstige persönliche Beziehungen anknüpft, die der Vmer abbricht: Möller Anm. 28 zu § 14, Kisch III S. 202, Ehrenzweig S. 223, Ottow a. a. O. S. 49, Prölss-Martin[18] Anm. 5 zu § 14, S. 139, Sasse a. a. O. S. 118; LG Berlin 13. XII. 1928 JRPV 1930 S. 407; vgl. ergänzend Johannsen AllgHaftpflichtv: Anm. D 28, S. 157f.

Wenn der als Jäger vte Vmer die Jagd aufgibt, liegt aus denselben Gründen wie bei der Vernichtung des Hauses in der Grundstückshaftpflichtv kein Interessemangel vor: Lupus NeumannsZ 1935 S. 863f.; anders Hora NeumannsZ 1935 S. 953f., Kühfuss NeumannsZ 1935 S. 954f. Die beiden letzteren berücksichtigen nicht, daß auch nach endgültiger Abstandnahme von der Jagd gedeckte Haftpflichtgefahren drohen, so z. B. aus dem Besitz und dem Gebrauch von Schußwaffen, aus der Haltung von zwei Hunden bzw. aus dem Abrichten und Ausbilden eigener oder fremder Hunde zur Jagd (vgl. auch Heimbücher VW 1971 S. 62f.).

Daß durch die soeben und in Anm. 35 genannten Ereignisse eine Gefahrminderung eintritt, genügt für § 68 nicht (siehe unten Anm. 94, 98). Indes wird seine Anwendung nicht deshalb ausgeschlossen, weil neben dem (wegen Interessemangels hinfälligen) Hauptrisiko ein anderes nebenher gedeckt ist, also z. B. in die Berufshaftpflichtv die Privathaftpflicht eingeschlossen ist. Wäre es anders, wäre der Anwendungsbereich des § 68 in der allgemeinen Haftpflichtv in einem für den Vmer unbilligen Maß eingeengt.

[37] e) Aus sonstiger Passivenversicherung.

Für die betriebsbezogene Rechtsschutzv läßt AG München 20. IV. 1965 VersR 1965 S. 705 zwar expressis verbis die analoge Anwendung von § 151 II dahingestellt, sein Ergebnis ist aber nur verständlich auf dem Boden der Verneinung dieser Frage, tatsächlich ist also § 68 II angewendet worden. M. E. hätte sich indes eine Analogie zu § 151 II empfohlen. Dieser ist Ausfluß des umfassenden Prinzips, daß sich der Betrieb zu einem rechtlich anerkannten Vermögens- und Lebensbereich entwickelt hat, um den sich als Kristallisationspunkt die auf ihn bezüglichen Schuldverhältnisse gruppieren, wobei der jeweilige Inhaber des Betriebes in den Hintergrund tritt. Diese Auffassung ist im Arbeitsrecht besonders weit fortgeschritten, im Vsrecht zollt ihr § 151 II Respekt (vgl. oben Anm. 18).

Bei der V gegen notwendige Aufwendungen ist zunächst, soweit die Krankenv in Frage kommt, auf die Ausführungen oben Anm. 14 zu verweisen. Hier ist zu ergänzen, daß ein Fall von § 68 ferner dann vorliegt, wenn die Aufwendungen auf Dauer die Eigenschaft als notwendige einbüßen, wenn also z. B. der Vmer von der im Vertrage als Gefahrsperson bezeichneten Ehefrau rechtskräftig geschieden worden ist (Ottow a. a. O. S. 59).

Eine andere bedeutsame Form der V gegen notwendige Aufwendungen ist die Neuwertv. Sie lehnt sich an eine Sachv an und teilt daher mit dieser die Gründe des Interessemangels (Ottow a. a. O. S. 54).

[38] 4. Subjektive Momente

a) Fehlen subjektiven Tatbestands.

Einen subjektiven Tatbestand enthält § 68 nicht, d. h. es ist gleichgültig, warum der Interessemangel eintritt. Auch seine willentliche Herbeiführung durch den Vmer ändert an den Rechtsfolgen des § 68 I und II nichts. Es kann keine Rede davon sein, daß der Vmer in solchem Fall unter dem Gesichtspunkt bürgerlich-rechtlichen Schadensersatzes zur Zahlung der vollen Prämie für die Vsperiode verpflichtet sei, wie Prölss-Martin[18] Anm. 7 zu § 68, S. 356 annehmen.

Die beiden Entscheidungen, die sie hierfür anführen (OLG Stettin 24. X. 1927 VA 1928 Nr. 1837 war Vorinstanz gegenüber RG 27. IV. 1928 VA 1928 Nr. 1911), haben mit § 68 nichts zu tun. Es handelte sich um laufende V. „Vte Sachen" entstehen hier erst mit der Einzelaufgabe (Lenski a. a. O. S. 78f.). Der Ver klagte aber gerade deshalb auf Schadensersatz, weil ab einem bestimmten Zeitpunkt keine Aufgaben mehr erfolgt waren. Das RG hat die zweitinstanzliche Verurteilung des Vmers zur Schadensersatzleistung mit der Begründung bestätigt, daß der Vmer sich darum hätte bemühen müssen, daß sein Rechtsnachfolger den Vertrag übernahm. Eine sehr bedenkliche Entscheidung. Zwar ist eine Vereinbarung denkbar, daß sich der Vmer um den Übergang des Vsrahmenverhältnisses auf den Erwerber bemüht (vgl. Sieg VersR 1953 S. 349), aber hieran fehlte es im entschiedenen Fall. Außerdem ist der Gesichtspunkt des § 254 BGB außer Betracht geblieben, unverständlicherweise, wie sich aus dem Sachverhalt ergibt.

Die Rechtsfolgen des § 68 I und II treten also auch dann ein, wenn der Vmer vorsätzlich den Interessemangel herbeiführt (Kisch III S. 212, 214, Bruck S. 500; anders AG Ebingen 28. XI. 1958 VersR 1959 S. 221). Er ist nicht verpflichtet, das Interesse aufrechtzuerhalten, nur weil er einen Vsvertrag abgeschlossen hat, noch trifft ihn eine Obliegenheit in dieser Richtung. Oben Anm. 8 wurde gezeigt, daß die Regelung des § 68 I, II bereits einkalkuliert, der Interessemangel könne auf Umstände in der Vmersphäre zurückzuführen sein.

Bei § 68 III ist von vornherein ausgeschlossen, daß der Vmer den Interessefortfall beeinflußt hat, bei § 68 IV spielt unsere Frage keine Rolle, weil der Vmer ohnehin zur Zahlung der Prämie für die laufende Vsperiode verpflichtet bleibt (der Einfluß subjektiver Umstände auf den Vsfall ergibt sich bei Schweigen des Vertrages aus §§ 61, 152 VVG).

[39] b) Einfluß des Irrtums.

§ 68 setzt voraus, daß Interessemangel vorliegt. Haben beide Parteien irrtümlich einen solchen angenommen, so ist der Vertrag gleichwohl in Kraft geblieben, d. h. der Ver kann in den Fällen des § 68 I—III die Differenz zwischen erhaltener Vmerleistung und voller Prämie für die laufende Vsperiode verlangen, der Vmer kann Deckung beanspruchen, wenn ein Vsfall eintrat. (Diese Konsequenz brauchte OLG Hamm 9. III. 1950 VersR 1950 S. 85 nicht zu ziehen, weil es einen stillschweigenden Aufhebungsvertrag annahm.)

Haben beide Parteien an das Bestehen des Interesses irrig geglaubt, so vermag das die Anwendbarkeit des § 68 I nicht zu hindern, ja, dieser Sachverhalt wird beim anfänglichen Interessemangel häufig vorliegen (Kisch III S. 213). Hier kann es ferner vorkommen, daß nur ein Partner über den Mangel irrte, darauf ist unten Anm. 45, 47, 54, 56 zurückzukommen.

Daß der Vmer von dem nachträglichen Interessemangel (= Interessewegfall) keine Kenntnis hat, wird kaum vorkommen. Hier kann es sich also in der Regel nur darum handeln, ob der Irrtum des Vers von Bedeutung ist. Das trifft für § 68 II zu. Die Kenntnis des Vers vom Wegfall ist maßgeblicher Zeitpunkt für die Abrechnung nach Kurztarif. Für § 68 III hingegen ist es belanglos, wann der Ver Kenntnis von diesem spezifischen Interessewegfall erhält, hier nützt ihm also sein Irrtum nichts. Für § 68 IV schließlich ist die Irrtumsfrage, wie auf der Hand liegt, ohne Bedeutung.

Das Gesagte gilt für den Umfang des Anspruchs. Für die Fälligkeit und die Kostenlast kommt es auf Kenntnis des Vers auch dort an, wo das VVG sie nicht verlangt, vgl. unten Anm. 77, 78.

[40] 5. Beweislast.

Die Beweislast für den Interessemangel trifft den Vmer. Auf Grund des Abschlusses des Vsvertrages ist zunächst die Prämienzahlungspflicht entstanden, und zwar ohne Rücksicht darauf, ab wann der Ver die Gefahr tragen soll (§ 35 VVG und oben Anm. 7). Mithin ist auch der anfängliche Interessemangel (ebenso wie der nachträgliche) Erlöschungsgrund für die Prämienschuld. Den Untergang seiner Verbindlichkeit hat stets der Schuldner zu beweisen (abweichend Kisch III S. 219).

Steht umgekehrt der Ver auf dem Standpunkt, es liege Interessemangel vor, und bestreitet er deshalb seine Eintrittspflicht für einen geltend gemachten Schaden, so gehört das Bestehen eines Interesses zu den anspruchsbegründenden Merkmalen für die Entschädigung, so daß auch hier den Vmer die Beweislast trifft (ebenso Kisch III S. 219). Gelingt ihm dieser Beweis, so ergibt sich, daß der Vsvertrag mindestens bis zum Eintritt des Vsfalles Bestand hatte.

[41] III. Anfänglicher Interessemangel (§ 68 I).

1. Voraussetzungen.

a) Wirksamer Vertrag.

aa) Sittenwidrigkeit.

§ 68 I setzt einen wirksam abgeschlossenen Vertrag voraus. Anfänglicher Interessemangel liegt daher nicht vor, wenn der Vertrag nach § 138 BGB nichtig ist (Puhl a. a. O. S. 16 und Ottow a. a. O. S. 89 bemerken, daß nicht das Interesse sittenwidrig sein könne, sondern, was m. E. selbstverständlich ist, das Rechtsgeschäft darüber), weil beide Parteien die Sittenwidrigkeit gekannt, etwa gewußt haben, daß Schmuggelgut (Kisch III S. 485) oder Falschgeld oder Waren vert werden sollten, die unter Verstoß gegen Embargobestimmungen verschifft waren: BGH 24. V. 1962 NJW 1962 S. 1436 = VersR 1962 S. 659 = Hansa 1962 S. 1805 = MDR 1962 S. 719 mit Anm. Sieg S. 888; Ritter-Abraham Anm. 9 zu § 2, S. 170. (Für den Fall, daß nur ein Teil die Umstände, die die Sittenwidrigkeit begründen, kennt, vgl. unten Anm. 44—45.)

Ebenso ist die Frachtv nichtig, wenn der Frachtvertrag nichtig ist, Kenntnis beider Partner des Vsvertrages vorausgesetzt (Argyriadis, Die Frachtv, Hamburg 1961, S. 59f.). Ein weiterer Grund für die Nichtigkeit der Kreditv kann sich daraus ergeben, daß sie sich auf eine Schmiergeldforderung bezieht (Möller Anm. 88 zu § 49).

[42] bb) Andere Fälle unwirksamen Vertrages.

Wenn der Vsvertrag angefochten worden ist, richten sich etwaige Ansprüche, sofern der Vmer angefochten hat, nach § 122 BGB (Vmer schuldet Schadensersatz) oder § 823 II BGB (Ver schuldet Schadensersatz); sofern der Ver angefochten hat u. a. nach § 40 I VVG (Kisch III S. 220, Puhl a. a. O. S. 33), § 68 kommt nicht zum Zuge.

Ferner ist er nicht einschlägig bei Vertragsschluß durch vollmachtlosen Vertreter oder gesetzlichen Vertreter, dem die vormundschaftgerichtliche Genehmigung fehlte (Folgen: Möller Anm. 17 zu § 40), ebensowenig, wenn dem Vmer bei Abschluß die Geschäftsfähigkeit fehlte.

[43] cc) Scheinbare Unwirksamkeit (Geltung von § 68 I).

OLG Hamburg 22. XII. 1924 HansRZ 1925 Sp. 273 = JRPV 1925 S. 64 hat Dissens angenommen in einem Fall, in dem der Ver den anfänglichen Interessemangel nicht kannte. Das Gericht hätte jedoch stattdessen die Sonderregelung des § 4 ADS, dem in der Binnenv § 68 entspricht, anwenden müssen.

Daß der Vsvertrag aufschiebend bedingt ist, hindert die Anwendung des § 68 I nicht, diese Vorschrift bezieht ja ausdrücklich den aufschiebend bedingten Vertrag ein (V für ein künftiges Unternehmen oder für ein künftiges Interesse): Ehrenzweig S. 224. Es kann keinen Unterschied machen, daß die gesetzliche Bedingung im Vertrage wiederholt wird. Anders wohl: Bruck S. 498 Note 85 und Puhl a. a. O. S. 16, die meinen, von § 68 I sei der aufschiebend bedingte Vertrag zu unterscheiden. OLG Kassel 8. XI. 1927 VA 1928 Nr. 1835 ergibt nichts für die Ansicht von Bruck und Puhl: § 68 I ist im Urteil einfach übersehen.

Hat die aufschiebende Bedingung nichts mit dem Interesse zu tun (Beispiel: Irgendeine Schadenv soll aufschiebend bedingt sein durch eine Gehaltserhöhung des Vmers) und steht fest, daß die Bedingung nicht eintritt, so liegt kein Fall von § 68 I vor. M. E. ist aber dem Ver in Analogie zu dieser Vorschrift eine angemessene Geschäftsgebühr zuzubilligen. Das Ergebnis entspricht dem beim auflösend bedingten Vertrag gefundenen (vgl. unten Anm. 115).

[44] b) Vertrag über versicherbares Interesse.

aa) Fälle unversicherbaren Interesses.

Der Vsvertrag kann fehlerhaft sein, weil ihm unverbares Interesse zugrunde liegt. Das ist etwa dann der Fall, wenn nur ein Teil die sittenwidrigen Umstände gekannt hat (vgl. oben Anm. 41 und die dort zitierte BGH-Entscheidung). § 2 I ADS führt als Beispiel die Wettv an. Aus dem VVG ist an §§ 159 II, 179 III zu denken: Die Gefahrsperson hat ihre Zustimmung nicht gegeben. Hier ist man allerdings bei der Unfallfremdv geneigt, sie in eine solche für fremde Rechnung umzudeuten: § 179 II. Dann ist die Wirksamkeit unzweifelhaft. Vgl. BAG 18. II. 1971 BetrBer 1971 S. 873, BGH 8. II. 1960 BGHZ Bd 32 S. 44, 49 = BetrBer 1960 S. 388; Asmus ZVersWiss. 1970 S. 56; Prölss-Martin[18] Anm. 3 zu § 179, S. 964. Millauer, Rechtsgrundsätze der Gruppenv, 2. Aufl., Karlsruhe 1966, S. 91 befürwortet dasselbe für die Krankenv.

Während §§ 2, 3 ADS für Fälle solcher Art eine ausgefeilte Regelung über die Vmerpflichten enthalten (vgl. Argyriadis a. a. O. S. 59f.), schweigt das VVG. Sicher ist, daß § 68 I nicht unmittelbar eingreift (anders Millauer a. a. O. S. 90), weil § 2 ADS von einem aus Gründen des ordre public unverbaren Interesse, also von einem unerlaubten Vertrag ausgeht (Bruck S. 484, v. Gierke II S. 181, Kisch III S. 58, Ritter-Abraham Anm. 6 zu § 2, S. 169, Anm. 9 zu § 2, S. 170). Das verkennt OLG Hamburg 22. XII. 1924 in der oben Anm. 43 zitierten Entscheidung, welches § 2 statt § 4 ADS anwendet.

[45] bb) Lösung.

Aus der Regelung des § 68 I kann unter Heranziehung der den §§ 2 II, 51 III, 59 III zugrunde liegenden Gedanken eine Analogie gefunden werden (vgl. BGH 19. III. 1956 VersR 1956 S. 250 = VA 1956 S. 118) des folgenden Inhalts: Hat nur der Ver die diskriminierenden Umstände gekannt, steht ihm nichts zu (Bruck S. 495, Kisch III S. 58). Hat lediglich der Vmer Kenntnis gehabt, schuldet er Prämie für die volle Vsperiode (Bruck S. 496, Kisch III S. 58, Sieg MDR 1962 S. 889). Haben beide keine einschlägige Kenntnis, so gebührt dem Ver eine angemessene Geschäftsgebühr (Kisch III S. 58). Der Fall, daß beide Vertragsteile bösgläubig waren, gehört in anderen Zusammenhang (siehe oben Anm. 41). Das hier gefundene Ergebnis entspricht den Leitgedanken der §§ 2 II, 3 I, III ADS (Ritter-Abraham Anm. 30 zu § 3, S. 184).

[46] c) Maßgeblicher Zeitpunkt.

aa) Im allgemeinen.

Für die Abgrenzung des anfänglichen Interessemangels vom späteren (vom Interessewegfall) kommt es auf die Begriffe des formellen und des technischen Vsbeginns an. Formeller Vsbeginn ist gegeben, sobald der Vertragsschluß erfolgt, in der Regel also die Annahmeerklärung des Vers dem Vmer zugegangen ist. Der technische Vsbeginn ist der Zeitpunkt, zu dem die Gefahrtragung des Vers laut Vertrag anfangen soll und demzufolge die Prämienzahlung vorgesehen ist.

§ 68 I liegt vor, wenn das Interesse beim technischen Beginn fehlt, der Ver also niemals im Risiko gewesen ist (Kisch III S. 207f., Bruck S. 494, 498, v. Gierke II S. 185). Gelegentlich wird hier statt des Terminus „technischer Vsbeginn" der Ausdruck (vorgesehener) „materieller Vsbeginn" gebraucht. Gemeint ist stets das erstere, was insbesondere Sasse a. a. O. S. 9f. klar herausstellt.

Der Zeitpunkt des formellen Vsbeginns ist für die Abgrenzung zwischen § 68 I einerseits, § 68 II—IV andererseits gleichgültig. Meist wird der formelle Beginn mit dem technischen zusammenfallen oder der letztere dem Vertragsschluß folgen.

[47] bb) Rückwärtsversicherung.

Umgekehrt liegt es bei der Rückwärtsv. Auch bei ihr kommt es auf den technischen Beginn an.

> Beispiel: Die Parteien vereinbaren am 1. 6., daß Deckung rückwirkend ab 1. 5. bestehen soll. War die vte Sache bereits am 1. 5. nicht mehr vorhanden, greift § 68 I ein. Geht sie danach unter, mag das auch noch vor dem 1. 6. geschehen sein, ist § 68 II—IV anzuwenden, denn der Ver hat im letztgedachten Falle eine Gefahr getragen.

Hier wird allerdings die Regelung des § 68 I zum Teil überlagert durch die des § 2 II. Weiß nämlich der Ver (sei es allein, sei es, daß auch der Vmer weiß), daß der Vsfall nicht eintreten kann, gebührt ihm keine Geschäftsgebühr; anders Möller Anm. 33

zu § 2, der § 68 I den Vorrang gibt, während m. E. das besonders starke aleatorische Moment bei der Rückwärtsv in diesem Punkt dieselbe Regelung wie beim unverbaren Interesse erheischt, siehe oben Anm. 45. Für das Wissen im Rahmen des § 2 ist der Zeitpunkt des formellen Vertragsschlusses maßgeblich, Kenntniserlangung zwischen Antrag und Annahme schadet also: Möller Anm. 42 zu § 2; a. A. Ehrenzweig S. 78.

[48] d) Vorgehende Vorschriften.

Oben in Anm. 17—19 sind die dem § 68 vorgehenden Vorschriften erörtert worden. An dieser Stelle ist zu betonen, daß auch § 68 I durch jene Normen verdrängt wird. Der Vorrang der §§ 69—73, 151 II, 158h gilt nämlich auch dann, wenn die Veräußerung bzw. Zwangsvollstreckung zwischen formellem und technischem Beginn stattfindet. Das nimmt die herrschende Lehre mit Recht mit Rücksicht auf den beabsichtigten Zweck (Erwerberschutz) an (vgl. Lenski a. a. O. S. 79 und die dort Note 52, 53 Genannten).

[49] 2. Folgen.

a) Geschäftsgebühr.

aa) Materielles Recht.

Nach § 68 I kann der Ver eine angemessene Geschäftsgebühr verlangen. Die Freiheit von der Prämienzahlungspflicht tritt automatisch ein, es bedarf keiner Anzeige oder gar Gestaltungserklärung des Vmers: Kisch III S. 212.

Was angemessen ist, sagt das Gesetz nicht. Orientierungshilfen können einige Urteile geben: AG Aachen 1. VI. 1950 VersR 1951 S. 35 mit Anm. Bischoff (weniger als 25% Jahresprämie, Kautionsv); OLG Hamburg 13. X. 1967 VersR 1968 S. 485 (30% Jahresprämie, Kraftfahrzeughaftpflichtv. § 4 VI AKB nennt als Höchstsatz für die Geschäftsgebühr auf Grund von § 40 II ebenfalls 30% Jahresprämie); LG Hamburg 2. X. 1970 VA 1971 S. 118 (27, 5% Jahresprämie, Filmausfallv; 18,5% Jahresprämie, Filmnegativv; hierbei ist aber zu berücksichtigen, daß in den 27,5% für die Filmausfallv zugleich die Abgeltung für eine vorläufige Deckungszusage lag).

Die für § 40 II als angemessen angesehene Geschäftsgebühr braucht nicht stets auch angemessen im Sinne des § 68 zu sein. Die Zitierung der Urteile sollte — wie gesagt — nur Anhaltspunkte geben.

[50] Anerkannt ist, daß der Ver nicht nur einen Teil seiner Geschäftsunkosten, sondern auch besondere Auslagen wie Makler- oder Agentenprovisionen fordern kann (Möller Anm. 12 zu § 40, Bruck S. 501, Puhl a. a. O. S. 24; die letzteren beiden erwähnen insbesondere die Kosten für die Ausstellung des Vsscheins, die indes in den allgemeinen Unkosten enthalten sind).

Aus einem Vergleich des § 68 I mit § 68 II ergibt sich, daß die Geschäftsgebühr höchstens der Prämie gleichkommen darf, die für die geringste Vsdauer nach Kurztarif vorgesehen ist, denn das, was der Ver zu beanspruchen hat, wenn er keine Gefahr getragen hat, kann nicht höher sein als das, was er bei Gefahrtragung verlangen darf.

[51] bb) Verfahrensrecht.

Über die Angemessenheit entscheidet das Gericht, § 287 II ZPO läßt Erleichterungen bei der Feststellung zu. Nützlich kann es sein, eine amtliche Auskunft der Aufsichtsbehörde beizuziehen oder ein Sachverständigengutachten von ihr anzufordern, beides kann auch von Amts wegen geschehen (vgl. § 144 ZPO). Nach BGH 24. XI. 1951 VersR 1952 S. 37 ist solche Auskunft auch dann verwertbar, wenn das Aufsichtsamt sie auf Ermittlungen bei Vsgesellschaften stützt (bedenklich).

[52] cc) Aufsichtsbehördliche Genehmigung.

Nach § 40 II 3 gilt die Geschäftsgebühr als angemessen, die mit Genehmigung der Aufsichtsbehörde in den AVB festgesetzt worden ist. Eine entsprechende Vorschrift fehlt in § 68 I. Selbst wenn also genehmigte AVB für diesen Fall eine bestimmte Geschäftsgebühr enthalten sollten und der Ver sich daran hielte, könnte sich der Vmer auf Unangemessenheit berufen.

Gleichwohl wäre die Genehmigung einer bestimmten Geschäftsgebühr bei § 68 I nicht überflüssig, sie dürfte eine tatsächliche Vermutung für die Angemessenheit schaffen, also keine Beweislastumkehr, aber eine Beweiserleichterung (prima facie-Beweis) für den Ver bedeuten.

[53] dd) Verjährung.

Streitig ist, ob der Anspruch auf die Geschäftsgebühr der kurzen Verjährung nach § 12 I unterliegt oder ob die gewöhnliche Frist gilt. Kisch III S. 217, Puhl a. a. O. S. 25 nehmen letzteres an. M. E. ist § 12 I anwendbar, denn der Anspruch aus § 68 I setzt einen wirksamen Vsvertrag voraus (vgl. oben Anm. 41, 42), fließt also aus diesem, wenn auch mit gesetzlich modifiziertem Inhalt. Überdies spricht das Vmerinteresse hier ebenso wie beim normalen Vertragsanspruch für die kurze Frist (ebenso Prölss-Martin[18] Anm. 2 zu § 12, S. 114).

[54] b) Fortfall der Geschäftsgebühr.

aa) Bei Kenntnis des Versicherers.

Zweifelhaft kann sein, ob dem Ver die Geschäftsgebühr auch dann zusteht, wenn er den Interessemangel gekannt hat. Wendet man hier die Sätze über das unverbare Interesse (oben Anm. 45) und die Rückwärtsv (oben Anm. 47) entsprechend an, so wäre die Frage zu verneinen. Indes hat die Meinung, daß die Geschäftsgebühr durch die Kenntnis des Vers vom Interessemangel nicht verwirkt wird (Bruck S. 500, Kisch III S. 216), hier einiges für sich, weil kein unerlaubtes oder besonders ausgeprägtes aleatorisches Moment im Spiel ist.

Immerhin erscheint es mir dann unangebracht, dem Ver eine Geschäftsgebühr zuzusprechen, wenn er Kenntnis vom Interessemangel hatte, der Vmer aber nicht (Kisch III S. 216 will hier unter Umständen mit § 254 BGB helfen).

[55] bb) Im Falle des § 68 III.

Der Gesetzgeber dürfte nicht genügend bedacht haben, daß der Interessemangel wegen Kriegsereignisses oder ähnlicher Umstände (§ 68 III) nicht nur nach dem technischen Beginn der V eine Rolle spielen kann, sondern auch im Rahmen des § 68 I. § 68 III läßt erkennen, daß der Vmer bei dem auf Kriegseinflüssen beruhenden Interessemangel privilegiert werden soll. Deshalb erscheint es angemessen, daß bei anfänglichem Interessemangel aus Kriegsgründen der Anspruch auf die Geschäftsgebühr entfällt. Das würde auch dem überwiegend gebilligten bürgerlich-rechtlichen Haftungsmaßstab entsprechen (vgl. oben Anm. 6 a. E., 7).

[56] c) Weitergehende Verpflichtungen des Versicherungsnehmers?

aa) Aus culpa in contrahendo.

Weitergehende Verpflichtungen als die zur Zahlung der Geschäftsgebühr bestehen für den Vmer nicht, auch dann nicht, wenn er bei Eingehung des Vsvertrages wußte, daß die V nicht in Risiko kommen könnte und keine Kenntnis hiervon gab. Dem Gesichtspunkt des Verschuldens bei Vertragsschluß, an den hier zu denken wäre, ist durch § 68 I bereits Rechnung getragen: Die Geschäftsgebühr entspricht dem Vertrauensinteresse.

Es liegt hier also anders als beim unverbaren Interesse (vgl. oben Anm. 45 und § 3 ADS).

[57] bb) Aus Verletzung vorvertraglicher Anzeigepflicht.

Die Rechtssätze über Verletzung der vorvertraglichen Anzeigepflicht können zu keinem von § 68 I abweichenden Ergebnis führen (Bruck 7. Aufl. Anm. 10 zu § 68, S. 258f.). Schon tatbestandlich sind die §§ 16ff. nicht erfüllt, wenn der Vmer den Interessemangel nicht angezeigt hat, denn dieser ist nicht gefahrerheblich, er bewirkt ja Leistungsfreiheit. Aber auch wenn der Vmer tatsächlich gegen §§ 16ff. verstoßen hat, bleibt es bei § 68 I, wenn zugleich Interessemangel vorliegt.

Das Gesetz reagiert auf die Verletzung der vorvertraglichen Anzeigepflicht je nachdem, ob den Vmer ein Verschulden trifft oder nicht, mit Rücktritt oder Kündigung. Da hier aber der wirksam abgeschlossene Vertrag niemals ins Leben getreten ist (vgl. oben Anm. 10), kommt eine Lösung von ihm nicht in Frage (Kisch III S. 221, Bruck S. 501, Puhl a. a. O. S. 32f. — Prölss-Martin[18] Anm. 7 zu § 68, S. 356 kann zugestimmt werden: § 68 ist abschließende vsrechtliche Regelung).

Allein § 68 I anzuwenden ist auch deshalb billig, weil die Verletzung der vorvertraglichen Anzeigepflicht hier das Risiko des Vers nicht erhöht hat, der Vmer also günstiger behandelt werden kann als nach § 40 I.

[58] Lediglich die **Anfechtung** des Vers wegen arglistiger Täuschung (§ 22) kann ihm weitergehende Ansprüche verschaffen (§ 40 I 1). Die Anfechtung wirkt dinglich zurück, hier ist deshalb niemals ein wirksamer Vsvertrag vorhanden gewesen, der erst durch den Interessemangel hätte hinfällig werden können (vgl. oben Anm. 42).

Die Anfechtungsmöglichkeit trotz Interessemangels verkennt OLG Hamburg 22. XII. 1924 HansRZ 1925 Sp. 273 = JRPV 1925 S. 64.

[59] 3. Kenntnis des Versicherers und des Versicherungsnehmers.

a) Kenntnis des Versicherers.

Der Begriff der Kenntnis ist näher zu präzisieren. Wie aus den vorangegangenen Anmerkungen erhellt, kommt es bei der Sittenwidrigkeit, beim unverbaren Interesse, bei der Rückwärtsv und bei der Verwirkung des Anspruchs auf die Geschäftsgebühr auf Kenntnis des Vers von gewissen Umständen an.

Hier gelten folgende Grundsätze: Der Ver muß sich nicht nur die Kenntnis seiner Organe nach § 166 I BGB anrechnen lassen, sondern auch solcher Angestellter, die nach der Regelung im Betrieb rechtserhebliche Tatsachen zur Kenntnis zu nehmen haben. Es handelt sich um ein Problem der Wissenszurechnung (vgl. Ottow a. a. O. S. 81f., RG 8. III. 1921 RGZ Bd. 101 S. 403), hinsichtlich dessen bei Agenten auf Möller Anm. 3—15 zu § 44 verwiesen wird.

Angesichts der umfangreichen Organisation eines modernen Vers muß das Wissen im Zusammenhang mit der spezifischen Aufgabenstellung erlangt sein: Krebs VersR 1962 S. 13.

[60] Krebs geht allerdings zu weit, wenn er bei Einheitlichkeit der Policennummer, unter der die Deckung verschiedener Zweige dokumentiert wurde (Hauptbeispiel: Kraftfahrv), die Kenntnis des Sachbearbeiters eines Zweiges nicht insgesamt wirken läßt, sofern der andere Zweig von einer anderen Abteilung bearbeitet wird. Der Vmer kann nicht die innere Organisation bei seinem Ver kennen. Dieser muß dafür sorgen, daß die wissende Abteilung die andere unterrichtet. Daß verschiedene Abteilungen beteiligt sind, kann der Sachbearbeiter mühelos aus der Vertragsakte ersehen (vgl. hierzu auch Möller Anm. 39, 40 zu § 2). Was hier zum Verhältnis Abteilung/Abteilung ausgeführt wurde, gilt auch im Verhältnis Bezirksdirektion/Zentrale: BGH 29. V. 1970 VersR 1970 S. 660f.

Auf die Einheitlichkeit der Vsscheinnummer wird mit Recht abgestellt von Prölss-Martin[18] Anm. 2 zu § 20, S. 158, Ottow a. a. O. S. 82, BGH 24. I. 1963 VersR 1963 S. 227.

Für den Behördenbereich vertritt allerdings BFM 6. IV. 1971 BetrBer 1971 S. 999 eine Auffassung, die der von Krebs entspricht.

Das Gesagte gilt für die Frage, auf wessen Kenntnis es ankommt und wann diese Kenntnis erlangt ist.

[61] b) Kenntnis des Versicherungsnehmers.

Die vorstehenden Grundsätze der Wissenszurechnung gelten mutatis mutandis auch für den Vmer, und zwar sowohl hinsichtlich des Ob als auch des Wann. Auch hier besteht die Zurechnungslast, wenn seine Angestellten Kenntnis haben. Es handelt sich um die Kehrseite davon, daß sich der Vmer die Arbeitsteilung zunutze macht (RG

8. III. 1921 RGZ Bd 101 S. 403, Möller, Bericht über die deutsche Rechtsprechung zum Binnenvsrecht in den Jahren 1937—1938, Rom 1940, S. 299f.).

Der Wissenszurechnungsvertreter braucht also, im Unterschied zum Repräsentanten, nicht in einem Geschäftsbereich von einiger Bedeutung eingesetzt zu sein: BGH 13. V. 1970 VersR 1970 S. 613f.

In der Feuer- und Einbruchsdiebstahlv wird durch die Verantwortlichkeitsklausel (VA 1957 S. 61, 1962 S. 2) die Wissenszurechnung zugunsten des Vmers erheblich eingeschränkt.

[62] **IV. Nachträglicher Interessemangel (Interessewegfall; § 68 II—IV).**

1. Gemeinsame Voraussetzungen.

a) Im allgemeinen.

Wie oben Anm. 46 ausgeführt, kommt es für die Abgrenzung zwischen anfänglichem und nachträglichem Interessemangel auf den technischen Beginn der V an. § 68 II—IV gilt nur, wenn der Interessefortfall Beendigungsgrund für den Vertrag ist (vgl. oben Anm. 10), also z. B. nicht bei einverständlicher Aufhebung desselben. Über das Zusammentreffen mit der Kündigung vgl. unten Anm. 68, 69.

[63] **b) Rückwärtsversicherung.**

Auch bei der Rückwärtsv ist, was die Unterscheidung zwischen anfänglichem und nachträglichem Interessemangel angeht, der technische Vsbeginn maßgebend. Deshalb kann hier Interessewegfall schon vor dem formellen Vsbeginn eintreten (vgl. das Beispiel oben Anm. 47). Bei der Rückwärtsv hat § 2 nicht nur Vorrang gegenüber § 68 I (s. auch hierzu oben Anm. 47), sondern auch gegenüber § 68 II—IV.

Das wirkt sich, sofern Rückwärts- und Vorwärtsv vereinbart war, zu Lasten des Vers aus. Hat er Kenntnis vom Interessemangel (sei es allein, sei es zusammen mit dem Vmer), steht ihm kein Anspruch auf die Prämie nach § 68 II, III zu. Anders nur, wenn der Interessemangel gerade darin lag, daß inzwischen der Vsfall eingetreten war und nur der Ver dies wußte. Dann ist der Vertrag gültig. Der Ver schuldet Entschädigung und hat Anspruch auf die Prämie für die volle Vsperiode nach § 68 IV (Prölss-Martin[18] Anm. 2 A a zu § 2, S. 43 wollen aus nicht einleuchtendem Grund hier § 68 II maßgebend sein lassen). Wenn nur der Vmer Kenntnis vom Interessewegfall hat, ergeben sich für die Prämienzahlungspflicht keine praktischen Unterschiede gegenüber § 68 II—IV, ebensowenig wenn beide Vertragsteile nichtwissend sind (Prölss-Martin[18] Anm. 2 B, 2 D zu § 2, S. 43).

[64] **2. Fall des § 68 II.**

a) Prämienzahlungspflicht nach Gesetz.

aa) Voraussetzungen.

§ 68 II behandelt den Interessewegfall, der weder im Kriegsgeschehen (§ 68 III) noch im Vsfall (§ 68 IV) seine Grundlage hat. Er stellt auf die Kenntnis des Vers ab (hierzu oben Anm. 59, 60). Woher dem Ver diese Kenntnis kommt, ist gleichgültig (AG Stuttgart 11. XI. 1953 VersR 1954 S. 35). Meist wird er den Interessefortfall durch Anzeige des Vmers erfahren.

Für die Prämienberechnung wird fingiert, daß der Vmer von vornherein die V bis zu jenem Zeitpunkt beantragt habe.

[65] **bb) Durchführung.**

Das bedeutet, sofern ein einschlägiger Kurztarif existiert: Tritt der Interessewegfall im ersten Vsjahr ein, so wird nach diesem abgerechnet; wenn sich der Interessewegfall jedoch erst in einem späteren Vsjahr ereignet, so ist für das betreffende Vsjahr Prämie nur pro rata zu zahlen.

> Beispiel: Vertragsschluß 1. 7. 1971, technischer Vsbeginn 10. 7. 1971, Kenntniserlangung vom Interessewegfall 10. 10. 1971: Prämie ist nach Kurztarif für drei Monate abzurechnen. Ereignen sich Interessewegfall und Kenntniserlangung

des Vers am 10. 10. 1972, wird Prämie für das Vsjahr 1972—1973 pro rata geschuldet.

Ebenso Evers a. a. O. S. 46f. Anderer Ansicht AG Ebingen 28. XI. 1958 VersR 1959 S. 221. Die Argumente dieses Gerichts überzeugen nicht; § 68 II ist keine Ausnahme von der Unteilbarkeitsregel, weil es solche nicht mehr gibt; die Vorschrift ist also nicht vom Unteilbarkeitsgrundsatz her zu interpretieren, sondern an den Sätzen auszurichten, die für den Zweckfortfall auf Gläubigerseite entwickelt worden sind (vgl. oben Anm. 7, 8). Das Gericht beruft sich ferner auf eine Auskunft des Aufsichtsamts, läßt aber nicht erkennen, wie das Aufsichtsamt seinen Standpunkt begründet hat. Nach Auffassung des AG Ebingen würde im letztgenannten Beispiel für das Vsjahr 1972/73 nach Kurztarif abzurechnen sein. — Wie AG Ebingen auch AG Stuttgart 11. XI. 1953 VersR 1954 S. 35 ohne Begründung.

Existiert ein einschlägiger Kurztarif nicht, wird Prämie auch dann pro rata berechnet (Amtl. Begründung DJustiz 1943 S. 269, Ottow a. a. O. S. 80), wenn Interessewegfall und Kenntnis beim Ver in das erste Vsjahr fallen. Die Berechnung kommt hier der des § 68 III nahe, unterscheidet sich aber von jener dadurch, daß es bei § 68 II stets auf die Kenntnis des Vmers ankommt. Außerdem wird im letzteren Falle dem Ver mindestens eine Prämie zuzubilligen sein, die der angemessenen Geschäftsgebühr entspricht: Er darf hier nicht weniger erhalten, als wenn er überhaupt kein Risiko trägt.

[66] b) Prämienzahlungspflicht nach AKB.

§ 6 III AKB enthält eine Sonderregelung. Er lautet:

> Fällt das Wagnis infolge eines zu ersetzenden Schadens weg, so gebührt dem Ver in der Fahrzeugv der volle Beitrag für das laufende Vsjahr oder die vereinbarte kürzere Vertragsdauer. In allen sonstigen Fällen eines dauernden Wegfalls des vten Wagnisses gebührt dem Ver nur der auf die Zeit des Vsschutzes entfallende anteilige Beitrag. Hat das Vsverhältnis weniger als ein Jahr bestanden, so wird für die Zeit vom Beginn des Vsjahres bis zum Wagniswegfall der Beitrag nach Kurztarif, oder, wenn innerhalb eines Jahres eine neue Kraftfahrtv beim gleichen Ver abgeschlossen wird, der Beitrag anteilig nach der Zeit des gewährten Vsschutzes berechnet.

Die Bestimmung stellt den Vmer, was das Verhältnis zu § 68 II angeht, insofern günstiger, als es auf die Kenntnis des Vers vom Interessewegfall nicht ankommt. Die AKB haben die Nichtberücksichtigung der Kenntniserlangung beibehalten aus einer Zeit, als es auf sie nach der alten Fassung von § 68 II (vgl. oben Anm. 1) auch von Gesetzes wegen nicht ankam. Das Gesetz hat inzwischen einerseits die Prämienzahlungspflicht des Vmers eingeschränkt, andererseits aber die Kenntnis des Vers maßgebend sein lassen. Die AKB haben nur die erstere Komponente übernommen; die zweite kann nicht in sie hineininterpretiert werden, denn es war mannigfach Gelegenheit, die AKB auch insoweit dem Gesetz anzupassen.

[67] Im übrigen stellt § 6 III AKB klar, was sich bei richtiger Auslegung des § 68 II aus diesem für die Frage ergibt, wann nach Kurztarif, wann pro rata abzurechnen ist (vgl. oben Anm. 65).

Nur wenn der Fortfall innerhalb des ersten Jahres eintritt, ist also der Kurztarif anzuwenden. Insoweit verschafft aber § 6 III AKB dem Vmer noch eine Vergünstigung, als auch in diesem Falle nur ratierliche Prämie berechnet wird, sofern der Vmer ein Ersatzfahrzeug beim gleichen Ver in Deckung gibt. In letzterem Punkt spiegeln die AKB wider, was einer häufigen, den § 68 II ersetzenden Vereinbarung entspricht: Übertragung der unverbrauchten Zeitprämie auf einen surrogierenden Vertrag (zur Wirksamkeit vgl. unten Anm. 120).

[68] c) Weitergehende Verpflichtungen des Versicherungsnehmers aus § 40 I, II 1.

aa) Interessewegfall vor Auslaufen der Kündigungsfrist.

Der Interessewegfall kann zu einer Zeit eintreten, in der das Vsverhältnis bereits gekündigt ist. § 40 I, II 1 stellt den Vmer, was seine Pflicht zur Prämienzahlung angeht, ungünstiger als § 68 II. M. E. gebührt dem letzteren der Vorrang. Die Kündigung läßt das Vsverhältnis bei Bestand bis zum Auslauf der Frist. Innerhalb ihrer kann sich ein Umstand ereignen, der das Vsverhältnis unmittelbar auflöst (hier: Interessewegfall). Die Folgen bemessen sich dann nach dem letzteren. Jedes gekündigte Dauerschuldverhältnis (etwa Arbeitsverhältnis, Handelsvertretervertrag) kann noch innerhalb der Kündigungsfrist durch einen Umstand beeinflußt werden, der zur sofortigen Lösung führt (z. B. außerordentliche Kündigung, Tod des Leistungspflichtigen); vgl. Sieg AktGes 1964 S. 297 mit weiteren Angaben.

Aus dem Gesagten folgt zugleich: Ist der Vsvertrag durch Risikowegfall erloschen, so kann er nicht mehr durch Kündigung (fristlose oder fristgemäße) zur Auflösung gebracht werden, die Kündigung nach Interessewegfall wäre wirkungslos.

[69] bb) Interessewegfall nach Beendigung des Versicherungsvertrages.

Zweifelhafter ist die Entscheidung dann, wenn der Interessewegfall sich zu einer Zeit ereignet, zu der kraft der Kündigung das Vsverhältnis schon erloschen ist, die Prämienzahlungsperiode aber noch läuft.

> Beispiel: Die Vsperiode läuft vom 1. VI. 1971 bis 1. VI. 1972. Am 1. VIII. 1971 kündigt der Ver zum 1. IX. 1971 wegen unverschuldeter Verletzung der vorvertraglichen Anzeigepflicht (§ 41 II) oder wegen unverschuldeter Verletzung der Gefahrstandspflicht (§§ 24 I 2, 27 I). Am 1. X. 1971 tritt Interessewegfall ein.

Obwohl man auf den ersten Blick geneigt sein könnte, auch hier dem § 68 II den Vorrang einzuräumen, weil er gegenüber dem Unteilbarkeitsgrundsatz die modernere Regelung enthält, so läßt sich doch dieses Ergebnis nicht rechtfertigen. Wenn der Vsvertrag erloschen ist, trägt der Ver kein Risiko mehr, das wegfallen könnte. Daß ihn das alte Vsverhältnis nicht mehr zu interessieren braucht, zeigt sich am besten dann, wenn das betreffende Gut inzwischen anderweitig vert ist; Vgl. AG Kappeln 26. V. 1970 VersR 1971 S. 1162.

Dasselbe ergibt sich, wenn der Vertrag fristlos gekündigt wurde, etwa nach § 39 III oder nach § 6 I 2 und noch innerhalb der Vsperiode Interessewegfall eintritt: es bleibt bei § 40 I, II 1. Ebenso Feyock VersR 1969 S. 7, Prölss-Martin[18] Anm. 3 zu § 6 AKB, S. 791, LG Mannheim 27. II. 1963 VersR 1963 S. 572. In der Begründung ist dieser Entscheidung allerdings nicht zu folgen, denn ein Spezialitätsverhältnis liegt zwischen § 40 II und § 68 II nicht vor, weil die Tatbestandsmerkmale beider Normen sich nicht zum Teil decken.

[70] 3. Fall des § 68 III.

a) Voraussetzungen.

aa) Kriegsereignis.

§ 68 III enthält drei Fälle qualifizierten nachträglichen Interessemangels, die in innerem Zusammenhang mit dem Krieg stehen, in der ersten Alternative den durch ein Kriegsereignis verursachten Interessewegfall.

Die folgenden Ausführungen basieren im wesentlichen auf Prölss DRZ 1946 Sp. 48 bis 52; einige Beispiele sind der Amtl. Begründung zu § 51 II DJustiz 1943 S. 269 entnommen. Kriegsereignis ist ein solches, daß sich als Ergebnis einer besonderen, durch den Krieg erhöhten Gefahr darstellt, oder anders ausgedrückt, jedes einen Schaden verursachende oder mitverursachende Ereignis, das ohne den Krieg nicht so geschehen wäre.

Krieg ist hier nicht völkerrechtlich zu verstehen (RG 3. VII. 1917 RGZ Bd 90 S. 380). Er kann vor Erfüllung der völkerrechtlichen Voraussetzungen beginnen und vor Beendigung des völkerrechtlichen „Krieges" aufhören. Für beides hat gerade der letzte Krieg beredte Beispiele geliefert.

[71] Kriegsereignisse können nicht nur im Operationsgebiet eintreten, wie der Luftkrieg zeigt. Ebenso kommt es nicht darauf an, ob eigene oder feindliche Kriegshandlungen den Schaden herbeigeführt haben. Kriegsereignisse können auch in nicht am Kriege beteiligten Staaten auftreten, ebenso nach Kapitulation (oder während Waffenstill-

stands). Dabei ist nicht nur an Schäden durch Angehörige der Besatzungsmacht zu denken. Noch monatelang nach der Kapitulation vom Mai 1945 wirkte sich das Fehlen von Polizeikräften, die Unterbrechung von Telefonverbindungen, die Auflösung von Gefangenenlagern auf die Gefahrenlage aus, so daß auf diese Umstände zurückzuführende Schäden als durch Kriegsereignisse verursacht zu qualifizieren waren. Dasselbe war anzunehmen für einen Schaden, der entstand, weil die Besatzungsmacht das Betreten des Grundstücks durch heimische Feuerwehr nicht zuließ (KG 13. V. 1947 DRZ 1947 S. 414f. hat allerdings anders entschieden, dagegen zu Recht die Anmerkung von Prölss).

Kriegsereignis im Sinne unserer Bestimmung ist eher bei einem typischen als bei einem atypischen Kriegsgeschehen anzunehmen. Das letztere leitet über zu den Fällen, in denen der Krieg nur ein zufälliges Begleitmoment des Schadens darstellt, oder die darauf zurückzuführen sind, daß sich die Gefahr auf einem höheren Niveau stabilisiert und damit das Moment des Außerordentlichen verloren hat (Prölss-Martin[18] Anm. 5 zu § 1 AFB, S. 439). Auf dieses Stadium reagieren §§ 16ff.

[72] **bb) Behördliche Maßnahme aus Anlaß des Krieges.**

Hier sind Maßnahmen der eigenen Behörden gemeint, mag es sich um zivile, mag es sich um militärische Dienststellen handeln. Vor allem Beschlagnahmen von unbestimmter Dauer (vgl. unten Anm. 103) oder Stillegung von Betrieben aus Anlaß eines Krieges gehören hierher.

Wegen Erfassungen auf Grund BLeistungsG vgl. unten Anm. 104.

[73] **cc) Unvermeidliche Folge des Krieges.**

Zu den unvermeidlichen Folgen eines Krieges gehören etwa Requisition, Ablieferung von Sachen auf Grund Waffenstillstandsabkommens, Beschlagnahmen von unbestimmter Dauer seitens Besatzungstruppen, prisenrechtliche Kondemnation oder bereits prisenrechtliche Nehmung, wenn die Wiedererlangung aussichtslos ist (Ritter-Abraham Anm. 5 zu § 4, S. 186, vgl. auch Ottow a. a. O. S. 48). Praktisch spielt es keine Rolle, ob man diese Fälle hierher oder noch zu den Kriegsereignissen (oben Anm. 71) rechnet.

Ferner ist an das Erliegen eines Betriebes zu denken, weil infolge Krieges Rohstoffe nicht verfügbar sind, die dieser Betrieb verarbeitet, oder weil aus dem gleichen Anlaß der Maschinenpark nicht mehr ergänzt werden kann. Vgl. ferner zu diesem Tatbestandsmerkmal Sasse a. a. O. S. 98—100, Ottow a. a. O. S. 88.

[74] **b) Prämienzahlungspflicht.**

Der Ver kann hier nur Prämie pro rata temporis verlangen. Im Unterschied zu § 68 II kommt es für die Höhe seines Anspruchs nicht auf die Kenntnis an. Wegen der Konkurrenz mit § 68 I vgl. oben Anm. 55, wegen der Konkurrenz mit § 68 IV s. unten Anm. 75.

Auch § 68 III kann mit § 40 I, II 1 zusammentreffen. In diesem Fall geht § 68 III vor (Begründung oben Anm. 68), ebenso auch, wenn er mit § 40 III konkurriert.

[75] **4. Fall des § 68 IV.**

a) Prämienzahlungspflicht nach Gesetz.

Nur wenn der Vsfall den Interessewegfall begründet, bleibt es beim sogen. Grundsatz der Unteilbarkeit der Prämie. § 68 IV ist Ausnahmevorschrift zu § 68 II, aber auch zu § 68 III. D. h.: Waren Kriegsschäden mitgedeckt und hat sich ein Totalschaden ereignet, der auf Umstände der in § 68 III genannten Art zurückzuführen ist, so ist die Prämie für die gesamte Vsperiode verfallen. Das rechtfertigt sich daraus, daß der Vmer in den Genuß der vollen Gegenleistung seines Partners gekommen ist.

§ 68 IV übernimmt, was die Prämienzahlungspflicht angeht, die in den §§ 95, 112, 119 für den Teilschaden (und damit für die weitere Teilhaftung des Vers) getroffene Regelung auf den Totalschaden, also den Fall, in dem der Ver überhaupt nicht mehr haftet. Voraussetzung ist aber, daß der Ver auf Grund des Vsfalles geleistet hat (ebenso Prölss-Martin[18] Anm. 1 zu § 95, S. 401; anders Thees DJustiz 1943 S. 281), vgl. oben Anm. 7 a. E.

Der Totalschaden ist Interessewegfall und beendet das Vsverhältnis automatisch (vgl. oben Anm. 10). Eine darauf folgende Kündigung ginge ins Leere; insbesondere könnte der Vmer mittels einer solchen die laufende Vsperiode, für die er prämienzahlungspflichtig ist, nicht abkürzen: OLG Hamburg 1. X. 1924 HansRZ 1924 Sp. 857.

[76] **b) Prämienzahlungspflicht nach AVB.**

Auch gegenüber § 68 IV, wie schon gegenüber § 68 II festgestellt, bedeutet § 6 III AKB eine Günstigerstellung des Vmers. Nur in der Kaskov löst der Eintritt des Schadens dieselbe Wirkung auf die Prämienzahlungspflicht aus wie nach dem Gesetz. Im übrigen gilt die für den Vmer günstigere Regelung eines gewöhnlichen Interessewegfalls, vgl. oben Anm. 65—67.

Nach § 10 (1) AVB Glas bezieht sich der Vsschutz nach dem Vsfall auf die ersetzten Scheiben, für sie ist eine anteilige Prämie zu zahlen.

[77] **Zusatz zu III und IV: Kosten des Rechtsstreits.**

1. Materiellrechtliche Vorfrage.

In den Fällen des § 68 I und III ist die Beschränkung der Leistungspflicht des Vmers unabhängig davon, ob der Ver Kenntnis hatte vom Interessemangel. Gleichwohl ist dessen Kenntnis auch hier nicht ohne Bedeutung. Vor diesem Zeitpunkt kann der Rückforderungsanspruch des Vmers, der schon die volle Jahresprämie oder sogar Prämien für künftige Vsjahre gezahlt hatte, nicht fällig werden. Das betont die Amtl. Begründung zu § 68 III mit Recht (DJustiz 1943 S. 269), es gilt aber ebenso für § 68 I (und natürlich auch für § 68 II, wo die Kenntnis sogar begründend für die Rückforderung wirkt).

[78] **2. Kostenlast.**

Das hat auch Kostenfolgen im Prozeß, die für § 68 I—III gleichermaßen gelten. Macht der Vmer eine Rückforderung geltend und trägt er im Prozeß den Interessemangel vor, so kann der Ver durch sofortiges Anerkenntnis nach § 93 ZPO erreichen, daß dem Vmer die Kosten auferlegt werden. § 93 ZPO lautet:

> „Hat der Beklagte nicht durch sein Verhalten zur Erhebung der Klage Veranlassung gegeben, so fallen dem Kläger die Prozeßkosten zur Last, wenn der Beklagte den Anspruch sofort anerkennt."

Klagt umgekehrt der Ver die volle Prämie ein, weil er vom Interessemangel nichts wußte, und verteidigt sich der Vmer damit, daß das Interesse fehle, so kann der Ver durch sofortige Rücknahme der Klage oder durch Erklärung der Hauptsache als erledigt erreichen, daß dem Vmer die Kosten auferlegt werden, sei es, daß man eine Umkehrung des § 93 ZPO zugunsten des Klägers für zulässig hält, sei es unter Heranziehung des § 91a ZPO (vgl. zu dieser Frage Baumbach-Lauterbach, ZPO, 30. Aufl., München 1970, Anm. 4 zu § 93, S. 209). Zutreffend daher OLG Düsseldorf 12. XII. 1934 HansRGZ 1935 A Sp. 405 = JRPV 1935 Zus. S. 63, dem Prölss-Martin[18] Anm. 7 zu § 68, S. 356 zustimmen.

[79] **V. Versicherung für fremde Rechnung.**

1. Anwendungsbereich.

a) Allgemeines.

Die §§ 74—80 behandeln die V für fremde Rechnung der Schadensv. § 179 II läßt diese Vorschriften entsprechend anwendbar sein auf die Unfallfremdv. Das Feld der V für fremde Rechnung könnte größer sein, wenn die problematische Vorschrift des § 80 I fehlte. Aus ihr in Verbindung mit § 52 folgt die Vermutung für die V eigenen Eigentumsinteresses (Möller Anm. 55 zu § 52; Prölss-Martin[18] Anm. 1 zu § 52, S. 281). Auch wenn dem Vmer das Eigentum fehlt, spricht also die Vermutung nicht für Fremdv, sondern es ist zu prüfen, ob auf dem Boden der Eigenv ein begrenztes Interesse an der fremden Sache gedeckt sein sollte (vgl. OLG Celle 10. V. 1932 VA 1932 Nr. 2503 S. 325f. und oben Anm. 29, 30), was bei Bejahung komplizierte Verhältnisse schafft. Ist das zu verneinen, liegt Interessemangel nach § 68 vor.

AVB können allerdings so gestaltet sein, daß die Vermutung des § 80 I als widerlegt gilt, vgl. unten Anm. 88. OLG Celle (s. voriger Absatz) hat aus der Besonderheit des Sachverhalts gefolgert, daß der Vsvertrag V für fremde Rechnung einschließen sollte.

[80] b) Vorgehende Vorschriften.

aa) Einzelrechtserwerb.

Oben Anm. 16—20 wurde gezeigt, daß § 68 insoweit nicht eingreift, als §§ 69—73 und die Gesamtrechtsnachfolge reichen. Was zunächst die Veräußerung angeht, so ist hier in der Aktivenv für § 68 kaum Raum. Veräußert der Vte den vten Gegenstand, so tritt der Erwerber an die Stelle des Vten, der Vmer behält diese seine Position, Lenski a. a. O. S. 81f. (anders Prölss-Martin[18] Anm. 2c zu § 69, S. 359). Wenn der Vmer nach § 185 BGB ermächtigt war, über den vten Gegenstand zu verfügen und er hiervon Gebrauch macht, so tritt der Erwerber nach § 69 in das Vsverhältnis ein, wiederum als Vter. Veräußert der Vmer unbefugt, so erlangt der Erwerber in der Regel kein Recht, der Vte bleibt Interesseträger, der Vsvertrag unberührt.

Etwas anderes könnte sich nur dann ergeben, wenn der Vmer zwar unbefugt über die Sache des Vten verfügt, aber der Erwerber Eigentümer kraft guten Glaubens wird. Hier ist aus dem Zweck des Gesetzes mit der herrschenden Lehre anzunehmen, daß ein Fall der §§ 69ff. vorliegt; d. h. der Erwerber rückt in die Stellung des Vten ein, der Veräußerer bleibt Vmer; vgl. zu alledem Lenski a. a. O. S. 80—88.

Einzelheiten vgl. Anm. zu § 69.

[81] bb) Gesamtrechtsnachfolge.

Wie die Veräußerung des vten Gegenstandes durch den Vten den Vsvertrag bei Bestand läßt (s. oben Anm. 80), so auch in der Regel die Gesamtnachfolge nach dem Vten. Wenn sich allerdings die durch Kautionsv geschützte Forderung nicht vom Vten = Gläubiger auf dessen Rechtsnachfolger vererben könnte, würde Interessefortfall gegeben sein; ebenso etwa, wenn eine Haftpflichtv lediglich zugunsten eines Dritten abgeschlossen worden war und dieser beerbt wird, ohne daß sich beim Erben die Gefahr verwirklichen kann, an die der Vsvertrag anknüpft (vgl. oben Anm. 20).

[82] 2. Grundsätzliches zum Interessemangel bei der Versicherung für fremde Rechnung.

Hier ist das Interesse eines Dritten, des Vten, gedeckt. Daher kommt es für § 68 I—IV darauf an, ob es an einer Beziehung des Vten zu seinem vten Gut fehlt (Bruck S. 478, Kisch III S. 200, Raiser Anm. 22 zu § 11, S. 297, Prölss-Martin[18] Anm. 3 zu § 74, S. 374) bzw. ob er das Gut noch jemals der Gefahr aussetzen wird, an deren Verwirklichung die Leistungspflicht des Vers geknüpft ist (vgl. oben Anm. 21—37).

Bei der Sittenwidrigkeit, der Rückwärtsv, dem unverbaren Interesse kommt es auf die Kenntnis des Vmers von gewissen Umständen an (vgl. oben Anm. 61). Wegen § 79 kann sich auch die Kenntnis des Vten ungünstig auswirken: BGH 19. III. 1956 VA 1956 S. 118.

[83] 3. Fehlende Zustimmung des Versicherten.

a) Verhältnis zu § 68.

Bei der V für fremde Rechnung hat zwar der Vte ein eigenes Recht, er kann aber in der Regel nicht darüber verfügen, weil er nicht im Besitz des Vsscheins ist (vgl. §§ 75 II, 76 I, II). Andererseits ist der Ver zur Zahlung an den Vmer nur verpflichtet, wenn er die Zustimmung des Vten zur V nachweist (§ 76 III). Wenn der Dritte nicht zustimmt und auch die V nicht als solche für eigene Rechnung des Vmers aufrechterhalten werden kann, liegt ein Fall von § 68 II vor, d. h. der Vsvertrag besteht zunächst, findet aber sein Ende, sobald der Ver Kenntnis von der Weigerung des Dritten erhält (nicht so deutlich: Prölss-Martin[18] Anm. 3 zu § 76, S. 379, Bühnemann ZVers-

Wiss 1970 S. 25, Schneider LZ 1910 Sp. 53f., 58). Ottow a. a. O. S. 17 und Kisch III S. 456 meinen dagegen, es fehle nur eine besondere Voraussetzung für die Zahlungspflicht des Vers. Das ist richtig, da sie aber dauernd fehlt (der Vte hat nicht nur die eine Leistung abgelehnt, vgl. § 333 BGB, sondern sich negativ zum Vertrage geäußert), liegt unser Fall nicht anders als der des Gefahrmangels, s. oben Anm. 25.

Unabhängig von § 76 III kann der Vte auch die Einzelleistung ablehnen (vgl. § 333 BGB, BGH 28. IV. 1954 VersR 1954 S. 297f.). Wenn hier das Risiko des Vers für die Zukunft bestehen bleibt, wenn also kein Totalschaden vorlag, greift § 68 nicht ein: Bruck S. 619 (?); anderer Ansicht wohl Prölss-Martin[18] Anm. 3 zu § 74, S. 374.

[84] b) Bei Versicherung für Rechnung wen es angeht.

RG 19. IX. 1919 VA 1920 S. 83f. Nr. 1169 geht von dem richtigen Ansatzpunkt aus, daß bei fehlender Zustimmung des Vten im Sinne des § 76 III der Ver nicht leistungspflichtig ist, wenn er sich auf diesen Umstand beruft. Das Gericht wendet aber in casu § 76 III zu Unrecht an, da es sich um eine V für Rechnung wen es angeht handelte. Hier bleibt der Ver für die Zukunft immer im Risiko. Abgesehen davon, daß Eigeninteresse mitgedeckt ist, wechseln die Vten, so daß hier die Ablehnung im Schadensfall nur eine solche nach § 333 BGB sein kann, also nicht Ablehnung des ganzen Vertrages (vgl. oben Anm. 83). Wie hier Kisch III S. 599; anders Prölss-Martin[18] Anm. 3 zu § 80, S. 385.

Das RG hat auch im übrigen nicht richtig entschieden. Da Eigentumsinteresse gedeckt war und der klagende Vmer im Zeitpunkt des Schadensfalles das Eigentum noch nicht verloren hatte, stand ihm die Vsentschädigung zu. Auf den Gefahrübergang, auf den es das Gericht abstellt, kam es nicht an (Möller Anm. 93 zu § 49). Eine Bereicherung des Vmers, der den Kaufpreisanspruch nach § 447 BGB behalten hat, war nicht zu befürchten, da der Käufer nach § 281 BGB Anspruch auf den Vserlös hatte: Sieg Anm. 33 zu § 67.

[85] c) Vergleich mit §§ 159, 179.

§ 76 III hat die Aufgabe, die Wettv einzuschränken, die eintreten könnte, wenn der Vmer auf Grund eines beim Vten eingetretenen Schadens kassieren dürfte, ohne daß letzterer überhaupt etwas von der V weiß. Indes sieht der Gesetzgeber die Wettv hier nicht als so gefährlich an wie in der Personenv (§§ 159 II, 179 III), wo die Erteilung der Zustimmung wirksamkeitsbegründend für den Vertrag ist (s. oben Anm. 44).

In der Nichtpersonenv ist dagegen die Verweigerung der Zustimmung vertragslösend. Mißlich ist allerdings, daß der Ver nicht verpflichtet ist, sich die Zustimmung des Vten zum Vertrage vorlegen zu lassen (Prölss-Martin[18] Anm. 3 zu § 76, S. 379), so daß der Vmer doch die Früchte der unerwünschten Wettv ernten kann. Das kann übrigens auch dann eintreten, wenn der Vte von dem Bestand des Vertrages weiß, das Innenverhältnis zum Vmer aber nicht so gestaltet ist, daß er die von diesem kassierte Vsentschädigung herausverlangen kann.

Auch hierin zeigt sich, daß die Regelung der V für fremde Rechnung nicht gelungen ist.

[86] 4. Alternierende Fremd-/Eigenversicherung.

a) Kraftfahrzeugkaskoversicherung mit Sicherungsschein.

Im Leben spielt die Kraftfahrzeugkaskov mit Sicherungsschein (Wortlaut: Anm. 102 zu § 49) eine erhebliche Rolle. Durch ihn ist der Vorbehaltsverkäufer oder der Sicherungseigner des Kraftfahrzeugs als Vter wegen seines Kreditinteresses, der Vmer wegen seines Anwartschaftsinteresses gedeckt (BGH 28. X. 1953 VersR 1953 S. 448—450, BGH 25. IX. 1963 BetrBer 1964 S. 102, BGH 19. I. 1967 BetrBer 1967 S. 350f., Tron, Der Kraftfahrzeugsicherungsschein, Karlsruhe 1967, S. 42, Sieg Der Betrieb 1953 S. 483, VersR 1953 S. 219).

Es liegt in der normalen Abwicklung des Finanzierungsgeschäfts, daß sich diese V im Laufe der Zeit immer mehr von einer Fremd- in eine Eigenv verwandelt.

[87] b) Interessemangel hierbei.

Hier fehlt es von vornherein am Interesse im Sinne des § 68 I, wenn das Fahrzeug dem Käufer = Vmer überhaupt nicht geliefert wird (vgl. den Fall BGH 20. II. 1967 BetrBer 1967 S. 516f.). Der Untergang des Fahrzeugs bedeutet Interessewegfall bei beiden Beteiligten (vgl. oben Anm. 29), also Eingreifen des § 68. Kein Interessemangel tritt jedoch ein, wenn die Forderung des Vten durch Erfüllung oder Erfüllungssurrogat untergeht oder wenn der Kreditgeber seine Sicherung aufgibt. Das hat lediglich zur Folge, daß dadurch die Eigenv des Vmers wächst (bei der Kraftfahrzeugv mit Sicherungsschein bedeutet die V für fremde Rechnung gleichsam eine Belastung der Eigenv des Vmers).

Umgekehrt wächst der Fremdvsteil an, wenn der Vte das Fahrzeug an sich nimmt, weil der Verwertungsfall eingetreten ist. Auch hier also findet § 68 keine Anwendung (vgl. Sieg VersR 1953 S. 219).

[88] 5. Alternierende Eigen-/Fremdversicherung.

Während sich die Kaskov mit Sicherungsschein normalerweise von der Fremd- zur Eigenv entwickelt, soll nunmehr der umgekehrte Fall behandelt werden. Anzuknüpfen ist hierbei an BGH 28. X. 1953 VersR 1953 S. 448—450 = BetrBer 1953 S. 929: Eine feuervte Sache war sicherungsübereignet worden, von der Veräußerung hatte aber der Ver entgegen § 71 I keine Kenntnis erhalten. Aus § 2 AFB hat der BGH geschlossen, daß bei dieser Sachlage kein Fall von § 68 vorliege, sondern die V nunmehr solche für fremde Rechnung (des Erwerbers) sei. § 2 I AFB hat folgenden Wortlaut:

> „Soweit nichts anderes vereinbart ist, sind nur die dem Vmer gehörigen Sachen vert. Vert sind auch Sachen, die vom Vmer unter Eigentumsvorbehalt erworben und ihm übergeben sind, sowie Sachen, die er sicherungshalber übereignet hat und für die dem Erwerber ein Entschädigungsanspruch gemäß § 71 Abs. 1 Satz 2 VVG nicht zusteht."

Der Vmer könne also die Vsentschädigung einziehen, müsse sie aber dem Erwerber auskehren. Hier handelt es sich also, im Unterschied zur Kaskov mit Sicherungsschein, nicht um eine deklarierte, sondern um eine konstruktive Fremdv.

Prölss-Martin[18] Anm. 2 B b zu § 2 AFB, S. 440 und Bischoff ZVersWiss 1963 S. 200f. lehnen diese Entscheidung ab. M. E. ist ihr zuzustimmen. Eine V auf eigene Rechnung könnte man bei der geschilderten Sachlage nur annehmen, wenn man ein anderes als ein Eigentumsinteresse unterlegt. Das würde aber unklare Verhältnisse schaffen (vgl. oben Anm. 79). Die AVB (hier § 2 AFB) können also wertvolle Hilfe bei der Widerlegung der Vermutung des § 80 I (im Zweifel V für eigene Rechnung) leisten.

Umwandlung in V für fremde Rechnung tritt übrigens im Rahmen des § 2 AFB stets ein, wenn ein Stück aus einem vten Inbegriff sicherungsübereignet wird, weil hier ohne Rücksicht auf die Anzeige nach § 71 der § 69 nicht eingreifen kann.

Über einen verwandten Fall der Umdeutung in V für fremde Rechnung vgl. oben Anm. 44.

[89] 6. Kumulierte Eigen- und Fremdversicherung.

Die Fälle sind nicht selten, in denen kraft Gesetzes, AVB oder Einzelvereinbarung Eigenv und Fremdv nebeneinander bestehen (im Falle Anm. 86—88 ergänzen sie sich, im Falle unten Anm. 90 tritt die Eigenv vsrechtlich nicht in Erscheinung). Gesetzliches Beispiel bildet die Kraftfahrthaftpflichtv, die den Halter als Vmer, Eigentümer und Fahrer als Vte deckt. Hierzu § 1 PflichtvsG.:

> „Der Halter eines Kraftfahrzeugs oder Anhängers mit regelmäßigem Standort im Inland ist verpflichtet, für sich, den Eigentümer und den Fahrer eine Haftpflichtv zur Deckung der durch den Gebrauch des Fahrzeugs verursachten Personenschäden, Sachschäden und sonstigen Vermögensschäden nach den folgenden Vorschriften abzuschließen und aufrechtzuerhalten, wenn das Fahrzeug auf öffentlichen Wegen oder Plätzen (§ 1 des Straßenverkehrsgesetzes) verwendet wird."

Ähnliches gilt für die Betriebshaftpflichtv, die nach § 151 I auch die leitenden Angestellten einbezieht (diese Fremdv wird gewöhnlich erweitert auf alle Betriebsangehörigen).

In der Pflichtv kann Interessemangel im Sinne des § 68 nur vorliegen, wenn sich weder beim Vmer noch beim Vten die Gefahr verwirklichen kann (BGH 22. IX. 1958 BGHZ Bd 28 S. 137 = JZ 1959 S. 213 mit Anm. Prölss = VersR 1958 S. 749 = MDR 1958 S. 908 = NJW 1958 S. 1872). Feyock VersR 1969 S. 7f. eröffnet dem Interessemangel in der Kraftfahrthaftpflichtv ein zu großes Feld, wenn er ausschließlich darauf abstellt, daß Vmer oder Halter nicht mehr durch den Gebrauch des betreffenden Fahrzeuges haftpflichtig gemacht werden können.

Außerhalb der Pflichtv ist der Vmer in seiner Entschließung frei, ob er überhaupt V nehmen und damit auch evtl. einem Dritten Deckung verschaffen will. Deshalb kann er nicht gehalten sein, den Vertrag fortzusetzen, weil bei diesem Dritten sich die Gefahr noch verwirklichen kann, während beim Vmer selbst Interessemangel vorliegt. In der freiwilligen V bleibt es also in dieser Beziehung beim Grundsatz der Akzessorietät der Vten=Deckung, es sei denn, AVB sähen vor, daß der Vertrag mit dem bisherigen Vten als Vmer fortgesetzt wird (vgl. oben Anm. 20 und § 15 MBKK).

[90] 7. Fremdversicherung mit verdeckter Eigenversicherung.

a) Kundenversicherung.

Bei Kundenven nimmt ein Unternehmer eine Sach- oder Gewinnv zugunsten des Eigentümers ihm zur Obhut übergebener Sachen (Kisch III S. 396, Flechtheim LZ 1911 Sp. 675—677, Moldenhauer LZ 1912 Sp. 688, Möller JW 1934 S. 1076—1079, Sieg ZfHR Bd 113 S. 95ff., ZVersWiss 1963 S. 274). Derartige Obhutsverhältnisse kommen vor allem aufgrund Werk-, Geschäftsbesorgungs- oder Verwahrungsverträgen vor. Die Beschaffung dieses Vsschutzes hat Einfluß auf Haftpflichtansprüche. Entweder sind diese von vornherein zwischen Kunden und Vmer ausgeschlossen oder durch die Entschädigung des Vers wird der Haftpflichtanspruch des Kunden getilgt (vgl. Sieg ZVersWiss 1963 S. 274, insbesondere Note 50, 51).

Auch die uneingeschränkte Kaskov fremder Fahrzeuge gemäß Sonderbedingung II Nr. 4 a zur Haftpflicht- und Fahrzeugv für Kraftfahrzeughandel und -handwerk gehört hierher:

> „Für fremde Fahrzeuge ist die Fahrzeugv je nach dem Inhalt des Vertrages entweder
> a) eine uneingeschränkte, d. i. eine Fahrzeugv im Rahmen der §§ 12 bis 15 AKB oder
> b) . . ."

Auf die Verbindung dieser Klausel mit der Haftung weisen Stiefel-Wussow[8] Anm. 15 zum 4. Teil, S. 706f. zutreffend hin. Weitere Beispiele für Kundenven bei Sieg Anm. 127 zu § 67.

[91] b) Interessemangel hierbei.

Solche Ven kommen in der Regel als Inbegriffsven vor, d. h. der Wegfall einzelner Sachen aus dem Inbegriff beeinflußt den Vsvertrag nicht, § 68 findet keine Anwendung (vgl. unten Anm. 99).

Soweit einzelne Sachen für fremde Rechnung in dieser Weise gedeckt werden, bedeutet der Untergang des betreffenden Objekts wiederum Interessemangel. Anders als bei der Kaskov mit Sicherungsschein ist hier nur ein Interesse gedeckt, das Sachinteresse des Kunden. Die Einbeziehung des Haftpflichtinteresses des Vmers erfolgt unausgesprochen gleichsam als Reflexwirkung. Deshalb bedeutet es keinen Interessemangel nach § 68, wenn das zwischen Vmer und Vtem bestehende Vertragsverhältnis gelöst wird (Prölss-Martin[18] Anm. 1 zu § 77, S. 380). Wohl aber kann im Vsvertrage vereinbart sein, daß Deckung nur für Schäden gewährt wird, die sich während jenes Vertragsverhältnisses Vmer/Kunde ereignen.

[92] VI. Partieller Interessemangel.

1. Sachlicher partieller Interessemangel.

a) Abgrenzung vom vollständigen Interessemangel.

aa) Abstellung auf Vertrag und Versicherungszweig.

§ 68 stellt offensichtlich darauf ab, daß der Ver aus einem bestimmten, in einer Police dokumentierten Vertrag nicht mehr in Anspruch genommen werden kann. Wenn daher wirtschaftlich zusammengehörige Gegenstände durch verschiedene Verträge vert sind und der Interessemangel sich auf die in einer Police gedeckten Gegenstände beschränkt, liegt insoweit vollständiger Interessemangel vor, § 68 ist also anzuwenden. Die trotz ihres wirtschaftlichen Zusammenhangs in anderen Policen vten Gegenstände werden nicht vom Interessefortfall betroffen, insoweit bleiben die Verträge natürlich aufrechterhalten.

Aber auch innerhalb desselben Vertrages kann vollständiger Interessemangel vorliegen, selbst wenn der Vertrag damit noch nicht hinfällig wird. Das ist dann der Fall, wenn in gebündelter V mehrere Zweige gedeckt sind (vgl. Möller Anm. 12, 13 zu § 30). Wir haben oben Anm. 28, 35 gesehen, daß die Reparaturunwürdigkeit in der Kaskov Interessemangel bedeutet, in der Kraftfahrthaftpflichtv nicht. Hier erlischt also die Kaskov, und deren Geschäftsgebühr bzw. Prämie ist nach § 68 in Verbindung mit § 6 III AKB abzurechnen; die Kraftfahrthaftpflichtv bleibt unberührt.

[93] bb) Abstellung auf Gegenstände und Wagnisse.

Man wird aber noch einen Schritt weitergehen können und vollständigen Interessemangel trotz Einheitlichkeit der Police, trotz Identität des Zweiges dann annehmen müssen, wenn der Vertrag in verschiedene Gegenstände oder Wagnisse mit unterschiedlich ausgeworfenen Prämien aufgespalten ist und der Interessemangel nur einzelne Gegenstände oder Wagnisse innerhalb des gesamten Vertragswerkes erfaßt. Den Fortfall hier nach § 68 zu behandeln, rechtfertigt sich aus der prämienmäßig leichten Abgrenzbarkeit des verbleibenden zum weggefallenen Vertragsteil. Solche Erwägung klingt auch in § 41 a (s. unten Anm. 94) an. Sie hat z. B. in §§ 10, 26 ARB Niederschlag gefunden.

Das Ergebnis erscheint sinnvoll, weil andernfalls die Lösung von der Zufälligkeit abhinge, ob ein Vsschein oder mehrere ausgestellt worden sind (für letzteren Fall: oben Anm. 92). Die hier vertretene Ansicht ist auch für den Ver nicht unbillig. Hat er wegen der Kumulierung der vten Gegenstände bzw. Wagnisse eine günstigere Prämie bewilligt, als sie für das nunmehr verbleibende Restrisiko für sich allein berechnet worden wäre, so kann er dem dadurch zu befürchtenden Nachteil vorbeugen, indem er einen Vorbehalt aufnimmt, daß bei Verringerung der gedeckten Risiken die Prämie für den Rest neu zu berechnen sei. Über einen anderen im Hinblick auf § 68 a zweifelhaften Weg: Sasse a. a. O. S. 163.

Dasselbe ist dem Ver übrigens zu empfehlen, wenn er die verschiedenen Gegenstände bzw. Wagnisse in mehreren Policen gedeckt (oben Anm. 92) und wegen der Größe des Objekts eine niedrigere Prämie bewilligt hat, als sie sich aus dem Tarif ergeben hätte.

Der Ver hat also anteilige Geschäftsgebühr, wenn Gegenstand bzw. Wagnis schon vor dem technischen Beginn weggefallen ist, zu beanspruchen, andernfalls ist insoweit nach § 68 II—IV abzurechnen.

[94] b) Gesetzliche Lage.

aa) Partieller Gefahrmangel.

Während beim vollständigen Risikofortfall der Gefahrmangel dem Interessemangel gleichsteht (oben Anm. 25), bietet das Gesetz eine unterschiedliche Regelung an, wenn der Mangel nur partiell ist. Zunächst zum Gefahrmangel: Aus § 41 a ist zu ersehen, daß sich der partielle Gefahrmangel immer dann auf die Belastung des Vmers günstig auswirken soll, wenn die Prämienberechnung derart auf eine bestimmte Gefahrhöhe abgestellt ist, daß der Beitrag bei Herabsetzung jener vorausgesetzten Gefahr nicht mehr der gleiche bleiben kann und eine Herabsetzung auch relativ leicht zu bewerkstelligen ist. Die Hilfe, die hier dem Vmer geboten wird, wird allerdings nicht auf dem Wege des § 68 erreicht, was systemgerecht ist, da diese Vorschrift (in den in Anm. 92, 93 abgesteckten Grenzen) nur den völligen Interessemangel (einschließlich des vollen Gefahrmangels) im Auge hat.

Es ist daher für den Vertrag z. B. völlig ohne Bedeutung, wie häufig und in welchen Gegenden das vte Fahrzeug benutzt wird. — § 41 a gilt für die Aktiven- und Passivenv. Allerdings führt er, anders als § 68, erst in der künftigen Vsperiode zu einer Prämienermäßigung. In dieser Beziehung enthalten manche AVB günstigere Regelungen für den Vmer, z. B. § 9 (3) ARB.

[95] bb) Partieller Interessemangel im engeren Sinne.

Der partielle Interessemangel fällt nicht unter § 68. Beispiel: LG I Berlin 22. I. 1932 JRPV 1932 S. 141f.: Der Vmer, Inhaber eines Lichtspieltheaters, hatte die vorzuführenden Filme feuervert. Im Laufe der Zeit wurden Bestand und Wert der durchlaufenden Filme immer geringer. Es liegt kein Fall von § 68 vor. LG I Berlin meinte, es sei nicht von Interesseminderung, sondern von Gefahrminderung auszugehen. Das ist aber nicht zutreffend. Zwar liegt dem Vertrage ein verdecktes Haftpflichtinteresse zugrunde, aber ein durch den Wert der Filme zahlenmäßig begrenztes, so daß Überv zu erörtern war.

Deren Regeln finden nämlich auf den partiellen Interessemangel Anwendung (oder eine Unterv wird ausgeglichen): Möller Anm. 8 zu § 41a, Anm. 15 zu § 51 und die dort Genannten.

Hierbei ist indes zu beachten, daß nur bei erheblicher Übersetzung der Vssumme deren Reduktion und damit eine Herabsetzung der Prämie verlangt werden kann und daß § 51 nur für die Aktivenv gilt. Die gewöhnliche Passivenv kennt keine Vssumme und daher auch nicht den Begriff der Überv.

[96] cc) Geschäftsgebühr in diesem Fall.

Dem Ver ist für den fortgefallenen Teil der Prämie eine entsprechende Geschäftsgebühr zuzubilligen, wenn schon beim technischen Vsbeginn der Interessemangel bewirkte, daß von vornherein Überv bestand, also niemals das Risiko in dem vorgesehenen Umfang getragen worden ist: Bruck S. 501, Ritter-Abraham Anm. 13 zu § 4 ADS, S. 189, Prölss-Martin[18] Anm. 6 a. E. zu § 68, S. 356, Puhl a. a. O. S. 46f. (ablehnend Kisch III S. 229). Es erscheint richtig, § 68 I ausdehnend auszulegen, wenn zwischen formellem und technischem Vsbeginn das Interesse zwar nicht völlig ausbleibt, aber doch zum Teil.

Entsteht jedoch erst später Überv, so ist für einen Anspruch auf anteilige Geschäftsgebühr kein Raum. Das würde dem Gedanken des § 68 II—IV widersprechen (anders wohl einige der im vorigen Absatz genannten Autoren, wie hier Kisch III S. 229).

[97] dd) Partieller Interessemangel auf Grund Versicherungsfalles.

Die §§ 95, 112, 119 enthalten eine Sonderregelung zu § 68 IV. Während letzterer davon ausgeht, daß der Vsfall einen Totalschaden verursacht hat, gehen jene drei Spezialnormen von einem Teilschaden aus. Dann bleibt der Vsvertrag erhalten; für die laufende Vsperiode ist die vereinbarte Prämie verfallen, obwohl der Ver nur noch ein Teilrisiko trägt (eine andere Regelung wäre auch mit § 68 IV nicht verträglich, wo dem Ver die Prämie für die laufende Vsperiode trotz künftiger voller Haftungsfreiheit verbleibt).

Für die nächste Vsperiode gebührt dem Ver bei der Feuer- und der Tierv nur ein verhältnismäßiger Teil der Prämie, was § 51 I entspricht. Bei der Hagelv (§ 112) ist im folgenden Jahr ohnehin neu zu deklarieren, wovon die Prämienbemessung abhängt.

[98] c) Lage nach den AVB.

Es wurde oben Anm. 35, 36 gezeigt, daß bei der Grundstücks- und bei der Jagdhaftpflichtv kein Fall von § 68 vorliegt, wenn das Gebäude auf dem Grundstück vernichtet wird, wenn der Vmer die Jagd aufgibt. Gleichwohl kann nicht übersehen werden, daß sich das Risiko des Vers dadurch erheblich verringert. Dem trägt § 8 II 2 AHB Rechnung, indem er eine „Richtigstellung" der Prämie gemäß der Änderungsanzeige des Vmers oder eigener Feststellungen des Vers vorsieht. § 8 II 2 AHB lautet:

„Auf Grund der Änderungsanzeige oder sonstiger Feststellungen wird die Prämie entsprechend dem Zeitpunkt der Veränderung richtiggestellt. Sie darf jedoch nicht geringer werden als die Mindestprämie, die nach dem Tarif des Vers zur Zeit des Vsabschlusses galt . . ."

Ein Ermäßigungsantrag ist nicht nötig, der Ver hat von sich aus Prämie herabzusetzen (Prölss-Martin[18] Anm. 3 zu § 8 AHB, S. 748, Wehn VersR 1950 S. 99).

Verwandt hiermit ist § 4 (2) AUB: Hat der Vmer der Unfallv seinen Beruf oder seine Beschäftigung gewechselt und ergibt sich dadurch ein niedrigerer Beitrag, so ist dieser nach Ablauf eines Monats vom Zugang der Änderungsanzeige zu berechnen.

Eine ähnliche Regelung wie §§ 95, 112, 119 VVG (oben Anm. 97) sehen vor § 4 Ziff. 5 AVB Filmausfallv, § 16 I FBUB, § 16 I AVB Maschinenbetriebsunterbrechungsv.

[99] d) Besonderheiten bei Inbegriffs- bzw. Sammelversicherung.

aa) Aus dem Bereich des § 68 auszuscheidende Fälle.

Bei einer Inbegriffsv im Sinne des § 54 sind nicht die Beziehungen des Vmers zu einzelnen Gegenständen innerhalb dieses Begriffs gedeckt, sondern zum Inbegriff selbst. Daher liegt hier kein Fall von § 68 vor, wenn einzelne Gegenstände vom Interessemangel betroffen werden, etwa durch Veräußerung oder Untergang (Sasse a. a. O. S. 63). Die Wendung, solche Gegenstände schieden nach § 68 II aus der V aus (so Lenski a. a. O. S. 95f., Prölss-Martin[18] Anm. 1 zu § 54, S. 283, Bischoff VersR 1963 S. 11), ist irreführend. Sie scheiden aus, weil das Interesse wegfällt; da es aber nicht ganz fortfällt, ist § 68 II gerade nicht anwendbar (richtig: Bischoff ZVersWiss 1963 S. 202), sondern § 51 I, II (Möller Anm. 30, 33 zu § 54). Allerdings sind die Voraussetzungen einer Überv hier sorgfältig zu prüfen, weil bei der Inbegriffsv Veränderungen der Vswerte von vornherein einkalkuliert sind.

Übrigens kommen Vereinbarungen vor, daß sicherungsübereignete Sachen des Inbegriffs gedeckt bleiben. Es wird insoweit die V für eigene Rechnung zu einer solchen für fremde Rechnung, vgl. oben Anm. 88.

Auch bei der Entfernung von geschlossenen Teilen des Inbegriffs kommt § 68 nicht zur Anwendung, ganz gleich, ob man hier einen Teilübergang des Vsverhältnisses auf den Erwerber bejaht oder nicht (vgl. im einzelnen Möller Anm. 32, 33 zu § 54 und die dort Genannten), der Rest bleibt vert.

[100] bb) Geltung des § 68.

Erst die Auflösung des Inbegriffs oder der Wegfall aller zu ihm gehöriger Sachen bedeutet Interessewegfall nach § 68 II, III (Möller Anm. 3, 31, 33 zu § 54, Ottow a. a. O. S. 22, 53, Stiefel-Wussow[8] Anm. 1 zum 4. Teil, S. 688f., Anm. 7 zum 4. Teil, S. 693f.).

Ist der Inbegriff nach Positionen vert, so bildet jede Position einen Inbegriff für sich, so daß Interessemangel vorliegen kann, wenn die gesamte Position fortfällt: Möller Anm. 15 zu § 51. Wir haben es hier mit dem Fall zu tun, daß eine Aufspaltung in Positionen nicht nur technische, sondern auch rechtliche Bedeutung hat, was auch sonst vorkommt (Prölss-Martin[18] Anm. 2 zu § 95, S. 401, Sieg JZ 1965 S. 577—579).

Einschlägige Entscheidungen liegen vor für die Hausratv (AG Charlottenburg 12. VI. 1957 VersR 1957 S. 678) und für die Sonderbedingungen zur Haftpflicht- und Kraftfahrzeugv für Kraftfahrzeughandel und -handwerk (BGH 8. V. 1961 BGHZ Bd 35 S. 153ff.). AG Charlottenburg a. a. O. setzt allerdings die Aufspaltung des Hausrats der Auflösung gleich (zu weitgehend).

[101] 2. Zeitlicher partieller Interessemangel.

a) Rechtliche Bedeutung.

Der Unterschied zwischen dauerndem und zeitweiligem Interessemangel hat keine Bedeutung für § 68 I, weil dort gesetzlich eine zeitliche Fixierung in Gestalt des technischen Vsbeginns gegeben ist. Ist zu diesem Zeitpunkt das Interesse nicht vorhanden, erlischt der Vsvertrag (oben Anm. 10). Entsteht es später, bedarf es eines neuen Vertragsschlusses, es sei denn, der Vertrag war aufschiebend bedingt geschlossen (vgl. oben Anm. 43). Hier geht die Bedingung einem eventuell genannten Anfangstermin vor.

Anders bei § 68 II, III. Hier entsteht die Frage, ob diese Vorschrift nur den dauernden oder auch den vorübergehenden Interessemangel erfaßt. Der herrschenden Lehre, die den ersteren Standpunkt vertritt, ist zuzustimmen (Raiser Anm. 22 zu § 11 AFB, S. 297, Thees DJustiz 1943 S. 282, Ritter-Abraham Anm. 5 zu § 4, S. 186, Ottow a. a. O. S. 100).

Sasse a. a. O. S. 49ff., 68f. meint hingegen, § 68 beziehe sich auch auf den vorübergehenden Interessemangel, der Wortlaut des Gesetzes rechtfertige die Einschränkung, die die herrschende Lehre mache, nicht. Ihm kann indes aus mehreren Gründen nicht zugestimmt werden. Auch für den sachlichen partiellen Interessemangel enthält der Wortlaut von § 68 keine Einschränkung, und gleichwohl kann angesichts der §§ 41a, 51 kein Zweifel bestehen, daß er von § 68 nicht umfaßt wird (vgl. oben Anm. 95). Wie soll angesichts dessen begründet werden, daß diese Vorschrift in einer Richtung auf den partiellen Mangel auszudehnen ist, in einer anderen nicht?

Weiter: Die Amtl. Begründung zur Neufassung des § 68 läßt erkennen, daß zwischen dieser Vorschrift und § 51 ein enger Zusammenhang besteht (DJustiz 1943 S. 268). Auch bei § 51 nimmt aber die herrschende Lehre an, daß er für vorübergehende Überv nicht gilt (Raiser Anm. 3 zu § 11 AFB, S. 290, Hagen I S. 464, Hinz, Die Über- und Unterv im deutschen Privatvsrecht, Hamburger Diss. 1963, S. 30, anders Möller Anm. 19 zu § 51). Das alles hat auch seinen guten Sinn, denn das Massengeschäft der V kann sich nicht jedem kurz dauernden Wandel in der Interessenlage anpassen, die Verwaltungsarbeit des Vers stünde in keinem vernünftigen Verhältnis zum Prämienvorteil des Vmers. Das Wort „erheblich" in § 51 I zeigt deutlich, daß solche Erwägung auch dem Gesetzgeber nicht ferngelegen hat.

[102] Mit § 323 BGB, auf den sich Sasse a. a. O. S. 50 beruft, ist unserem Problem nicht beizukommen. § 68 II hat sich nämlich auch in seiner Neufassung den §§ 323, 324 BGB nicht angeschlossen (vgl. oben Anm. 7, 8). Auch der Vergleich mit der Miete, den Sasse a. a. O. S. 52 zieht, überzeugt nicht. Zwar kann die Miete als Dauerschuldverhältnis mit dem Vsvertrag verglichen werden, wie ja auch §§ 69ff. ihr Vorbild in §§ 571ff. BGB haben. Man muß aber dann, anders als Sasse, den Mieter mit dem Vmer vergleichen, denn beide schulden Geld. Dies vorausgesetzt, spricht § 552 BGB eher gegen als für Sasse.

Das Ergebnis der herrschenden Lehre ist auch nicht so unbillig, wie Sasse a. a. O. S. 51 meint: Der Vmer ist keineswegs gehalten, trotz Fortfalls des Interesses über mehrere Vsperioden hin die Prämie zu zahlen; dann ist eben der vorübergehende in einen dauernden Interessefortfall umgeschlagen, so daß aus diesem Grund § 68 Anwendung findet.

[103] b) Abgrenzung zwischen dauerndem und vorübergehendem Interessemangel.

In Anm. 101 wurde gezeigt, daß der vorübergehende Interessemangel keine Bedeutung für § 68 II—IV hat. Im Unterschied zum sachlichen partiellen Interessemangel gibt es hier auch keine Ersatznormen, wie sie dort in Gestalt der §§ 41a, 51 vorhanden sind.

Hieraus erhellt die Bedeutung der Feststellung, wann ein Interessemangel als endgültiger bezeichnet werden kann. Hier können AVB hilfreich sein. So heißt es etwa in § 21 (8) (9) ARB (Verkehrsrechtsschutz), daß die Stillegung des Fahrzeugs um weniger als fünf Monate unbeachtlich ist; dauert sie länger, kann der Vmer Herabsetzung des Beitrags oder sogar Aufhebung des Vertrages verlangen mit ähnlicher Wirkung auf die Prämie, wie sie § 68 II anordnet. Dieser Regelung verwandt ist die des § 26 (7) ARB (Familien- und Verkehrsrechtsschutz für Lohn- und Gehaltsempfänger).

Schweigen die AVB, so kommt es darauf an, ob das Interesse in absehbarer Zeit wieder entsteht. Das ist etwa zu verneinen, wenn die vte Sache gestohlen (oben Anm. 35) oder beschlagnahmt wird ohne Aussicht auf Wiedererlangung (Evers a. a. O. S. 77, Ottow a. a. O. S. 48, Stiefel-Wussow[3] Anm. 18 zu § 6, S. 245), gleichgültig ob solche

Beschlagnahme mit dem Krieg zusammenhängt (dann § 68 III, vgl. oben Anm. 72, 73) oder nicht (dann § 68 II).

In Zweifelsfällen sollte bei beabsichtigter Stornierung des Vertrages nicht an der Ansicht des Vmers darüber, ob der Interessewegfall endgültig oder vorübergehend ist, vorbeigegangen werden, denn er kann die Verhältnisse in der Regel am besten überschauen. Umgekehrt genügt seine persönliche Ansicht nicht, den Vertrag aufzuheben, wenn nicht objektive Umstände für die Endgültigkeit des Interessemangels sprechen.

[104] c) Inanspruchnahme auf Grund BLeistungsG.

Bei den Erfassungen nach dem BLeistungsG ist zu unterscheiden, ob sie zum Eigentumsverlust führen (vgl. oben Anm. 17) oder nicht. In letzterem Falle werden die Vsverhältnisse in der Regel bestehen bleiben, weil der Gefahrmangel nur ein vorübergehender ist. An diese Gestaltung knüpft das BLeistungsG an. Bei Beschädigung der Sache durch den Leistungsempfänger ist dieser zum Ersatz verpflichtet (§ 26 BLeistungsG), ohne daß er Abtretung des Vsanspruchs (der also als bestehend vorausgesetzt wird) verlangen könnte (§ 30^2 BLeistungsG).

Der Vmer hat im Gegenteil die Wahl, ob er seinen Schaden beim Leistungsempfänger oder bei seinem Ver liquidieren will. In letzterem Fall gehen auf diesen die Ansprüche des Vmers über (Bauch-Danckelmann-Kerst, Bundesleistungsgesetz, 2. Aufl., Stuttgart-Berlin-Köln-Mainz 1965, Anm. 3 zu § 30, S. 92).

Da in der Regel kein Interessewegfall vorliegt, ist der Vmer also auch zur weiteren Prämienzahlung verpflichtet. Der Gegenwert hierfür ist in der Entschädigung enthalten, die ihm aufgrund der Inanspruchnahme zusteht. Das ist für einen Spezialfall in § 88 BLeistungsG ausdrücklich gesagt, gilt aber auch sonst.

[105] d) Dienst in der Bundeswehr.

aa) Lebens- und Krankenversicherung.

Auf die Lebensv hat die Einziehung zur Bundeswehr keinen Einfluß, wobei es gleichgültig ist, wie lange sie dauert und ob sie im Frieden oder im Krieg erfolgt. Für die Prämie kommt eine Erstattung des Bundes gegenüber dem Wehrpflichtigen unter dem Gesichtspunkt der Sonderleistungen nach § 7 II Ziff. 6d, III Unterhaltssicherungsgesetz (USG) in Betracht.

Der Vmer der Krankenv, der nicht nur zu einer kurzen Reserveübung eingezogen wird, hat die Möglichkeit, die V in eine Anwartschaftsv umzuschließen (s. unten Anm. 110). Auch die Prämie hierfür kann Teil der Sonderleistungen nach Maßgabe des § 7 II Ziff. 2, III USG bilden (vgl. Amtl. Durchführungshinweis Nr. 36 zum USG).

[106] bb) Unfallversicherung.

In der Unfallv ist unser Sachverhalt in § 4 (5) AUB geregelt. Er lautet:

„Für den Dienst in der Wehrmacht oder in wehrmachtähnlichen Formationen gilt folgendes:

a) im Frieden
Ziffern 1 und 2 gelten mit der Maßgabe, daß nach Ablauf eines Monats vom Tage des Eintritts in die Wehrmacht oder wehrmachtähnliche Formation der Vsschutz erlischt, wenn bis dahin mit dem Ver eine Einigung über den Beitrag nicht erzielt ist. — Unfälle bei militärischen Reserveübungen sind im Rahmen dieser Bedingungen in die V eingeschlossen.

b) Im Krieg oder im kriegsmäßigen Einsatz
Der Vsschutz und die Pflicht, Beiträge zu zahlen, werden unterbrochen. Über den laufenden Monat hinaus bezahlte Beiträge werden auf die spätere Vszeit angerechnet oder, falls das Vsverhältnis vorzeitig beendigt wird, gemäß § 7 II 4 und 5 zurückerstattet. Der Vsschutz lebt nach Entlassung des Vten aus der Wehrmacht oder wehrmachtähnlichen Formation, frühestens mit Eingang der Anzeige hiervon an den Ver wieder auf."

Bei der Einziehung in Friedenszeiten ist also auch hier, ähnlich wie in der Krankenv, eine Überbrückungsv möglich, sofern sich die Parteien binnen eines Monats nach Eintritt in die Wehrmacht über den neuen Beitrag einigen. Hier besteht eine Lücke im USG, weil für die Unfallv kein Prämienersatz des Bundes gegenüber dem Wehrpflichtigen vorgesehen ist, es sei denn, man faßt die Unfallv als solche auf, „die im Vsfalle den Vmer vor Vermögensnachteilen" schützt (§ 7 II Ziff. 6d, III USG). Vgl. auch Wussow, AUB, 3. Aufl., Köln-Berlin-Bonn-München 1969, Anm. 20—24 zu § 4, S. 111—113.

Zur Unterbrechung des Vsschutzes (§ 4 (5b) AUB) vgl. Henke, Ausschlüsse und Grenzfälle in der Unfallv, Hamburg 1950, S. 61, Wussow, AUB a. a. O. Anm. 25, 26 zu § 4, S. 113—115.

[107] cc) Nichtpersonenversicherung.

Hier ist von Fall zu Fall zu entscheiden, ob die Einziehung zur Bundeswehr überhaupt einen Einfluß auf die vsrechtliche Gefahrlage ausübt und bejahendenfalls, ob der Gefahrmangel nur vorübergehend oder so lange anhält, daß er als dauernder bezeichnet werden muß. Letzteres wird bei Einberufung zum Grundwehrdienst (dann § 68 II) und bei Einberufung in Kriegszeiten (dann § 68 III) eher anzunehmen sein, als bei Einberufung zu einer Reserveübung.

Erlischt das Vsverhältnis durch die Einberufung nicht, ist auch hier unter den Voraussetzungen des § 7 II Ziff. 6c, d, III USG die Aufwandserstattung für die Prämie gegenüber dem Wehrpflichtigen vorgesehen (vgl. Amtl. Durchführungshinweis Nr. 54 zum USG).

[108] e) Lage nach den AVB.

aa) Regelung des § 5 AKB.

Manche AVB ziehen eine feste Grenze zwischen unbeachtlichem vorübergehendem Interessemangel und endgültigem, oder sie enthalten Spezialregelungen für die Interimszeit. Hier ist § 5 AKB zu nennen. Er lautet:

„(1) Wird das Fahrzeug vorübergehend aus dem Verkehr gezogen (Stillegung im Sinne des Straßenverkehrsrechts), so wird dadurch der Vsvertrag nicht berührt. Der Vmer kann jedoch Unterbrechung des Vsschutzes verlangen, wenn er eine Abmeldebescheinigung der Zulassungsstelle vorlegt und die Stillegung mindestens einen Monat beträgt. In diesem Fall richten sich die beiderseitigen Verpflichtungen nach den Absätzen 2 bis 6.

(2) In der Kraftfahrzeug-Haftpflichtv wird Vsschutz nach den §§ 10 und 11, in der Fahrzeugv nach § 12 Abs. 1 I und Abs. 2 und 3 gewährt. Das Fahrzeug darf jedoch außerhalb des Einstellraumes oder des umfriedeten Abstellplatzes nicht gebraucht oder nicht nur vorübergehend abgestellt werden. Wird diese Obliegenheit verletzt, so ist der Ver von der Verpflichtung zur Leistung frei, es sei denn, daß die Verletzung ohne Wissen und Willen des Vmers erfolgt und von ihm nicht grobfahrlässig ermöglicht worden ist.

(3) In der Kraftfahrtunfallv, die sich auf ein bestimmtes Fahrzeug bezieht, sowie in der Gepäckv wird kein Vsschutz gewährt.

(4) Wird das Fahrzeug zum Verkehr wieder angemeldet (Ende der Stillegung im Sinne des Straßenverkehrsrechts), lebt der Vsschutz uneingeschränkt wieder auf. Dies gilt bereits für Fahrten im Zusammenhang mit der Abstempelung des Kennzeichens. Das Ende der Stillegung ist dem Ver unverzüglich anzuzeigen.

(5) Der Vsvertrag verlängert sich um die Dauer der Stillegung.

(6) Wird nach Unterbrechung des Vsschutzes das Ende der Stillegung dem Ver nicht innerhalb eines Jahres seit der behördlichen Abmeldung angezeigt und hat sich der Ver innerhalb dieser Frist dem Vmer oder einem anderen Ver gegenüber nicht auf das Fortbestehen des Vertrages berufen, endet der Vertrag mit Ablauf dieser Frist, ohne daß es einer Kündigung bedarf. Das gleiche gilt, wenn das Fahrzeug nicht innerhalb eines Jahres seit der Stillegung wieder zum

Verkehr angemeldet wird. Für die Beitragsabrechnung gilt § 6 Abs. 3 mit der Maßgabe, daß an die Stelle des Tages des Wagniswegfalls der Tag der Abmeldung des Fahrzeuges tritt.

(7) Die Bestimmungen des Absatzes 1 Satz 2 und 3 und der Absätze 2 bis 6 finden keine Anwendung auf Verträge für Fahrzeuge, die ein Vskennzeichen führen müssen, auf Verträge für Wohnwagenanhänger und auf Verträge mit kürzerer Vsdauer als ein Jahr."

Diese Regelung ist zu begrüßen, weil sie klare Verhältnisse schafft: Ein Jahr nach der behördlichen Abmeldung des Fahrzeugs erlischt der Vertrag, wenn nicht vorher das Ende der Stillegung dem Ver angezeigt wurde, es sei denn, der Ver hat sich vorher auf den Fortbestand des Vertrages berufen (§ 5 VI AKB). Damit ist die oben Anm. 103 erörterte Frage, wann der vorübergehende Interessemangel einem endgültigen gleichgestellt werden kann, für diesen Bereich gelöst. — Über die Auswirkungen der Stillegungsv auf den Schadenfreiheitsrabatt und die Beitragsermäßigung aus technischem Überschuß vgl. § 21 I, IV, § 22 I VO über die Tarife in der Kraftfahrtv (VA 1970 S. 98ff.).

[109] bb) Zweifelsfragen hierzu.

§ 5 AKB greift nur ein, wenn das Fahrzeug mindestens einen Monat stillgelegt wird. Evers VW 1962 S. 595 meint, auch bei kürzerer Stillegung dürfte der Ver im Einzelfall eine Ruhev mit dem Vmer vereinbaren. Diese Anschauung verträgt sich nicht mit § 4 PflichtvsG.

Nach § 5 VII AKB findet keine Unterbrechung des Vsschutzes statt, wenn der Vertrag für kürzere Dauer als ein Jahr geschlossen wurde. In diesem Fall sowie auch hinsichtlich der besonderen Fahrzeuge, die § 5 VII AKB nennt, dürfte also der zeitweilige Interessewegfall der Regel entsprechend ohne Einfluß auf den Vertrag bleiben.

Zur Auslegung des § 5 IV AKB vgl. OLG Hamburg 25. VI. 1971 VersR 1971 S. 925.

[110] cc) Sonstige AVB.

Nach § 4 (1) AFB/AEB sind Sachen nur am Vsort vert. Werden sie dauernd entfernt, greift § 68 ein (vgl. oben Anm. 27). Das bestätigt § 4 (1) S. 3 AFB/AEB. Werden sie vorübergehend entfernt, ruht der Vsschutz innerhalb dieser Zeit. Leider werden die Wirkungen des Ruhens nicht genügend geregelt.

Verwandt hiermit ist die in § 22 (6), § 23 (5) ARB vorgesehene Unterbrechung des Vsschutzes, wenn das Fahrzeug, an das die V anknüpft, länger als fünf Monate stillgelegt wird bzw. der Vmer länger als fünf Monate daran gehindert ist, ein Fahrzeug zu führen.

In diesen Zusammenhang gehört ferner die Anwartschaftsv der privaten Krankenv (vgl. hierzu und zum folgenden Tauer-Linden, Krankenv, Vswirtschaftliches Studienwerk, Wiesbaden o. J., F II S. 70f.). Sie kommt entweder als Vorschaltung vor den eigentlichen Vertrag oder als Überbrückung während einer Unterbrechung des eigentlichen Vertrages vor für Zeiten, während deren der Vmer eines privaten Krankenvsschutzes nicht bedarf, aber doch Wert darauf legt, später unmittelbar und günstig vollen Vsschutz zu genießen. Solche Vorschalt- oder Unterbrechungszeit kann entstehen etwa durch Zugehörigkeit zur Polizei, zur Bundeswehr, zum Bundesgrenzschutz, durch vorübergehende Krankenvspflicht, durch vorübergehenden Auslandsaufenthalt. Die vorgeschaltete Anwartschaftsv kommt z. B. auch dann vor, wenn der selbständige Verlobte, bisher unvert, für sich und seine zukünftige Ehefrau unmittelbar mit der Eheschließung Vsschutz haben möchte. — Die Anwartschaftsv hat folgende Vorteile: Während der Anwartschaftszeit eingetretene Krankheiten sind nicht von der Leistungspflicht ausgeschlossen, wenn der volle Krankenvsschutz wirksam wird; die Anwartschaftszeit ersetzt eine Wartezeit; der Beitrag für die Vollv wird nach dem Eintrittsalter in der Anwartschaftsv berechnet.

Zur Unfallv vgl. oben Anm. 106.

Nehmen sich AVB des vorübergehenden Interessemangels nicht an, kommen Einzelvereinbarungen vor, nach denen sich der Vsvertrag um die Zeit verlängert, während deren der Ver keine Gefahr trägt.

[111] VII. Halbzwingender Charakter.

1. Tragweite der Vertragsbeschränkung.

a) Bei analoger Anwendung des § 68.

Nach § 68a gehört § 68 zu den halbzwingenden Vorschriften. Es erhebt sich die Frage, ob diese Beschränkung der Vertragsfreiheit auch in den Fällen analoger Anwendung des § 68 gilt. Das hat Bedeutung für die Summenv (oben Anm. 15), den aufschiebend (oben Anm. 43) und den auflösend bedingten Vsvertrag (unten Anm. 115). Wer den Gefahrmangel als nicht unmittelbar von § 68 umfaßt ansieht (vgl. oben Anm. 25), steht auch hier vor der Frage, ob der Vmer an ihn benachteiligende Vereinbarungen gebunden ist (verneinend AG Ebingen 28. XI. 1958 VersR 1959 S. 221, Sasse a. a. O. S. 39f.; deren Ergebnis kann zugestimmt werden, deren Begründung jedoch nicht: Der Gefahrmangel fällt nach hier vertretener Ansicht unmittelbar unter § 68).

Es gibt Stimmen, die Analogie und halbzwingenden Charakter für unvereinbar miteinander halten (vgl. Magnusson, Rechtsfragen zur Betriebsunterbrechungsv, Hamburg 1955, S. 124). Eine derart generelle Aussage läßt sich jedoch nicht treffen, vielmehr ist zu differenzieren, ob der Vmer in den Analogiefällen ebenso schutzbedürftig ist, wie er dem Gesetzgeber im Bereich der direkten Anwendung erscheint. Legt man diesen Maßstab an, so besteht keine Veranlassung, § 68 bei den bedingten Verträgen für halbzwingend zu halten. Es stände also einer Vereinbarung nichts im Wege, daß beim aufschiebend bedingten Vertrag, wenn die Bedingung ausbleibt, mehr als die Geschäftsgebühr zu zahlen ist; daß beim auflösend bedingten Vertrag nach Eintritt der Bedingung die Prämie für das ganze Vsjahr verfallen ist (vorausgesetzt immer, daß die Bedingung nicht das vte Interesse betrifft). Bei derart anomalen Vertragsgestaltungen braucht die Vertragsfreiheit nicht beschränkt zu werden.

Anders im Bereich der Summenv. Sie ist heute als Korrelat der staatlichen Daseinsvorsorge aufzufassen, woraus sich zwangsläufig die Schutzbedürftigkeit des Vmers ergibt. Man sollte daher Sasse a. a. O. S. 41f. nicht folgen, der nicht einmal den schadenvsartigen Teil der Personenv dem § 68a unterstellt.

[112] b) Normative Erweiterung der Vertragsbeschränkung.

Zu den halbzwingenden Vorschriften gehören auch diejenigen, die die Lücke schließen, die § 68 beim sachlichen partiellen Interessemangel läßt, nämlich die §§ 41a und 51 I, II (oben Anm. 94, 95). Das ergibt sich aus §§ 42, 68a.

Verwandt mit § 68 IV sind §§ 95, 119 (vgl. oben Anm. 97). Prölss-Martin[18] Anm. 4 zu § 95, S. 401 halten § 95 für abänderlich, was dann auch für § 119 gelten müßte. Diese Ansicht erscheint nicht zutreffend. In beiden Fällen handelt es sich um Ergänzungsregeln zu § 51 I, II, die wie die Grundvorschrift ebenfalls an der Vertragsbeschränkung teilhaben müssen.

Weiter steht § 128 I VVG im Zusammenhang mit § 68 (vgl. oben Anm. 3). Prölss-Martin[18] Anm. 2 zu § 128, S. 525 halten auch diese Vorschrift für abänderlich. Auch hier kann man ihnen nicht folgen. § 128 I behandelt die Veräußerung als Interessefortfall. Deshalb muß auch er als halbzwingend angesehen werden, zumal gerade der Vmer der Tierv besonders schutzbedürftig erscheint.

Manche halbzwingenden Bestimmungen beziehen sich, obwohl das Gesetz nur den Vmer erwähnt, auch auf den Vten (Möller Anm. 4 zu § 34a). Das scheidet hier aus, weil § 68 lediglich die Verpflichtungen des Vmers zur Entrichtung von Geschäftsgebühr bzw. Prämie ordnet.

[113] c) Vertragsfreiheit.

aa) Gesetzeslage.

Die Einschränkungen der Vertragsfreiheit gelten nach § 187 I nicht für die Transportv von Gütern, die Kreditv, die Kursverlustv, nach § 187 II nicht für die laufende V. Bei der laufenden V kommen sukzessive Risiken in Betracht. Wie sich bei ihnen die Frage der Gefahrerhöhung nur hinsichtlich der jeweils deklarierten Einzelinteressen stellt (Möller Anm. 9 zu § 30), muß dasselbe auch für das Gegenstück, die Gefahrminderung

(§ 41 a), und folglich auch für das völlige Fehlen der Gefahr und des Interesses gelten (vgl. Lenski a. a. O. S. 78f.).

Mit anderen Worten: § 68 findet bei der laufenden V hinsichtlich der einzelnen deklarierten Interessen Anwendung, allerdings ohne Beschränkung der Vertragsfreiheit. Deshalb ist § 10 Ziff. 2 AVB Waba, obwohl zu Lasten des Vmers von § 68 II abweichend, voll wirksam: Hammes, Die Warenv bei Abzahlungskäufen, Karlsruhe 1960, S. 17—19.

Weiter entbinden § 192 II und § 27 I^2 GüKG von den Beschränkungen der Vertragsfreiheit.

[114] bb) Übergesetzliche Beschränkung?

In allen in Anm. 113 behandelten Fällen sowie auch bei §§ 186, 192 I taucht die Frage auf, ob nicht trotz Gewährung der Vertragsfreiheit eine gewisse Bindung an § 68 besteht. Man wird indes nicht sagen können, daß diese Norm zum ordre public der Individualv gehört, so daß sie schlechthin zwingend wäre (vgl. Möller Anm. 15 und 110 zu § 6; Sieg VersR 1963 S. 1094 und die daselbst Note 62 Genannten). § 68 regelt nämlich nicht die Frage des Vsschutzes, sondern lediglich die Verpflichtungen des Vmers, wenn feststeht, daß kein Vsschutz zu gewähren ist.

Auch unter diesem Gesichtspunkt ist also § 19 I G über die Braunschweigische Landesbrandvsanstalt vom 9. V. 1913 (oben Anm. 5) nicht zu beanstanden.

[115] 2. Inhalt der Vertragsbeschränkung.

a) Auflösend bedingter Vertrag.

Die Benachteiligung des Vmers, die § 68a vermeiden will, braucht sich nicht aus den AVB zu ergeben, sie kann auch auf Einzelvereinbarung beruhen. Das wäre etwa der Fall, wenn die Parteien den Interessefortfall zur auflösenden Bedingung erklärt (es würde sich um eine condicio iuris handeln) und daran Prämienfolgen geknüpft hätten, die zu Lasten des Vmers von § 68 II, III abweichen, ebenso Sasse a. a. O. S. 162.

Anders zu behandeln ist der Fall, daß der Vsvertrag durch Eintritt einer auflösenden Bedingung endet, die nichts mit Interessewegfall zu tun hat. Hier ist zwar § 68 II entsprechend anwendbar, aber nicht halbzwingend (vgl. oben Anm. 111). Daß im Zweifel § 68 II entsprechend anzuwenden ist, rechtfertigt sich aus folgenden Gründen: Die Prämie für die volle Vsperiode kann der Ver nicht verlangen, weil das Prinzip der Unteilbarkeit der Prämie nicht mehr gilt. Andererseits ist außerhalb des Kriegsfalles durch die pro rata-Prämie den Interessen des Vers laut Wertung des Gesetzgebers nicht genügt.

[116] b) Vertragsstrafvereinbarung.

Zu § 68a in Widerspruch stünde eine AVB-Regelung über die Geschäftsgebühr, die diese unangemessen hoch ansetzt (vgl. § 68 I und oben Anm. 49). Die Reduzierung findet also nicht nur statt bei unverhältnismäßiger Höhe wie im Falle des § 343 BGB (ebenso Puhl a. a. O. S. 24). § 68a verbietet es, derartige potentielle Vereinbarungen als Vertragsstrafen aufzufassen, zumal dann auch der Vmer als Kaufmann unter Umständen ungeschützt bliebe (§ 348 HGB).

Dem § 68a würde es auch widersprechen, wenn die Herbeiführung des Interessemangels seitens des Vmers, sei es auch nur die schuldhafte Herbeiführung, unter Vertragsstrafe gestellt würde. Wie oben Anm. 38 dargelegt, ist der Vmer völlig frei in seinen Entschließungen und deren Durchführung, was das vte Interesse angeht. Diese Freiheit darf nicht auf dem Umweg über die Konventionalstrafe eingeschränkt werden (ebenso im Ergebnis Sasse a. a. O. S. 162).

[117] c) Zu beanstandende AVB-Regelungen.

aa) AFB/AEB, MBKK.

§ 8 $(4)^1$ AFB/AEB sieht vor, daß bei Beendigung des Vsverhältnisses vor Ablauf der Vertragszeit die Prämie für die laufende Vsperiode verfallen ist. Hierauf kann sich der Ver im Falle des § 68 nicht berufen, wobei es gleichgültig ist, wie man dieses Ergebnis begründet. Wer annimmt, daß Interessefortfall nicht Vertragsbeendigung bedeutet (vgl. oben Anm. 10), kommt zu dem Ergebnis, daß § 8 (4)[1] AFB/AEB schon nach dem Wortlaut nicht eingreift (so Sasse a. a. O. S. 164). Die Prämisse ist jedoch nicht richtig, so daß eine Auseinandersetzung mit der betreffenden AVB-Regelung notwendig ist.

Eine gesetzeskonforme Auslegung kann zu dem Ergebnis führen, daß sich Klauseln der genannten Art nicht auf den Interessewegfall beziehen, obwohl er Beendigungsgrund ist. Glaubt man, daß eine derart restriktive Auslegung nicht am Platze ist (so Raiser Anm. 52 zu § 9 AFB, S. 255, Ottow a. a. O. S. 82), so ist der Vmer an den betreffenden Teil der Regelung gleichwohl nicht gebunden, an seine Stelle tritt § 68. Ebenso Prölss, Das Recht der Einbruchdiebstahlv, 3. Aufl. München-Berlin 1966, S. 152, Wussow, AFB Anm. 9 zu § 8, S. 361, AG Ebingen 28. XI. 1958 VersR 1959 S. 221. Abweichend: Prölss-Martin[18] Anm. 2 zu § 68a, S. 356, Anm. 1 zu § 8 AFB, S. 447; dort werden Gefahrminderung und Gefahrwegfall verwechselt, um letzteren handelt es sich hier.

Das Ausgeführte gilt entsprechend für § 8 (6) MBKK.

[118] bb) AKB.

§ 6 III AKB (Wortlaut oben Anm. 66) trägt dem § 68 III nicht genügend Rechnung: Die Abrechnung nach Kurztarif, die § 6 III AKB vorsieht, wenn der Interessefortfall im ersten Vsjahr eintritt (sofern die unverbrauchte Prämie nicht auf ein Ersatzfahrzeug übertragen wird), führt zu ungünstigerem Ergebnis für den Vmer als die Abrechnung pro rata (Prölss-Martin[18] Anm. 3 zu § 6 AKB, S. 791, Sasse a. a. O. S. 165, Evers a. a. O. S. 50).

Einen Verstoß gegen § 68 bedeutet ferner § 6 IV[2] AKB. Er bezieht sich auf die V eines Fahrzeugs mit Vskennzeichen und knüpft an Satz 1 an, der von der Kündigung des Vsvertrages anläßlich der Veräußerung eines derartigen Fahrzeugs handelt. S. 2 lautet:

> „In allen sonstigen Fällen des dauernden Wegfalles eines derartigen Wagnisses gebührt dem Ver der volle Beitrag für das laufende Vsjahr."

Wie auf der Hand liegt, weicht diese Regelung zum Nachteil des Vmers von § 68 II, III ab.

[119] d) Saldierende Betrachtung?

Die hier kritisierten Bestimmungen des § 6 III, IV AKB sind auch nicht mit der Erwägung zu halten, daß § 6 III AKB in manchen Beziehungen günstigere Regelungen als die gesetzlichen für den Vmer enthält (vgl. oben Anm. 66, 67, 76). Eine derart saldierende Betrachtungsweise würde zu großer Unsicherheit führen, denn ob die betreffende Regelung in summa Vorteile hat oder nachteilig für den Vmer ist, ist oft schwer zu sagen (abweichend Prölss-Martin[18] Anm. 1 zu § 42, S. 242). Häufig lassen sich auch die Vor- und Nachteile, weil heterogen, nicht miteinander vergleichen.

[120] e) Unbedenkliche Regelungen.

aa) Beispiele.

Die Amtl. Begründung zur VO vom 6. IV. 1943 (DJustiz 1943 S. 269) führt aus, es sei zulässig, das Ruhen der V zu vereinbaren, wenn gleichzeitig die Prämienzahlungspflicht für den Ruhenszeitraum entfällt. Dem ist zuzustimmen.

Weiter soll es zulässig sein zu vereinbaren, daß die unverbrauchte anteilige Prämie auf die V eines Ersatzgegenstandes übertragen wird. M. E. verstößt das aber gegen § 68 III und § 68 II, sofern der Interessewegfall nach dem ersten Vsjahr eintritt oder sofern der Ver keinen Kurztarif aufgestellt hat (vgl. oben Anm. 65). Sasse a. a. O. S. 158 hält indes das Beispiel der Amtl. Begründung für zutreffend.

Darauf ist folgendes zu erwidern: Der Vmer kann bedingungslos die Auszahlung des ihm zustehenden Prämienanteils verlangen; das Recht, sich für den Ersatzgegenstand einen Ver frei zu wählen, darf ihm nicht ohne Gegenleistung genommen werden. Eine solche Gegenleistung würde es darstellen, wenn der Ver im Falle des § 68 II nach Kurztarif abzurechnen hätte, aber zugunsten des Vmers die ratierliche Prämie auf die V eines Ersatzgegenstandes überträgt.

[121] **bb) Insbesondere AVB Hagel.**

Eine Prämienregelung bei Interessewegfall enthält ferner § 13 (1) AVB Hagel. Die Bestimmung lautet:

„Fällt das vte Interesse nach dem Beginn der V weg, so gebührt der Gesellschaft die Prämie für die laufende Vsperiode in voller Höhe, soweit die Aberntung der vten Bodenerzeugnisse vor dem Zeitpunkt begonnen hatte, an dem die Gesellschaft von dem Wegfall des Interesses Kenntnis erlangt. Hatte die Aberntung noch nicht begonnen, so gebührt ihr,

a) wenn sie die Kenntnis vor dem 16. Juni erlangt, die Hälfte der Prämie für die laufende Vsperiode,

b) wenn sie die Kenntnis nach dem 15. Juni erlangt, die Prämie für die laufende Vsperiode in voller Höhe."

Man wird annehmen müssen, daß diese Regelung nicht gegen § 68 II verstößt, weil hier der Kurztarif gleichsam in die AVB eingearbeitet worden ist (so im Ergebnis auch Prölss-Martin[18] Anm. 3 zu § 68, S. 354f.), und zwar inhaltlich unbedenklich, wenn man die Besonderheiten der Hagelv berücksichtigt (Mitv eines Gewinninteresses; Dauer des Vsjahrs höchstens bis 15. X.). Da jedes Jahr neu zu deklarieren ist, tritt der Interessewegfall also stets im ersten Vsjahr ein, so daß auch in dieser Richtung keine Einwendungen gegen den Surrogat-Kurztarif zu erheben sind (vgl. oben Anm. 65).

Indes ist § 13 (1) AVB Hagel mit § 68 III unvereinbar. Knoll VW 1954 S. 204 stellt ebenfalls die Übereinstimmung des § 13 (1) AVB Hagel mit § 68 II fest, weist aber auf die Unvereinbarkeit mit § 68 III nicht hin.

§ 68a

Auf eine Vereinbarung, durch welche von den Vorschriften des § 51 Abs. 1, 2 und der §§ 62, 67, 68 zum Nachteil des Versicherungsnehmers abgewichen wird, kann sich der Versicherer nicht berufen.

Unabdingbarkeit.

Gliederung:

[1] **Entstehung:**

§ 68a ist durch VO vom 19. XII. 1939 in das Gesetz eingefügt worden. Vorher waren die §§ 51 I, 62, 67, 68 nachgiebigen Rechts. § 68a wurde durch VO vom 6. IV. 1943 derart abgeändert, daß auch der neu eingefügte § 51 II der Vertragsbeschränkung unterworfen wurde (§ 51 II a. F. wurde nunmehr § 51 III).

[2] **I. Geltungsbereich.**

§ 68a gilt nicht für die Transportv von Gütern, die Kreditv und die Kursverlustv (§ 187 I), ebensowenig für die laufende V (§ 187 II). Weiter wird er eingeschränkt durch § 192 II (für Vsverhältnisse bei einer nach Landesrecht errichteten öffentlich-rechtlichen Anstalt, die nicht unmittelbar kraft Gesetzes entstehen oder kraft gesetzlichen Zwanges genommen werden) sowie durch § 27 I[2] GüKG (Haftpflichtv des Güterfernverkehrsunternehmers gegen Inanspruchnahme seitens Ladungsbeteiligter).

[3] II. Inhalt.

1. Bedeutung der halbzwingenden Natur.

Vereinbarungen, die zu Lasten des Vmers von den in § 68a genannten Bestimmungen abweichen, sind nicht schlechthin nichtig, sondern nur der Ver kann sich nicht auf sie berufen; wohl aber könnte der Vmer ihre Anwendung fordern (Möller Anm. 4 zu § 15a). So kann er z. B. verlangen, daß die unverbrauchte ratierliche Prämie auf die V eines Ersatzgegenstandes übertragen wird, selbst wenn der Ver solches Ansinnen nicht stellen könnte (vgl. oben Anm. 120 zu § 68).

Der Unterschied zwischen halbzwingenden und zwingenden Normen deckt sich nicht mit dem Begriffspaar Einrede/Einwendung, d. h. auch die halbzwingenden Bestimmungen sind im Versäumnisverfahren von Amts wegen zu beachten. Ein Versäumnisurteil kann gegen den säumigen Vmer nicht ergehen, wenn sich der Ver auf eine Vereinbarung stützt, die den §§ 51 I, II, 62, 67, 68 zuwiderwirkt; Einzelheiten bei Möller Einl. Anm. 49.

Der Sinn des § 68a liegt darin, daß der Vmer nicht an einen Verzicht auf seine gesetzlichen Rechte, der sich auf die Zukunft bezieht, gebunden ist. Dabei spielt es keine Rolle, ob jener Verzicht Teil der AVB ist oder auf einer Einzelvereinbarung beruht. Hingegen braucht der Vmer nach Eintritt des Tatbestandes, den die halbzwingenden Normen regeln, den Schutz des § 68a nicht anzunehmen, insbesondere kann er sich beliebig vergleichen (vgl. Sieg Anm. 172 zu § 67).

[4] 2. Beziehung zu anderen Vorschriften.

§ 68a könnte also auch wie folgt gefaßt sein: „Die Rechtsstellung, die sich für den Vmer aus §§ 51 I, II, 62, 67, 68 ergibt, kann nicht im voraus eingeschränkt werden." Eine ähnliche Fassung findet sich z. B. beim Ausgleichsanspruch des Handelsvertreters: § 89b IV S. 1 HGB.

§ 68a macht die in ihm genannten Bestimmungen zu halbzwingend-ergänzenden Normen. D. h.: Wenn sich der Vmer gegen eine belastende Vereinbarung wendet, tritt an deren Stelle — ergänzend — das Gesetz. Es entsteht also kein nichtiger Teil, § 139 BGB findet keine Anwendung; vgl. Möller Einl. Anm. 48.

[5] 3. Abweichung zum Nachteil des Versicherungsnehmers.

Wann eine solche Abweichung vorliegt, kann zweifelhaft sein. Anm. 119 zu § 68 wurde bereits gezeigt, daß eine saldierende Betrachtung der einzelnen vom Gesetz abweichenden AVB-Bestimmungen nicht zulässig ist. Aber auch in persönlicher Hinsicht ist eine Generalisierung nicht erlaubt: Dem Vmer, der sich gegen eine bestimmte gegen das Gesetz verstoßende Vertragsbestimmung wendet, kann nicht entgegengehalten werden, daß sich diese zwar in seinem Fall gegen ihn auswirke, aber für andere Vmer einen Vorteil gegenüber dem Gesetz bedeute: RG 19. XII. 1939 RGZ Bd 162 S. 242. Die Entscheidung betrifft die Haftpflichtv. Die AVB sahen den Verstoß als Vsfall im Sinne des § 39 II (vgl. § 42) an, statt die Anspruchserhebung, was ständiger höchstrichterlicher Rechtsprechung entsprochen hätte. Die Entscheidung ist gleichzeitig ein Beleg dafür, daß es für die Anwendung der halbzwingenden Bestimmungen nicht nur auf deren Wortlaut ankommt, sondern auch auf die gefestigte Auslegung (vgl. Sieg Anm. 167 zu § 67).

Prölss-Martin[18] Anm. 1 zu § 42, S. 242 wenden sich gegen die eben wiedergegebene RG-Entscheidung, m. E. zu Unrecht: Die halbzwingenden Vorschriften wollen den einzelnen Vmer schützen, nicht die Vmerschaft als Gruppe. Im Ergebnis wie hier Möller Einl. Anm. 49.

[6] III. Die einzelnen halbzwingenden Vorschriften.

Die Besonderheiten, die sich für die einzelnen in § 68a aufgeführten Vorschriften ergeben, sind bzw. werden bei deren Behandlung dargestellt. Es kann deshalb hier verwiesen werden auf Möller Anm. 43 zu § 51; Möller Anm. zu § 62; Sieg Anm. 167—174 zu § 67; Sieg Anm. 111—121 zu § 68.

FSC
www.fsc.org
MIX
Papier | Fördert
gute Waldnutzung
FSC® C083411

Kolibri 360 GmbH
Ferdinand-Jühlke-Straße 7
99095 Erfurt, Deutschland
produktsicherheit@kolibri360.de